KB271583

욕망을 디자인하라

Designing the Desire

욕망을 디자인하라

디자인은 어떻게 혁신을 창조하는가

정경원 지음

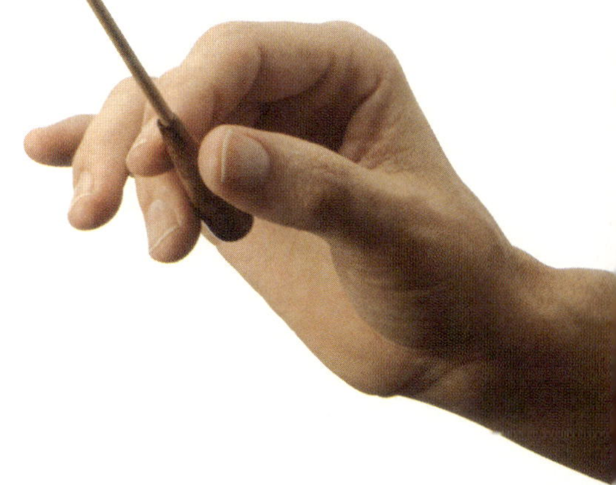

청림출판

한 그루의 나무가 모여 푸른 숲을 이루듯이
청림의 책들은 삶을 풍요롭게 합니다.

창조경제,
디자인으로 진검 승부하다

　한국 경제의 처지는 흔히 샌드위치에 비유된다. 앞으로는 선진국의 기술 장벽에 부딪히고 뒤로는 중국을 비롯한 후발국들의 빠른 추격에 쫓기는 형국인 것이다. 문제는 갈수록 그 압박이 더 커지고 있다는 사실이다. '짝퉁 천국'이던 중국은 원천 기술과 오리지널 디자인 개발에 적극 나섰고, 일본 경제는 아베노믹스를 앞세워 왕년의 영광을 되찾으려 하고 있다.

　그렇다면 한국 경제는 어디서 돌파구를 찾아야 하는가? 가장 확실한 대안 가운데 하나는 디자인 선진국이 되는 것이다. 대량생산과 수출을 통해 급속히 규모를 키워온 한국 경제가 샌드위치 처지에서 벗어나 선진 경제로 도약하기 위해서는 디자인으로 진검 승부해야 한다. 급변하는 세계시장의 트렌드는 물론 고객과 수요자의 욕망을 잘 읽어내 한국만의 특별한 뭔가를 만들어내지 못하면 살아남기 어렵다. 기술만으로는 한계가 있다. 아무리 기술이 뛰어나도 디자인 능력이 약하면 글로벌 경쟁에서 밀릴 수밖에 없기 때문이다.

디자인은 한국을 먹여 살릴 수 있는 미래 성장 동력이다. 요즘 화두가 되고 있는 창조경제의 핵심도 따지고 보면 디자인으로 귀결된다. 작게는 기업의 로고, 제품, 서비스에서부터 크게는 국가 브랜드에 이르기까지, '특별하게 만드는 것' 모두가 디자인의 힘이기 때문이다.

그러나 아쉽게도 디자인에 대한 국민들의 이해와 관심도가 낮은 것이 현실이다. 한국만의 특별한 것을 만들어내는 데 필요한 투자와 노력, 다시 말해 디자인 능력을 키우는 데 그간 소홀했던 탓이다. 그동안 기업 경영자들은 물론이고 국민들이 디자인의 본질과 가치에 대해 알 수 있는 기회는 극히 제한적이었다. 디자인 관련 서적들이 대부분 교과서거나 일반인이 이해하기 어려운 학술 논문이라는 점도 한 가지 요인이다.

정경원 교수의 책 《욕망을 디자인하라》는 디자인을 둘러싼 이 같은 한계를 타파하고 한국의 총체적 디자인 능력을 끌어올리는 지침서가 될 것으로 기대된다. 정 교수는 개인적인 친분을 넘어 존경하는 학자 중 한 분이다. 디자인학계의 거목인 정 교수가 한국의 디자인 발전에 대한 염원을 담아 심혈을 기울인 저술에 추천사를 쓰게 된 것은 큰 영광이다.

전문가가 아니더라도 이 책을 통해 혁신을 창조하는 디자인의 역할을 쉽고 올바르게 이해하고, 디자인의 생활화로 삶의 질을 향상시키는 데 큰 도움을 얻을 수 있을 것이다. 기업인들에게는 이 책이 디자인으로 경쟁력을 향상시킬 지혜와 방법을 배울 수 있는 이른바

　　　　　　　　　　　　　　　　　　욕망을 디자인하라

‘디자인 경영’의 길잡이가 될 것이다. 디자인이 전문가들의 전유물에 머무는 한, 국가의 디자인 능력은 높아질 수 없다. 이 책은 국민 모두의 디자인 지수를 높임으로써 베스트 디자인만이 선택되는 풍토를 조성하고, 한국을 디자인 선진국으로 이끄는 지적 자양분이 될 것이라 확신한다.

박시룡
〈포춘코리아〉 발행인

보이지 않는
욕망의 본질을 창조하라

디자인으로 혁신을 창조하는 기업을 만나는 것은 언제나 즐거운 경험이다. 얼마 전 미국 샌디에이고 컨벤션센터에서 열린 부티크 디자인 페어에 다녀왔다. 이 행사는 호텔, 리조트, 레스토랑 등 불특정 다수의 고객을 상대로 하는 환대 산업의 무역 박람회로 최신 정보를 교류하고 갖가지 시설과 장비, 비품 등을 거래하는 장이다.

150여 개 기업이 참가해 최첨단 기술과 독창적인 디자인으로 겨루는 현장에서 나는 침구류와 잠옷, 수건, 커튼 등을 제조하는 코니호스피털리티Koni Hospitality라는 회사의 전시관을 주시했다. 한국계 미국인 코니 김이 운영하는 이 회사의 제품들이 하나같이 세련되고 우아했기 때문이다. 알고 보니 코니호스피털리티는 미국과 캐나다에서 '50대 가장 빠르게 성장하는 여성 기업' 중 2위에 올라 있는 견실한 회사였다.

경쟁이 치열한 환대 산업에서 코니호스피털리티의 성공 비결은 고객이 진정으로 원하는 것을 충족해주는 '특별함extraordinariness'을 디자인하는 것이다. 캘리포니아주립대학UCLA에서 인테리어 디자인을 전공하고 1987년에 코니호스피털리티를 창업한 김 사장은 날카로운 관찰력과 섬세한 감성을 바탕으로 매우 특별한 제품을 개발하고 있다.

김 사장의 창조적인 혁신 사례 가운데 대표적인 것으로 1998년에 세계적 호텔 체인인 웨스틴호텔Westin Hotel 디자인팀과 함께 개발한 웨스틴 천국침대를 들 수 있다. 투숙객의 편의를 배려하여 디자인된 이 침대는 매트리스부터 침대보까지 이불, 담요 등이 열 겹으로 이루어져 있다. 외견상으로는 일반 침대와 비슷해 보이지만 누워보면 마치 천국에 온 것처럼 아늑하고 편안하다. 웨스틴 천국침대는 호텔 업계가 서비스의 질적 향상에 나서는 계기가 되었다.

코니호스피털리티의 제품들은 다양한 고객들의 개별적인 요구를 반영해 주문 제작 방식으로 디자인된다. 코니호스피털리티는 호텔 경영자, 투숙객, 객실 청소부 등 다양한 고객이 원하는 것을 파악하여 이를 완벽하게 구현해낸다. 덕분에 이 회사의 제품들은 호텔 체인 윈덤과 스타우드, 메리어트, 힐튼 등에 납품되고 있으며 한 해 수익은 2,400만 달러(약 264억 원)에 달한다. 2013년 6월부터는 델타항공이 뉴욕—로스앤젤레스 구간 등 장거리 노선의 비즈니스 클래스 승객들에게 코니호스피털리티가 디자인한 침구를 제공하기로 함에 따라 수익이 더욱 늘어날 것으로 전망된다.

나날이 까다로워지는 고객의 욕망을 제대로 충족시키려면 보통ordinary 제품으로는 어림도 없다. 특별함이 담긴 베스트 디자인best design 제품만이 살아남을 수 있다는 것은 이제 상식이다. 굿 디자인 good design을 넘어 베스트 디자인을 창조하는 것이 쉬운 일은 아니지만 그 성과가 비즈니스의 성공으로 이어지는 것은 산업을 불문하고 공통된 현상이다. 생활용품이든 휴대전화든 자동차든 업종을 망라하여 디자인은 기업 경쟁력의 핵심 원천이다.

최근 우리 정부가 추진하는 창조경제를 성공적으로 이끌어가려면 디자인의 역할이 무엇보다 중요하다. 창조경제의 핵심인 여러 가지 창조 산업의 성공 여부는 디자인에 의해 좌우되기 때문이다. 사람의 마음을 사로잡는 제품과 서비스를 구현하려면 독창적인 원천기술과 아이디어만으론 부족하며 디자이너의 영감과 재능이 뒷받침되어야 한다.

'필요'를 넘어 '욕망'을 디자인하라

잘 아는 한 대기업 CEO는 클래식한 디자인으로 유명한 영국산 재규어 자동차를 즐겨 탄다. 그분 정도면 좀 더 럭셔리한 자동차를 고를 법도 한데 왜 굳이 재규어를 고집하느냐고 묻자 재규어가 자신의 로망이기 때문이라고 답했다. 궁핍했던 어린 시절에 어느 영화에서 재규어 자동차를 보고 한눈에 반해 언젠가는 꼭 갖고야 말겠다고 다짐했는데, 이제 그 욕망이 채워지고 나니 즐겁다는 것이다. 이처럼 사람들은 누구나 무언가 특별한 것을 갈구하는 로망인 욕망을 갖고 있다.

흥미로운 사실은 최근 디자인의 주안점이 심미성에서 욕망의 충족으로 변화하고 있다는 점이다. 1960년대까지만 해도 디자인을 잘해야 하는 이유는 제품을 예쁘게 치장해 더 많이 팔기 위해서였다. 심미적 디자인은 마케팅 수단으로 간주되었고 '이익을 위한 디자인'이라는 표현이 거침없이 사용되었다. 그러나 1970년대에 이르러 디자인이 산업화와 과대한 소비문화의 부작용을 막아야 한다는 반성에 따라 '필요를 위한 디자인'이 주목받기 시작했다. 디자인의 윤리적·사회적·경제적 책임과 관련지어 제3세계, 대체기술, 장애인을 위해 디자인해야 한다는 인식이 커졌던 것이다.

이후 사람들의 심리적 욕구를 충족시키는 것이 디자인의 핵심 이슈로 대두되기 시작했다. 멜 깁슨이 주연한 영화 〈왓 위민 원트What Women Want〉는 이런 현상의 단면을 보여준다. 주인공인 광고 전문가 닉 마셜은 여장을 하고 여성 입장이 되어 여성용품의 광고 문안을 짜내던 중 예기치 않은 사고로 여성들의 생각을 읽을 수 있게 된다. 영화 속의 설정처럼 고객의 마음을 훔치고 싶은 것은 모든 기업들의 로망일 것이다.

단순히 사람의 마음을 읽어내는 것만으로는 의미가 없다. 중요한 것은 그것을 어떻게 효과적으로 채워주느냐이다. 이런 이유로 '욕망을 위한 디자인'의 중요성이 커지고 있다. 세계적인 디자인 컨설팅 회사 아이디오IDEO의 CEO 팀 브라운Tim Brown은 〈하버드비즈니스리뷰Harvard Business Review〉의 기고문에서 성공하려면 "예측 가능한 디자인을 버리고 보이지 않는 욕망의 본질을 디자인하라"고 제안했다.[1]

사람들의 마음속에 감춰져 있는 로망을 읽어내어 그것을 충족시킬 수 있도록 전략적으로 디자인하라는 것이다. 실제로 디자인의 역할에도 큰 변화가 일고 있다. 디자인은 그동안 소극적인 포장의 수단에서 벗어나 혁신의 도구라는 좀 더 적극적인 역할을 수행하기 시작했다.

격변의 시대 개인과 기업의 생존 전략

기업이 디자인을 전략으로 활용하는 과정은 덴마크디자인센터 Danish Design Centre가 제시한 '디자인 사다리The Design Ladder' 모델을 통해 살펴볼 수 있다. 디자인 사다리 모델은 기업이 디자인을 활용하는 단계를 '무 디자인-스타일링으로서의 디자인-프로세스로서의 디자인-전략으로서의 디자인'의 네 단계로 구분했다. 무 디자인은 제품과 서비스 개발 과정에서 디자인이 어떤 역할도 하지 않는 단계다. 스타일링 단계에서는 디자인이 오직 스타일에만 관여한다. 프로세스 단계에서는 디자인이 제품과 서비스 개발 과정의 핵심 요소로 작용한다. 마지막으로 전략 단계에서는 디자인이 혁신을 장려하는 핵심 수단으로 활용된다.

덴마크디자인센터는 이 모델을 이용해 2003년과 2007년 두 차례에 걸쳐 덴마크 기업 1,000곳을 대상으로 디자인 활용 현황을 조사했다. 2003년 조사에서는 무 디자인(36퍼센트), 스타일링(13퍼센트), 프로세스(35퍼센트), 전략(15퍼센트)이었으나, 2007년에는 무 디자인이 15퍼센트로 현저히 줄어들고 전략이 21퍼센트로 크게 늘어났다.

　　　　　　　　　　　　　　　욕망을 디자인하라

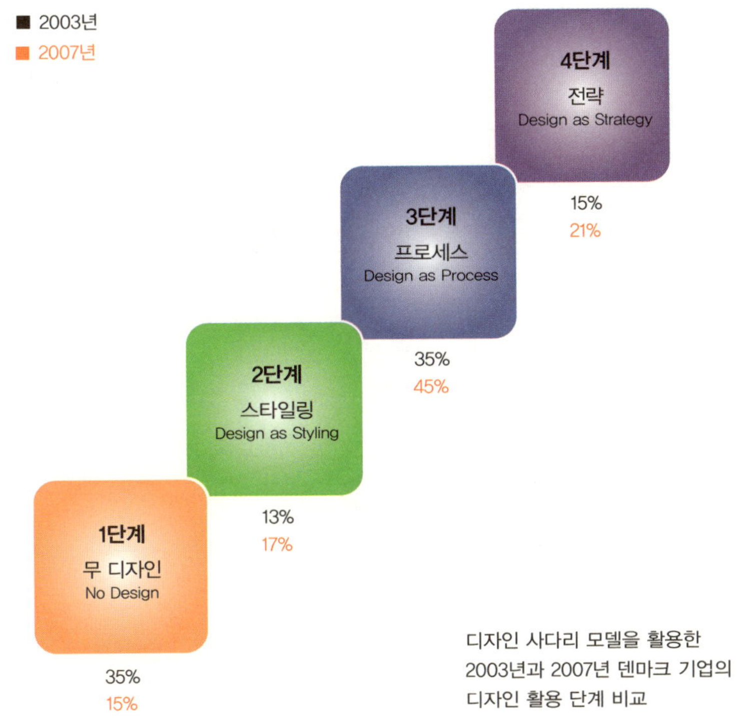

디자인 사다리 모델을 활용한
2003년과 2007년 덴마크 기업의
디자인 활용 단계 비교

이는 덴마크 정부의 디자인 진흥 정책이 성과를 거두고 있다는 의미로 해석된다.

한편 디자인 사다리 모델을 활용하여 한 기업의 디자인 경영이 얼마나 숙성되었는지도 판단할 수 있다. 애플의 경우, 1976년 창업 당시에는 로고는 물론 제품 디자인이 매우 초보적인 단계에서 벗어나지 못했다. 초창기 애플 로고는 만유인력으로 떨어지는 사과 밑에 뉴턴이 앉아 있는 모습을 재현하여 시각적인 효과보다는 의미를 설

디자인 사다리 모델을 활용한
애플의 디자인 경영 숙성 단계

명하려는 전형적인 무 디자인 단계였다.

1980년대에는 추상화된 사과 형태의 로고를 화사한 색깔로 치장하는 등 스타일링의 범주에 머물렀다. 1990년대에 이르러 로고를 검정색으로 바꾸고 제품 개발 프로세스에서 조너선 아이브Jonathan Ive가 이끄는 디자인팀이 중추적인 역할을 하기 시작했으며 회사의 운명을 바꾼 아이맥이 개발되었다. 이어 2000년대에는 로고를 회색 톤으로 새롭게 정리했고, 컴퓨터와 휴대전화를 결합하는 독창적인 디자인 전략으로 아이폰이라는 세계적인 베스트셀러를 개발했다. 이처럼 애플은 불과 반세기 만에 무 디자인 단계에서 전략 디자인 단계로 성장한 모범적인 기업 가운데 하나다.

욕망을 디자인하라

디자인 지수 높이기

이 책은 사람의 마음을 움직이고 세상에 긍정적 반향을 불러일으키며 때로 기업을 일으키기도 하는 창조적 디자인에 숨어 있는 영감을 공유하기 위한 목적으로 집필되었다. 디자인은 단지 외관을 아름답게 꾸미는 화장술이 아니라 문제를 원천적으로 해결하고 새로운 무언가를 창조하는 혁신의 도구다. 이 책을 통해 디자인과 경영의 시너지로 개인의 삶과 사회와 비즈니스를 혁신할 수 있다는 인식이 확산되고, 사람들이 디자인과 좀 더 친해지며 한국의 디자인 지수design quotient가 향상되었으면 한다.

디자인 지수는 지능의 발달 정도를 나타내는 IQ처럼 한 개인의 디자인에 대한 이해와 능력의 정도를 수치화한 지표다. 흔히 '디자인 민도民度'라고 하는 개인의 디자인 지수가 중요한 이유는 이것이 사회와 국가의 디자인 수준을 좌우하기 때문이다. 한 국가의 디자인 수준은 하나의 디자인에 대해 일반인과 디자이너 사이에 공감대가 어떻게 형성되는지에 따라 결정된다. 디자인이 아무리 훌륭해도 대중의 디자인 지수가 낮으면 그 가치가 제대로 전달되지 못한다. 반면에 대중의 디자인 지수가 높으면 열정과 재능을 갖춘 디자이너의 작품이 살아남게 되어 국가 전체적으로 디자인 수준이 높아지게 된다.

디자인 지수가 높은 사람이 많을수록 훌륭한 디자인의 가치가 제대로 평가되어 디자이너들의 창작열에 대한 동기 부여가 커진다. 그런 사람들이 디자인 프로세스에 적극 참여하게 되면 고객의 생생한 입장과 의견을 반영할 수 있다. 수준 높은 디자인 성과물을 함께 즐길 수 있는 사회야말로 진정한 문화 선진국일 것이다.

세계적인 리더들은 디자인에서 경영 혁신의 해법을 찾는다

이 책은 전체 3부 13장으로 구성되었다. 1부에서는 나날이 중요성이 커져가는 디자인의 본질과 함께 디자인의 주요 이슈들이 어떻게 진화되고 있는지에 대해 다루었다. 디자인은 어제 오늘에 생겨난 분야가 아니라 산업혁명 이래 현대 역사와 맥락을 같이하며 성장하고 발전하고 있다. 디자인에 대해 제대로 이해하려면 오랜 세월 이어져온 맥락을 제대로 알아야 한다. 한 시대의 특정한 현상이나 이해관계와 관련지어 디자인의 본질과 가치를 논하는 것은 독단적인 오류로 이어질 수 있다.

여기서는 통섭을 위한 디자인, 빅데이터와 디자인, 창조경제와 디자인 등 사회를 지배하는 패러다임 변화와 더불어 디자인이 어떻게 진화하고 있는지에 대해 이야기하고 있다. 디자인적 사고를 기반으로 사회적·경제적 문제들을 해결하고 삶의 질을 향상시키는 영국 정부와 덴마크 왕실 등의 노력에서 본받을 만한 점이 많다. 일반인이 디자이너의 사고방식에 따라 인생을 디자인하는 방법도 간략하게 다루었다.

2부는 〈조선일보〉에 연재한 '정경원의 디자인 노트'를 보완해 정

　　　　욕망을 디자인하라

리한 것이다. 칼럼에서 다룬 대상을 선정한 기준은 진眞, 선善, 미美다. '진'은 디자인의 목적이 얼마나 진실한가에 관한 것이다. 디자인을 통해 구현하려고 하는 목적이 담긴 콘셉트를 보면 진의 정도를 알 수 있다. '선'은 그와 같은 목적을 달성하는 데 필요한 소재와 공법 등이 얼마나 성실하게 적용되었는지에 대한 것이다. 질 나쁜 소재나 구조 등을 활용해 비용과 노력을 줄이는 데 급급하지는 않았는지 등을 판단해본다. 마지막으로 '미'는 모든 디자인은 아름다워야 한다는 것이다. 열과 성을 다해 디자인했더라도 그 결과가 아름답지 못하면 아무런 소용이 없다. 인공물의 아름다움이란 다분히 주관적인 판단에 따른 것이므로 개인적인 차이가 있을 수 있다. 하지만 모든 사람이 한눈에 직관적으로 아름답다고 느끼는 공감각을 기반으로 심미성의 수준을 가늠할 수 있을 것이다.

　3부는 경제 전문지 〈포춘코리아〉의 '정경원의 디자인 이야기'에 연재되었던 디자인 경영 사례들을 다듬고 키워낸 것이다. 주방용품, 가전제품, 가구, 자동차, 정보통신 등 업종을 망라하여 국내외 주요 기업들이 어떻게 디자인을 통해 혁신을 구현해나가는지에 대해 심도 있게 다루었다. 애플, 아이디오, 허먼밀러 등 세계적인 기업들의 사례를 통해 디자인이 사람의 욕망을 읽고 그것을 채워주는 혁신의 수단으로서 경쟁력을 획기적으로 높여줌은 물론 새로운 분야를 개척하는 데 얼마나 기여하고 있는지 살펴봤다.

　모쪼록 독자들이 이 책에서 디자인으로 '굿 투 그레이트Good to Great'가 되는 데 필요한 영감과 지혜를 얻었으면 하는 바람이다.

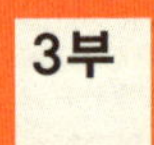

3부 굿 디자인은 굿 비즈니스다
강한 기업을 위한 디자인

1부

"디자인하지 않으면 쇠퇴한다."

"디자인하지 않으면 쇠퇴한다."

Design or decline.

— 마거릿 대처Margaret Thatcher, 전 영국 수상, 1981년

어떻게 창조할 것인가

진화하는 디자인

1장
굿 디자인은 마음으로 전해진다

2010년 6월, 샌프란시스코 공항 라운지에서 귀국 비행기 탑승을 기다리다 맞은편에 앉은 한 외국인 신사가 읽고 있던 신문 머리기사를 우연히 보게 되었다. 반쯤 접힌 신문에서 "Good design touches……"로 시작되는 문장을 보고 나는 걷잡을 수 없는 호기심에 사로잡혔다. 그다음에 어떤 단어가 나오는지 궁금했다. 그 신사가 신문을 다 읽고 나서 가방 위에 내려놓자마자 나는 신문을 봐도 되겠냐고 물었다. 신사는 흔쾌히 신문을 건네주었다. 신문을 받아들고 조금 전에 읽은 문장이 실린 페이지를 펼쳐보니 'the soul'이라는 단어가 보였다. "Good design touches the soul", 즉 "굿 디자인은 마음으로 전해진다"라는 문장이었다.

영국 일간지 〈파이낸셜타임스*Financial Times*〉에 실린 그 기사는 주얼리 회사 스와로브스키의 크리에이티브 디렉터인 나디아 스와로브스키Nadja Swarovski 부사장과의 인터뷰로, 우리 주변의 환경 디자인이 우리의 정신에 어떤 영향을 미치는지에 대해 다루고 있었다. 스와로브스키는 굿 디자인은 단지 기능을 좋게 해주는 것뿐 아니라 사람의 영혼에 긍정적인 영향을 주는 것이라고 말했다. 동서양을 막론하고 굿 디자인의 가치는 경제적 측면을 넘어 인간의 정신세계에도 큰 영향을 미친다는 것을 새삼 확인한 경험이었다.

굿 디자인은 제품은 물론 생활환경의 품격과 매력을 높여줌으로써 사람들에게 갖고 싶다는 욕망을 불러일으킨다. 굿 디자인 제품을 갖게 되면 사람들은 심리적인 만족을 느끼게 되고 이는 자부심과 행복으로 이어진다. 우리가 눈으로 받아들이는 정보들 가운데 아름답고 멋진 것은 기분을 좋게 하는 반면 추하고 미운 것은 불쾌감을 준

'Good design touches the soul'

〈파이낸셜타임스〉에 실린 스와로브스키 크리에이티브 디렉터인 나디아 스와로브스키 부사장 인터뷰 기사

다. 그래서 사람들은 좀 더 나은 환경을 조성하기 위해 주변 경관이 수려한 곳을 골라 집을 짓고 집 안팎의 구조와 마감 등에 많은 정성을 기울인다. 또한 좋은 가구나 집기를 선택해 조화로운 환경이 가져다주는 즐거움을 만끽하고자 한다.

특히 자동차, 컴퓨터, 오디오, 휴대전화 등 일상생활에서 자주 사용하는 제품을 구입할 때, 디자인은 매우 중요한 선택의 기준이 되고 있다. 갈수록 사람들이 디자인에 큰 관심을 갖게 되면서 기업, 공공기관, 지방자치단체는 물론 국가에서도 디자인이 중요한 경영 자산으로 자리매김하고 있다.

디자인이란 무엇인가

"재무 설계를 넘어 미래 인생 디자인." 한 일간지에 실린 보험 관련 기사의 제목이다. 요즘은 생명보험을 드는 것도 디자인, 금융자산을 관리하는 것도 디자인이라고 한다. 하다못해 미용실에서도 손님이 미용사를 '헤어 디자이너'라고 불러야 대접을 받는다는 우스갯소리도 있다. 그래서 '디자인'이라는 말이 너무 남용되는 것 아닌지 우려하는 사람들도 있다.

한때 우리나라에서는 디자인을 응용미술, 장식미술, 도안, 공예 등으로 표기했다. 외래어 사용을 억제하려는 정부 정책 때문이었다. 그 여파로 1970년대 초반까지 디자인이라는 단어를 사용하지 못하고 '도안'이나 '의장' 같은 일본식 단어를 대학의 학과 명칭에 사용했다. 영어는 외래어라고 배제하면서 정작 일본어는 묵인하는 일이 일어났던 것이다. 문제는 그런 이유로 디자인이 단지 무언가를 예쁘게 꾸미거나 다듬는 재주나 솜씨로 인식하는 사고가 굳어지게 되었다는 사실이다.

디자인은 우리 삶을 더 풍요롭고 행복하게 하는 원동력이 될 수 있다. 한 그래픽 디자이너가 누구의 약인지 식별하기 힘든 약병의 디자인을 획기적으로 바꿔 약물 오남용 사고를 크게 줄였다. 스위스의 사회적 기업은 오지에 살거나 재난당한 사람들이 목에 걸고 다니며 쉽게 오염된 물을 정수해 마실 수 있는 휴대용 정수기를 개발했다. 공공시설물과 도시 교통망을 리모델링해 뉴욕 시민의 비만율을 감소시킨 것 역시 디자인이다. 전혀 예상치 못한 결과였지만, 디자인은 1997년 영국 총선에서 보수당의 선거운동에 역풍을 일으키며 노동당의 압승을 불러오기도 했다.

그러나 우리가 디자인이라고 할 때, 대개가 이런 문제 해결을 떠올리지는 않는다. 앞서 말했듯 디자인이란 말은 솜씨나 스타일 혹은 유행 등의 단어와 함께 인식된다. 디자인이라고 하면 사람들은 대개 독특한 색감의 여성복이나 고급스런 주방기구 등을 연상한다. 어떻게 활용하느냐에 따라 디자인은 기업은 물론 한 도시와 국가의 운명을 좌우할 수 있는 잠재적인 역량을 갖고 있음을 인지하지 못하는 사람들이 대다수인 것이다. 그렇다면 디자인이란 과연 무엇인가?

미술인가, 기술인가

디자인은 미술인가, 기술인가? 미술은 본질적으로 무언가를 아름답게 만드는 예술적인 활동이고, 기술은 무언가를 쓸모 있게 만드는 과학, 공학, 발명 등을 말한다. 미술가들은 창작을 할 때 그 결과물의 아름다움, 즉 심미성이 주된 관심사이며 쓸모에 대해서는 크게 개의치 않는다. 반면 과학자나 공학자들은 그들이 만드는 것의 효용성이 가장 큰 관심사다.

디자인은 미술과 기술의 중간에 자리해 '아름다움美'과 '쓸모用'라는 두 가지 특성을 모두 추구한다. 무엇이든 아름답게 만들어야 한다는 점에서 디자인은 미술이다. 하지만 그 인공물이 기능적으로 쓸모가 있어야 한다는 면에서 디자인은 일종의 기술이다. 그러므로 디자인은 미술적으로도 공학적으로도 다가갈 수 있다.

그런 이유로 대학에서 디자인을 가르치는 학과들은 미술대학은
물론 과학기술대학에도 소속되어 있다. 각 대학의 디자인학과 명칭
에는 그 학과의 교육 목표와 특성이 담겨 있는데, 어디에 소속되었
든 디자인학과는 미술과 기술의 균형을 도모한다. 카이스트KAIST
(한국과학기술원)의 경우, 이공계 대학에 속해 있으며 학과 명칭은 산
업디자인학과다. 반면에 미술대학에 소속되어 있으면서도 '산업디
자인공학과'와 같이 '공工' 자가 들어간 명칭을 사용하는 학교도 있
다. 한국 과학기술 교육의 본산인 카이스트에 산업디자인학과가 개
설되어 있는 것에 대해 의아해하는 사람이 많다. 하지만 기술과 미
술의 융합을 도모하는 디자인의 본질에 비춰보면 쉽게 이해할 수 있
는 일이다.

디자인과 미술, 그리고 기술의 관계는 하나의 매트릭스 위에 놓고
보면 각각의 성격과 역할이 명확해진다. 아울러 디자인은 미술과 기

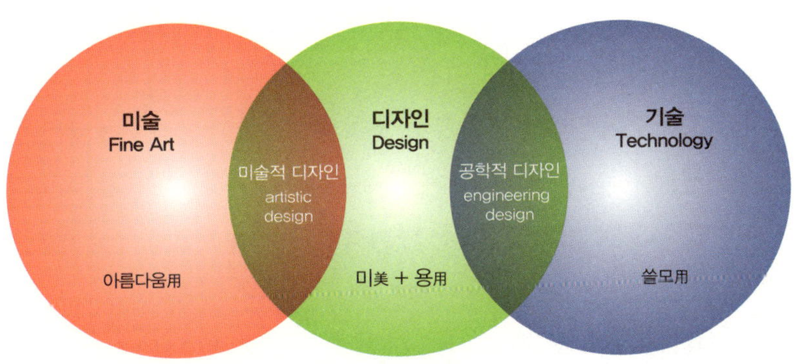

디자인과 미술, 그리고 기술의 관계

술의 특성을 공유하며 '미'와 '용'의 융합을 도모하는 분야라는 것도 알 수 있다.

'마음속의 생각을 표시한다'는 의미의 라틴어 '데시그나레designare'에서 유래한 디자인design이라는 단어는 명사와 동사로 다양하게 사용되고 있다. 명사로는 설계도, 계획, 디자인, 음모, 의도, 미술 작품, 구조 등의 의미를 지니며, 동사로는 설계하다, 계획하다, 음모를 꾸미다 등의 의미로 사용된다.

이처럼 다양한 의미를 갖고 있는 디자인이라는 단어는 오랫동안 인공물이 갖는, 눈에 보이는 특성을 만드는 조형 활동이라는 의미로 국한되어 사용되어왔다. 최근에 와서야 디자인이라는 단어가 다양하고 폭넓게 사용되고 있으며, 그 결과 종전에는 '설계'나 '계획'이라고 칭했던 활동들까지 디자인으로 간주하는 경향이 늘고 있다.

한편 디자인은 'de+sign'[2]으로 해석되기도 한다. 디자인은 일종의 '표시sign 없애기de', 즉 기존의 낡은 사인을 없애고 새것을 만든다는 의미로도 사용된다. 디자인은 본질적으로 새로움을 추구하는 분야이며 이미 있던 것들과 확연히 다른 차별성을 만드는 원동력인 창의성을 가장 중요한 덕목으로 여긴다.

미국 일리노이공과대학과 홍콩 폴리테크닉대학의 교수를 역임한 존 헤스켓John Heskett은, 디자인을 제대로 알고 있는지 여부는 다음 문장을 얼마나 잘 이해하느냐에 달렸다고 말했다.

"디자인은 하나의 디자인을 생산하기 위하여 하나의 디자인을 디자인하는 것이다Design is to design a Design to produce a Design"[3]

무슨 말일까? 이 문장을 분석해보면 디자인이 명사로 세 번, 동사로 한 번 사용되었음을 알 수 있다. Design(명사, 분야 이름) is to design(동사, 디자인하다) a Design(명사, 디자인하는 대상) to produce a Design(명사, 디자인한 결과). 이처럼 디자인이라는 단어는 다양하게 사용될 수 있다. 그래서 헤스켓은 '디자인'은 '사랑'이라는 단어와 일맥상통한다고 말했다. 사랑이라는 단어를 누가 누구에게, 어떤 맥락에서 사용하느냐에 따라 그 의미가 달라지는 것처럼 디자인의 의미도 쓰이는 상황에 따라 크게 달라진다는 것이다.

디지털 시대의 디자인

아날로그 시대에는 시각 디자인, 산업 디자인[4], 환경 디자인의 세 분야가 주류를 이루었다. 디자인의 주요 목표가 대상의 아름다움을 만들어내는 것이었기 때문이다. 사람들이 한눈에 반할 만한 매력을 불어넣기 위해 대상의 형태와 색상, 질감 등의 조화를 도모하는 것이 디자이너들의 주된 역할이었다. 그런데 디지털 시대가 열리면서 디자이너들의 역할이 제품과 사람 간의 원활한 상호작용을 도모하여 사용하기 편하게 하는 것으로 확대되기 시작했다.

전화기를 예로 들면 아날로그 시대에는 전화기의 기능이 다이얼을 돌리고 송수화기로 통화하는 것에 국한되어 있었으며 디자인은 주로 독창적인 외관을 만들어내는 데 치중되었다. 그러나 디지털 시대의 상징이라는 스마트폰 디자인에서는 경험과 서비스가 무엇보다도 중요한 관심사가 되고 있다. 새롭게 디자인된 스마트폰을 쓰면서 사용자가 어떤 놀라운 체험을 했는가, 혹은 새롭게 제공되는 서비스들을 편하게 사용할 수 있는가 등이 중요해졌다. 나날이 복잡 다양해지는 스마트폰의 기능을 사용자가 직관적으로 이해할 수 있도록 디자인해야 하기 때문이다.

그 여파로 사용자가 제품을 사용하고 서비스를 제공받으면서 어떤 경험을 하게 되는지 미리 지각할 수 있는 상호교감적인 모델을 개발하는 사용자 환경User Interface, UI 디자인과 사용자 경험User Experience, UX 디자인이 활성화되고 있다. UI/UX 디자인은 사용자 중심 디자인의 원리를 기반으로 인간공학, 인간과 컴퓨터의 상호작용, 정보 아키텍처, 사용성 공학 등의 연관 분야들과 함께 사용자가 제품과 서비스를 통해 즐겁고 기억에 남는 체험을 하게 하는 방법을

아날로그 전화기와 디지털 전화기의 디자인 비교. 왼쪽 웨스턴일렉트릭의 스컬프츄러 전화기 Sculptura Telephone(1970년), 오른쪽 삼성전자의 갤럭시노트2(2013년)

욕망을 디자인하라

연구한다.

최근에는 서비스 디자인의 중요성이 커지고 있다. 은행, 호텔, 항공사, 레스토랑, 컨벤션센터 등 불특정 다수를 대상으로 하는 환대 산업에 종사하는 기업들은 고객이 새로운 경험을 할 수 있도록 서비스의 질을 높이기 위해 디자인 개념을 적극 도입하고 있다. 정해진 매뉴얼에 따라 기계적으로 제공되는 단조롭고 무미건조한 서비스로는 고객의 마음을 사로잡는 데 한계가 있음을 잘 알기 때문이다.

하드웨어 디자인이 성공하려면 디자이너와 개발자가 서로 긴밀히 협조해야 하는 것처럼 소프트웨어와 휴먼웨어(서비스)의 개발에도 디자이너가 적극 참여해야 한다. 개발자에게만 전적으로 맡겨두면 생산하기 편한 방향으로 개발이 진행될 가능성이 크다. 소프트웨어 개발 자체는 개발자의 책임이지만 고객 친화적인 디자인 마인드가 더해져야 고객이 원하는 것을 채워줄 수 있다. 서비스 개발 또한 개발자의 고유 임무이기는 하지만 초기 단계부터 디자이너와 협력해야 한다.

주목받는 디자인적 사고

비즈니스맨과 디자이너의 차이를 보여주는 흥미로운 이야기가 있다. 여행을 할 때 비즈니스맨은 목적지에 빨리 도착하기 위해 가장 빠른 길을 선택하는 데 관심이 많다. 효율성을 중시하기 때문이다. 반면에 디자이너는 목적지로 가는 길에 있는 볼 만한 것들을 찾아이리저리 둘러보며 간다. 비록 시간이 더 걸려 비효율적일지라도 정황을 파악하고 이야기를 듣는 데 관심이 많기 때문이다.

그런 차이는 사고방식에서도 나타나는데, 비즈니스적 사고business thinking는 직선적이며 수치화된 데이터를 분석하여 비교 우위가 있는 대안을 선택하는 데 중점을 둔다. 이에 비해 디자인적 사고design thinking는 유연하게 문제를 파악하고 실제로 부딪쳐보고 만져보고 경험하며 해결책을 찾아간다. 갈수록 복잡해져 계량적인 접근으로는 올바른 해결책을 찾기 힘든 비즈니스 문제를 원활히 풀어나가는 데도 디자인적 사고가 널리 활용되고 있다.

디자인적 사고는 1978년에 노벨경제학상을 수상한 인지과학자 허버트 사이먼Herbert Simon[5]이 "디자인이란 현재의 상태를 좀 더 낫게 변화시키려는 의도를 실현하기 위해 수행하는 지적 행위"라고 정의한 것에서 비롯되었다. 사이먼은 디자인을 단지 심미적인 조형 활동으로 국한하지 않고 더 나은 것을 만들어내려는 사람들의 사고방식으로 본 것이다.[6]

이러한 디자인적 사고의 특성은 '3I'로 정리된다. 3I란 관찰, 공감, 협력을 통해 얻어지는 영감Inspiration, 생각의 확산과 수렴을 통한 아이디어 얻기Ideation, 눈으로 볼 수 있는 모형을 만들고 실제로 테스트해보는 이행Implementation의 머리글자를 모은 것이다. 한마디로 디자인적 사고는 영감-아이디어 얻기-이행 과정을 부단히 반복하며 최적의 대안을 찾아가는 과정인 것이다.

아이디오의 CEO 팀 브라운은 이와 같은 디자인적 사고의 특성을 바탕으로 끊임없이 관찰하고, 아이디어를 개발하고, 프로토타입

prototype을 만들어보는 디자이너의 작업 방식을 경영자의 업무 방식에 활용함으로써 기업이 어떻게 혁신할 수 있는지에 대해 이야기한다.[7]

여기서 디자인적 사고는 확산적 사고와 수렴적 사고를 반복해가면서 창의적인 아이디어와 실행 가능한 해결책을 찾아가는 과정이다. 확산적 사고란 훌륭한 아이디어를 더 많이 발상해내기 위해 생각의 틀을 넓히는 사고방식이다. 수렴적 사고는 그렇게 얻은 아이디어가 과연 타당한지 여부를 면밀히 검토할 때 효과적인 사고방식이다. 여기에 해결책을 실물과 같은 프로토타입으로 만들어 문제점을 파악하는 과정이 이어진다.

획기적이고 창의적인 것을 개발하려면, 사람들이 필요로 하는 것이 무엇인지 고민하고 스스로 답을 찾아야 한다. 이것은 일종의 통찰력으로, 시장 조사자나 판매 담당자의 생각을 넘어서는 것이다. 경영자가 이 같은 통찰력을 키우기 위해 디자인적 사고의 특성을 이해하고 이를 경영에 활용하는 것보다 더 좋은 방법은 없을 것이다. 브라운은 비즈니스에 왜 디자인적 사고가 필요하냐는 질문에 이렇게 답했다.

"문제를 다른 방법으로 풀어가기 때문이다. 비즈니스에서 결정을 내릴 때, 통상적인 방법은 기존에 있는 옵션 가운데 최선을 선택하는 것이다. 기존 옵션들을 분석해 '이것이 최선이야, 이것이 우리가 실행해야 하는 것이야' 하는 식으로 고른다. 이 방법의 문제는 다른 사람들도 나와 같은 해결책을 들여다보고 있다는 것이다. 이런 방식으로는 경쟁력을 갖기 어렵다. 영리한 회사는 다른 회사가 발견하지 못한 새로운 해결책을 창조한다. 이것이 바로 디자인의 힘이다. 디자인은 수렴하는 것이 아니라 확산되는 것이다. 기존에 존재하지 않았던 새로운 가능성을 찾아내는 것이다. 디자인적 사고는 확산을 통해 혁신을 촉진한다. 이를 통해 경쟁자들이 갖지 못한 경쟁력을 갖게 한다.”

이처럼 신제품은 물론 새로운 경험을 기반으로 하는 서비스 혁신에 큰 성과를 가져다주는 디자인적 사고를 교육하기 위해 스탠포드 대학의 ‘디 스쿨D-School’[8]이 설립되었다. 이 학교에서는 디자인적 사고를 기반으로 공학, 디자인, 비즈니스, 교육, 의료 · 바이올로지, 사회과학 등의 융복합 연구를 성공적으로 수행하는 데 중점을 두고 공감하기empathize－정의하기define－아이디어 만들기ideate－모형 만들기prototype－시험하기test의 여섯 단계로 이루어진 프로세스를 교육하고 있다.

결국 디자이너는 작고 보잘것없는 것에서도 가능성을 발견하고 그것을 시각화하여 마침내 현실적인 해결 방안으로 구체화시키는 사람이다. 디자이너의 작업은 끊임없는 시행착오의 연속이며 겉으로 보는 것보다 훨씬 더 고되고 고통스럽다. 그러나 디자이너는 실패를 통해 조금씩 정답에 가까워진다. 그리하여 마침내 정답에 이르렀을 때, 그 결과물은 인간의 삶을 획기적으로 변화시킨다. 어느 날 갑자기 식수를 얻는 방식이 개선되고, 손가락을 다칠 염려 없이 감자칼을 사용하며, 교통사고를 대비해 에어백을 휴대할 수 있게 되는

　　　　　　　　　　　　　　　　　　　　　욕망을 디자인하라

것이다. 디자인에 의한 진보는 이렇게 다가온다.

이 책에서 말하고자 하는 것은 결국 이처럼 디자인적 사고는 어떤 과제에도 적용 가능하며 누구나 그 사고방식을 활용할 수 있다는 점이다. 유연하게 문제에 접근하되, 구체적인 방안을 모델로 만드는 디자인적 사고를 잘 익혀두면, 일상생활은 물론 비즈니스에서 생겨나는 갖가지 문제들을 창의적으로 해결하는 데 유용하다. 디자인적 사고를 통해 우리 안에 잠재된 가능성을 인지하고 그것을 바탕으로 더 나은 삶을 디자인해나갈 수 있을 것이다.

2장
인간과 교감하고 통섭을 시도하다

디자인이 추구해야 할 가치는 단순히 미적인 차원을 뛰어넘어 결국 인간의 행복이어야 한다는 생각이 널리 확산되고 있다. 행복이란 사람이 갖고 있는 욕구와 욕망이 충족되어 만족하거나 혹은 즐거움을 느끼는 상태이므로 디자인과 밀접한 관련이 있다. 집이든 자동차든 생활용품이든 우리가 사용하는 인공물의 디자인이 훌륭하면, 보기만 해도 기분이 좋아지고 만족감이 생겨난다.

반면에 디자인이 잘못되어 보기 흉하고 사용하기에 불편하다면, 쓸 때마다 불쾌하고 불만족스러운 기분이 들게 된다. 사람들이 물건을 구입하면서 디자인에 신경을 쓰는 이유는 자신의 마음에 들어 기분을 좋게 해주고 만족스럽게 해주는 것을 고르기 위해서다. 이에 따라 사람을 중심에 두고 디자인해야 한다는 인식이 높아지고 있다. 갖가지 사회문제를 디자인으로 해결하려는 시도들이 전개되고 있다. 특히 주목할 만한 키워드로는 '배려', '나눔', 그리고 '치유'를 꼽을 수 있다.

배려하는 디자인 Design is Caring

디자인할 때 가장 먼저 고려해야 하는 것은 무엇일까? 보통 디자이너가 명성을 얻거나 돈을 벌기 위해 디자인을 하는 것으로 알고 있지만, 그런 자세로 디자인을 하면 명성도 돈도 얻지 못하는 경우가 많다. 이윤 추구를 앞세워 디자인된 제품은 고객에게 선택되기는커녕 되려 외면당하기 쉽기 때문이다. 디자이너는 무엇을 디자인하든 자신이 디자인한 것을 쓰게 될 최종 사용자에게 만족과 기쁨을 주기 위해 노력한다. 제품을 사용하는 사람의 신체적 특성과 심리 상태는 물론 대량생산되는 과정과 사용되는 환경 및 가격 등에 대해 세심하게 배려해야 굿 디자인을 만들 수 있다.

디자인 배려는 진정으로 사람을 위해 유익하고 편리하게 디자인 하는 것과, 사람들이 처한 여건과 환경에 맞춰 삶의 질을 개선하는 두 가지 방향으로 전개되고 있다.

사람을 위해 디자인하기

미국의 디자인 선구자 헨리 드레이퍼스Henry Dreyfuss는 무엇보다 도 먼저 사람을 위해 디자인해야 한다는 신념을 갖고 일했다. 1929 년부터 산업 디자인 회사를 설립하고 전화기, 청소기, 트랙터 등 갖 가지 문명의 이기들을 디자인하여 큰 명성을 얻은 그가 1955년에 펴낸 책 《사람을 위해 디자인하기Designing for People》는 아직도 전 세 계에서 널리 읽히고 있다.[9]

그는 이 책에서 조와 조세핀이라는 가상의 미국인 남녀를 주인공 으로 내세워, 이들이 편안하고 쾌적하게 생활할 수 있도록 집과 가 구는 물론 생활용품을 디자인하는 방법을 상세하게 알려준다. 드레 이퍼스의 이 같은 가르침은 세월이 흘러도 변하지 않는 가치로 인정 되고 있다. 그는 산업 디자이너의 성공과 실패에 대해 다음과 같이 설명했다.

"만약 사람이 제품을 사용할 때 불편을 느낀다면, 그것을 디자인한 산업 디자이너는 실패한 것이다. (제품이) 사람을 더 안전하고 편안하게 해주고, 더 사고 싶게 해주며, 행복하게 해주어야만 디자이너는 성공한 것이다."

이처럼 드레이퍼스는 무엇을 디자인하든 그것을 사용할 사람을 진정으로 배려하고 행복하게 해주어야 한다고 생각했다. 그는 주방 조리대의 높이든, 자동차 페달의 길이든 사람의 몸에 맞게 디자인하기 위해 인체공학에 대해 깊이 연구했다. 그런 노력 끝에 1960년에 펴낸 《사람의 치수 *The Measure of Man*》라는 책에서 그는 디자이너들이 제품을 디자인할 때 참고해야 하는 인체공학적 데이터들을 체계적으로 정리했다.

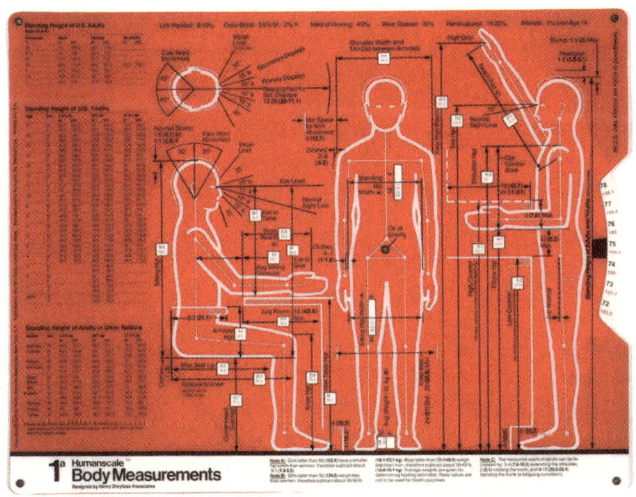

헨리 드레이퍼스가 저술한 《사람의 치수》에 실린 인체 치수 데이터키트. 키트의 오른쪽 가운데 검정색 사각형에 흰색 휠에 표시된 신장을 맞추면 디자인에 필요한 인체공학적 데이터를 쉽게 찾을 수 있다.

이 책에는 남녀노소를 초월한 모든 미국인들의 키, 팔다리 길이, 가슴둘레, 손발의 크기 등 인체 각 부위의 치수와 동작의 범위 등이 일목요연하게 제시되어 있다. 그 결과 이 책은 디자이너가 디자인할 때 반드시 참고해야 하는 자료로 널리 활용되고 있다. 특히 인체 부위별 치수를 찾아보기 쉽게 정리한 부록은 디자이너들에게 큰 도움이 되고 있다.[10]

이처럼 사람을 중심에 두고 제품을 디자인해야 한다는 철학은 인체공학적 데이터를 바탕으로 디자인하는 접근에서부터 사용자 중심 디자인으로 발전되었다. 사용자 중심 디자인의 선구자로 알려진 도널드 노먼Donald Norman 노스웨스턴대학 명예교수는 1996년에 출간한 책 《일상용품의 디자인Design of Everyday Things》에서 사람의 마음을 이해해야 비로소 굿 디자인이 나올 수 있다고 했다.

노먼은 아름답지만 불편하거나 편리하지만 추한 물건은 사람들에게서 외면당하기 마련이며, 그런 점에서 디자인이란 결국 사용성과 심미성 사이의 끊임없는 전쟁이며 어느 한쪽이 지나치게 강조되면 문제가 생긴다고 말했다. 물건의 기능과 사용성, 심미성이 적절히 조화를 이룰 때, 갖고 싶은 욕망을 솟구치게 하는 굿 디자인이 될 수 있다는 것이다. 무엇보다도 심미성이 중요한데 이는 우리가 '사용하는 것object of use'보다는 '갖고 싶은 것object of desire'들로 둘러싸여 있기 때문이다. 앞서 논의한 UI/UX 디자인도 사용자 중심 디자인을 구현하기 위한 노력의 일환이라고 할 수 있다.

　　　　　　　　　　　　　　　　　　　　　욕망을 디자인하라

삶의 질 높이기

한편 디자인은 모든 사람들의 삶의 질을 향상시키는 수단으로 활용되어야 한다는 인식이 확산되고 있다. 전 세계 모든 사람들이 제각기 처한 삶의 조건과 환경을 새롭게 디자인하여 이를 개선함으로써 살기 좋은 세상을 만들자는 것이다. 2002년 덴마크 왕실의 재정 지원으로 재정된, 세계적인 디자인 공모전인 '인덱스 어워드INDEX Awards'[11]는 디자인 배려의 또 다른 모습을 보여준다.

덴마크의 비영리 디자인 재단인 인덱스가 주관하며 2003년부터 격년제로 열리는 이 공모전은 신체body, 가정home, 일work, 놀이와 학습play & learning, 지역사회community의 다섯 부문에서 디자인을 통해 삶의 질을 획기적으로 개선한 사례를 선정하여 시상하고 있다. 일상생활에서 커다란 불편과 장애를 안겨주는 문제들을 새로운 관점에서 발견하고 창의적으로 디자인하여 해결한 제품과 서비스를 출품받아 국제적인 심사위원단의 엄정한 심사를 거쳐 우수 사례를 선정한다.

부문별로 선정된 작품들 중에서 최우수작으로 뽑히면 각각 10만 유로(약 1억7,000만 원)의 상금이 수여된다. 우수작들은 모두 2년 동안 전 세계의 주요 도시에서 순회 전시되며 디자인을 통한 삶의 질 개선에 대한 인식을 확산시키는 데 활용된다. 서울시가 추진한 '디자인 서울' 프로젝트는 2011년 인덱스 어워드에서 지역사회 부문 대상을 수상했다. '시민을 위한 배려'를 비전으로, 디자인을 통해 시민들의 생활, 환경, 경제, 문화, 소통의 질을 향상시키려는 서울시의 노력이 높이 평가된 것이다.

나누는 디자인 Design is Sharing

디자인은 과연 누구를 위한 것인가? 과거에는 상업적인 이익을 앞세워 훌륭한 디자인을 소비할 수 있는 경제력을 가진 일부 부유층만을 위해 디자인하는 것이 당연한 일이었다. 그러나 요즘은 불특정 다수의 사회적 약자弱者를 위해 디자인해야 한다는 인식이 큰 호응을 얻고 있다. 디자인 나눔은 소외된 사람들을 위한 디자인과 디자인 재능 기부로 이루어진다.

나머지 90퍼센트 사람들을 위한 디자인

소외된 사람들을 위해 디자인하자는 운동은 미국 뉴욕에서 시작되었다. 뉴욕의 쿠퍼휴잇국립디자인박물관Cooper-Hewitt National Design Museum에서는 2007년 5월 4일부터 9월 23일까지 '나머지 90퍼센트의 사람들을 위한 디자인Design for the Other 90%' 전시회가 열렸다. 그동안 지구촌에 함께 살고 있는 65억 명에 달하는 사람들 가운데 10퍼센트의 부자들을 위해 디자인을 했다면, 이제부터는 90퍼센트에 달하는 소외된 사람들을 위해 디자인을 하여 꼭 필요한 사람들에게 공급해주자는 취지였다.

이 전시회를 기획한 국제개발사업IDE의 설립자 폴 폴락Paul Polak 박사는 2007년 5월 29일 〈뉴욕타임스The New York Times〉와의 인터뷰에서, "전 세계에는 2달러짜리 안경, 10달러짜리 솔라 랜턴, 100달러짜리 집을 갈구하는 사람들이 10억 명이나 된다"며 그렇게 소외된 사람들을 위한 디자인이 시급하다고 강조했다. 전시된 주요 콘텐

물 운반 방식을 쉽게 만들어 먼 거리에서 물을 길어오는 어려움을 해소해주는 물수레 '히포 워터 롤러'

츠는 지뢰를 밟아 다리가 잘린 사람들을 위한 의족, 가뭄이 극심한 지역에 사는 사람들을 위한 물 긷는 바퀴형 물통인 'Q 드럼'과 '히포 워터롤러Hippo Water Roller', 정수 기능이 탑재된 빨대인 '라이프 스트로Life Straw', 극빈자들을 위한 저렴하고 안전한 주거 시설, 보청기 용 태양열 배터리 등이다.

'나머지 90퍼센트의 사람들을 위한 디자인' 전시회에는 인덱스 어워드 수상작들 중에서 특히 헐벗고 굶주린 사람들이 당면한 문제를 해결해주는 제품들이 소개되었다. 사회적 약자를 배려하는 디자인에 대한 공감대가 점차 확산되면서 전시 콘텐츠가 당초보다 두 배 이상 늘어났다. 2010년에는 워싱턴D.C., 2011년에는 UN 본부와 덴버 등에서 전시되었으며 향후 다른 나라에서도 전시될 예정이다.

한편 저개발국의 도시 문제를 디자인으로 해결하기 위한 '나머지 90
퍼센트의 도시를 위한 디자인' 전시회도 개최되고 있다.

디자인 재능 기부 활동

디자이너들이 갖고 있는 재능의 일부를 어려운 사람들을 위해 기
부하자는 활동 또한 다각화되고 있다. 대표 주자로 제3세계의 빈곤
층과 소외층을 위한 디자인의 역할을 주장하고 실천해 '인권 디자
인 전도사'로 추앙받고 있는 빅터 파파넥Victor Papanek을 들 수 있다.
1970년대 초반에 파파넥이 "부자들만을 위해 디자인하지 말고 디자
이너들이 쓸 수 있는 시간과 노력의 10퍼센트만이라도 빈곤층과 소
외층을 위해 제공하자"고 제안한 이후 디자인 재능 기부 활동이 여
러 가지 형태로 전개되고 있다.

이러한 움직임은 국내에서도 확산되고 있다. 카이스트 산업디자
인학과의 배상민 교수는 기획 상품을 디자인해 벌어들인 수익을 기
부하는 박애주의적 디자인 이념을 실천하고 있다. 배 교수 연구실
에서 디자인 재능을 기부하면, 기업에서 제조비용을 지원하고 월드
비전에서 수혜자와 다리를 연결하며, 소비자가 지불한 상품 가격의
100퍼센트가 불우한 청소년의 장학금으로 지원된다.[12]

배 교수는 2008년 미국 산업디자이너협회가 수여하는 '국제우수
디자인상IDEA'에서 은상을 수상한 '접이식 MP3 플레이어'를 제1호
나눔 프로젝트로 개발했으며 1만2,000대를 판매해 수익금 전액을
기부했다. 이어 두 번째 프로젝트인 전기를 사용하지 않는 천연 가
습기 러브팟 1만 대를 판매하여 그 수익금도 전액 기부했다.

배상민 카이스트 교수가 디자인한 천연 가습기 '러브팟'

치유하는 디자인 Design is Healing

도시의 발전 과정에서 소외되고 주요 시설물의 이주 등으로 버려졌던 지역을 새롭게 디자인하여 되살리거나 혹은 해묵은 사회문제들을 말끔히 청산함으로써 상처를 치유하려 하는 시도들도 다양하게 전개되고 있다. 건물이든 제품이든 훌륭한 디자인은 사람의 마음을 즐겁게 하고 유쾌하게 하는 힘을 갖고 있다. 자신이 선호하는 제품들이 디자인이 아름답고 서로 어울리는 것을 보고 있노라면 절로 기분이 좋아진다. 디자인이 잘된 환경에서 거주하면 건강도 좋아지고 범죄율도 낮아진다. 대표적인 예로 '깨진 유리창의 법칙'에 나오는 일화를 들 수 있다.

스탠포드대학의 심리학자 필립 짐바르도Philip Zimbardo 교수는 1969년에 범죄가 자주 발생하는 골목에 새 승용차의 보닛을 연 상태로 일주일 동안 방치해두었지만 차에는 아무런 이상이 없었다. 그런데 똑같은 승용차의 한쪽 창문을 깨뜨린 채 내버려뒀더니 불과 10분 만에 배터리가 없어지고 차에 쓰레기가 버려지더니 일주일 후에는 고철 상태가 되어 폐차장으로 끌려갔다. 유리창이 깨진 채로 방치된 건물이나 자동차를 보면 더 망가뜨리고 싶은 공격 본능이 생겨난다는 '깨진 유리창의 법칙'이 보여주듯, 사람의 기분은 눈으로 보는 상태에 따라 크게 영향을 받는다.

버려졌던 지역 되살리기

뉴욕의 첼시마켓Chelsea Market은 슬럼화된 지역사회 문제를 디자인으로 치유한 모범 사례로 꼽힌다. 1950년대까지만 해도 맨해튼 남쪽에 있던 비스킷 회사 나비스코Nabisco의 공장은 지역 경제의 원동력이었다. 그러나 비스킷 사업이 번창하게 되면서 나비스코는 더 넓은 작업장을 찾아 공장을 뉴저지로 이주했으며 이 회사의 옛 공장은 수십 년 동안 방치되었다. 커다란 공장이 비게 되고 인적도 끊기자 그곳은 온갖 범죄의 온상으로 전락했다.

그러다 1990년대에 어빈 코헨이라는 부동산 개발업자가 이 공장 건물을 매입하여 재개발을 시작했다. 붉은 벽돌로 지은 건물과 공장

뉴욕의 첼시마켓. 폐쇄되고 슬럼화된 비스킷 공장이 새로운 관광명소로 탈바꿈했다.

시설을 최대한 살리고 내부 공간을 다시 디자인한 뒤 유명 베이커리, 식품점, 식당, 와인숍 등을 입주시키자 이곳은 새로운 관광명소로 탈바꿈했다.

사회적 문제 치유하기

이해관계가 복잡하게 얽혀 좀처럼 풀기 어렵던 사회적·경제적 문제들을 디자인으로 해결한 사례도 늘고 있다. 영국의 디자인카운슬Design Council은 2004년에 그런 문제들을 해결하기 위해 '레드RED'라는 연구개발 허브를 개설했다. 디자인카운슬은 한국의 디자인진흥원에 해당하는 기관으로 정부와 기업, 학교의 디자인 정책 및 제도를 자문하고 관련 디자인 프로그램을 운영한다. 영국의 사회사업가 힐러리 코탐Hilary Cottam을 중심으로 7명의 디자인, 정책, 전략 전문가가 이끄는 레드팀은 2년간 건강, 노령화, 민주주의, 에너지, 시민권, 변화 디자인[13]의 여섯 가지 주제에 대해 전혀 새로운 관점에서 접근해 구체적인 해결 방안을 연구했다. 그 결과 주제별로 공공서비스의 질을 획기적으로 개선할 수 있는 방안들이 수록된 연구보고서가 발간되었다.

건강 부문을 예로 들면, 병원 환경과 시스템은 물론 환자와 의료진의 경험을 새롭게 디자인해 국가의료체계National Health Service 차원에서 활용할 수 있는 방안이 마련되었다. 가령 2021년에는 영국에서만 100만 명이 치매를 앓을 것으로 예상되므로 영국 보건부와 디자인카운슬이 협력해 치매 환자들의 삶의 질을 향상시킬 수 있는 다섯 가지 혁신적 해결안을 개발하는 데 필요한 자금을 지원하기로 했다.[14]

20세기에는 공공서비스가 전적으로 해당 분야의 전문가들에 의해 개발되어 사용자들에게 제공되었다. 의사는 병을 고치고 교사는 교육을 시키며 경찰관은 범죄자를 잡는 데 전념했다. 교육기관이나 대형 단체 등에서는 전문적인 지식을 교육하고 전파했다. 그러나 21세기에는 공공시설물이나 공공서비스가 전문가들과 사용자들의 파트너십에 따른 협력으로 만들어진다. 이른바 '공동 창작co-create'에 의해 새로운 서비스가 생성되는 것이다. 아울러 전문가들이 만든 지식이 사용자들 간의 공유를 통해 확대되고 재생산된다. 기관들은 사용자들의 지성, 투자, 그리고 상상력을 활성화함으로써 가격, 생산성,

유연성과 혁신에서 커다란 성과를 거둔다.

디자이너들은 급진적인 혁신을 기반으로 일상생활에 유용한 제품과 환경은 물론 서비스와 경험을 창출해낸다. 굿 디자인은 제품과 서비스를 쓸모 있고, 쓰기 편하며, 갖고 싶게 만든다. 굿 디자인이 이루어지는 과정은 사용자, 노동자, 전문가, 서비스 제공자들이 효과적으로 공동 창작할 수 있는 상호관계를 구축하는 데 초점을 맞춘다.

이처럼 디지인은 패러다임의 변화에 맞춰 삶의 질을 향상시키기 위한 수단으로 적극 활용되고 있다. 그럼에도 불구하고 우리 사회 일각에는 아직도 디자인에 대한 인식이 구시대에 머물러 있는 사람들이 많다. 그들은 디자인을 단지 응용미술이나 제품 등의 겉치레나 장식 수단으로 간주하곤 한다. 이는 거대한 패러다임의 전환에 따라 디자인의 가치와 효용성도 크게 달라지고 있다는 사실을 이해하지 못한 데서 비롯된 현상이다. 이제 디자인은 사회를 위해 '있으면 좋고 없어도 그만인 것'이 아니라 사회를 변화시키는 원동력이 되고 있다.

3장

새로운 가능성의 시작, 빅데이터

지하철을 타든, 레스토랑에 가든 사람들은 저마다 자신의 스마트폰을 들여다보기에 바쁘다. 심지어 길거리를 걸어가면서도 스마트폰 화면에서 눈을 떼지 못하는 사람들이 있다. 식탁에서도 가족과 대화하는 대신 저마다 스마트폰만 들여다보고 있어 가족 간의 소통이 단절되고 있다는 우려가 나온 지 오래다. 신문이나 잡지 등 인쇄 매체의 구독 비중도 점차 종이에서 인터넷으로 옮겨가고 있다. 라디오, 텔레비전 등도 일대다one-to-many의 한 방향 채널에서 벗어나 다대다many-to-many 방식으로 바뀌고 있다.

이처럼 소통의 패러다임이 바뀌는 것은 다양한 형태의 콘텐츠가 다양한 이용자들에 의해 생성되고 공유되기 때문이다. 실제로 인터넷, 카메라, MP3 기능을 모두 갖춘 스마트폰이 대중화되면서 콘텐츠의 생성과 소비 패턴이 크게 변하고 있다. 콘텐츠를 만드는 생산자와 소비자 간의 구분이 없어지고 프로슈머prosumer들의 활동이 늘어나는 등 퍼스널미디어와 소셜미디어의 통합이 가속되고 있다. 이 같은 변화는 디자인에 어떤 영향을 미칠까?

방대하고 다양하며 빠르다?

'월요병'이라는 말이 있다. 월요일 아침이면 유난히 더 피곤하고 스트레스가 쌓이는 증상을 가리킨다. 주말 내내 잘 놀고 푹 쉬다가 월요일에는 다시 출근하거나 등교해야 하는 직장인들이나 학생들의 심리 상태를 적절히 표현한 말이다. 반면에 "신이여 감사합니다. 오

늘은 금요일!Thank Goodness It's Friday, TGI Friday"이라는 말처럼 사람
들은 정말 금요일이 되면 기분이 좋아진다. 이는 마음껏 주말을 즐
길 수 있으리라는 기대감 때문일 것이다.

사람들이 직관적으로 느끼는 요일별 기분을 수치로 표현한 결과
놀랍게도 이것이 모두 사실로 드러났다. 다음소프트의 송길영 부사
장은 2012년 5월부터 10월까지 수집한 5억 건의 트윗을 '기분'과 연
관 지어 분석한 결과, 월요일에는 68.5퍼센트로 최저이다가 주중에
서서히 상승해 금요일에는 72.3퍼센트로 정점에 이르렀다고 밝혔
다. 이는 트위터의 개별 메시지에 나타난 '좋다, 슬프다, 신난다, 우
울하다' 같은 기분과 연관된 단어들이 요일별로 얼마나 자주 사용되
는지를 계량화한 결과라고 한다.

이처럼 막연히 알고 있던 상식에 기반한 심증이 구체적 데이터에
의한 확증으로 바뀐 것은 무려 5억 건이나 되는 트윗을 일일이 분석
해 얻은 데이터 덕분이다. 종전의 설문이나 면접조사 방식으로는 도
저히 다룰 수 없는 방대한 분량의 데이터가 바로 '빅데이터big data'
이다.

사람들이 일상생활에서 사용하는 스마트폰, 포털사이트, 게임, 건
강 관련 기록 도구 등은 물론 CCTV 카메라, 주파수인식기술RFID
등에 쌓이는 갖가지 정보들을 효과적으로 처리하면 사람들의 행동
을 읽어내고 그 저변에 깔린 심리를 파악할 수 있다.

빅데이터의 주요 특성은 '3V'로 표현된다. '다량Volume', '다양성
Variety', '속도Velocity'의 머리글자 모음으로, 크기가 방대하고 형태가
다양하며 생성 및 유통 속도가 빠르다는 의미다. 빅데이터는 특히

　　　　　　　　　　　　　　　　　욕망을 디자인하라

규모가 매우 커 테라바이트[15]에서 페타바이트[16]에 달하므로 기존의 데스크톱 컴퓨터의 통계 처리나 시각화 패키지로는 처리할 수 없다. 빅데이터의 분석에는 데이터 마이닝, 오피니언 마이닝, 소셜네트워크 분석, 컨조인트 분석conjoint analysis 등의 기법들이 활용된다.

빅데이터를 잘 활용하면 이제까지 막연하게 알고 있었거나 불확실했던 여러 가지 사실을 명확히 파악할 수 있다. 경영에 빅데이터를 활용하면 여러 가지 이점이 있는데, 먼저 현재 수행하고 있는 사업의 트렌드를 파악하고 고객이 느끼는 문제점을 발견해 효과적으로 처리할 수 있다. 또한 중요한 의사결정에 영향을 미치는 다양한 변수를 다각적으로 고려함으로써 판단의 정확도를 높이고 오류를 줄일 수 있다.

그렇다면 빅데이터는 디자인에 어떻게 영향을 미칠까?

빅데이터 시대를 살아갈 준비

〈계간 맥킨지McKinsey Quarterly〉에 수록된 '당신은 빅데이터 시대를 살아갈 준비가 돼 있는가?'라는 제목의 보고서에는 이 질문에 대한 정답이 담겨 있다. 신용카드 결제, 스마트폰 사용은 물론 감지기가 달린 기계에서 제공되는 사람들의 일상적인 습관과 선호도에 관한 방대한 양의 실시간 정보를 기반으로 생성되는 빅데이터는, 제품과 서비스는 물론 매장과 사무실 등을 디자인할 때 유용하게 활용될 수 있다는 것이다.

이 보고서는 빅데이터가 디자인에 미치는 영향에 초점을 맞추고 있지는 않지만, 최근에 수행된 연구 결과들이 디자인에 기여하고 있음을 상세하게 보여준다.

- 맥도날드는 매장에서 고객의 동선과 주문 패턴은 물론 직원과 고객 간의 상호작용을 연구하고 있다. 그 결과를 효과적으로 분석한다면 식당을 디자인할 때 활용할 수 있을 것이다.
- 대기업 인사부에서는 고용 데이터를 기반으로 사무실을 다시 디자인함으로써 직원들의 만족도와 생산성을 높이고자 한다.
- 디자이너와 엔지니어는 소비자의 사용 패턴을 추적하는 복사기에서 제트엔진에 이르기까지 더 많은 제품을 창안할 수 있게 된다. 그 제품들이 개발되면 성공을 가져다주는 디자인 요소들이 무엇인지 알 수 있는 것은 물론 차세대 맞춤형 제품을 창조할 때 활용 가능한 시사점을 얻을 수 있다.
- 빅데이터를 분석해줄 뿐만 아니라 제조업체와 다른 업체의 중간에서 매개체 역할까지 해주는 서비스 회사들이 생겨나면서 디자인 관련 일자리가 늘어날 것이다. 그런 회사들을 위해 코퍼리트 아이덴티티CI, 브랜딩, 소프트웨어를 위한 사용자 인터페이스 디자인 등을 개발할 기회가 늘어나기 때문이다.[17]

앞으로 빅데이터를 좀 더 쉽게 활용할 수 있게 되면 디자이너들이 일하는 프로세스에서도 큰 변화가 일어날 것이다. 우선 디자인의 초기 단계에 반드시 수행해야 하는 시장·소비자·트렌드 조사에 소요

욕망을 디자인하라

되는 시간과 노력을 대폭 줄일 수 있다. 현실성이 결여된 가설과 한정된 샘플링 등으로 잘못 추출된 데이터 때문에 벌어지는 마케터들과의 다툼도 피할 수 있다. 그 결과 디자이너들은 좀 더 창조적인 업무에 전념할 수 있게 된다.

디자인 콘셉트를 도출하고 시각화하는 과정은 물론 최종 디자인안을 결정하는 과정에서도 일정한 범위 내에서 외부 사람들과 자유롭게 소통할 수 있는 기회를 가질 수 있다. 특히 최종 디자인 안에 대한 대중의 선호도 및 디자인이 구매에 미치는 효과 등에 대해 공정한 평가를 받을 수 있게 된다.

이처럼 빅데이터를 디자인 프로세스에 적용하면 적절한 데이터의 사용, 디자인 시간의 절약, 프로세스 흐름의 투명성 제고, 디자인 비용의 절감 등 다양한 효과를 기대할 수 있다.

데이터로 디자인하다

국내에서도 소셜미디어와 빅데이터를 활용해 새로운 베스트셀러를 개발해낸 사례가 생겨나고 있다. 한 예로 제약 회사인 유유제약이 판매하는 베노플러스 겔(원래 이름은 베노플란트 겔)을 들 수 있다. 스토리는 여름 휴가철을 맞아 멍든 곳, 타박상, 벌레 물린 곳에 바르는 피부 연고제 베노플란트 겔의 마케팅 계획을 강화했던 2003년으로 거슬러 올라간다.

독일의 제약 회사 슈바베Schwabe와 기술 제휴하여 제조되는 베노플란트 겔은 생약 성분인 에스신이 함유되어 부작용이 없는 등 약효가 뛰어남에도 불구하고 판매는 기대에 미치지 못했는데, 제품의 이름이 발음하기 어렵기 때문이라는 분석이 나왔다. 이에 유유제약은 2009년 가을에 '베노플란트 겔'을 '베노플러스 겔'로 바꾸어 출시했다.

제품명을 바꿨는데도 불구하고 판매량이 늘지 않자 유유제약은 근원적인 문제를 알아내기 위해 빅데이터를 활용하는 전략을 세우고 2011년 4월부터 외부 업체인 다음컨설팅에 조사를 의뢰했다. 그리고 트위터, 페이스북, 블로그 등 소셜네트워크 사용자 인식을 분석한 결과, '멍'의 치료법에 대해서는 특정한 약이나 연고 대신 계란이나 쇠고기 찜질 등 민간요법이 더 많이 언급되고 있었다. 유유제약 입장에서는 경쟁사 제품보다 소비자의 의식에 각인된 계란과 쇠고기를 이기는 게 더 시급했던 것이다.

무엇보다도 큰 성과는 멍에 대한 소비자 트렌드의 분석 결과, 멍이나 붓기를 빨리 빼고자 하는 사람들은 여성이라는 사실을 발견했다는 점이다. 얼굴의 멍자국 때문에 외출을 못 하거나 미니스커트를 입지 못한 나머지 멍을 빨리 제거하고 싶은 욕구가 여성들에게 있었던 것이다.

이러한 분석 결과를 바탕으로 베노플러스 겔의 주요 타깃을 어린이에서 여성으로 바꾸고 제품을 다시 디자인했다. 제품설명서에도 멍에 특효가 있다는 점을 가장 먼저 언급하고, 패키지 디자인도 여성들의 취향에 맞추어 파스텔 톤으로 잔잔하게 접근해 의약품이 아니라 화장품 같은 특성을 부각시켰다. 그리고 여성 잡지와 성형외과

   욕망을 디자인하라

를 중심으로 대대적인 광고를 했다.

그 결과 주요 포털사이트에서 '멍 빨리 없애는 법'이라는 키워드
는 감소한 반면 '베노플러스 겔'은 무려 557퍼센트나 증가했다. 그리
고 베노플러스 겔은 매출이 62퍼센트나 늘었으며 '제1회 빅데이터
활용 및 분석 경진대회'에서 은상을 수상했다.

어떻게 활용할 것인가

빅데이터와 디자인의 상관관계는 아직까지 명확하게 밝혀지지 않
고 있다. 그러나 빅데이터 덕분에 디자이너들이 창의성을 마음껏 발
휘하고 디자인 프로세스에서의 시행착오가 크게 줄어들 것이라는
점은 쉽게 이해할 수 있다.

앞서 논의한 것처럼 이제까지 디자이너들의 창의적인 아이디어가
타당성 검토 과정에서 사장되는 경우가 많았다. 디자이너들이 미래
지향적인 관점에서 새로운 아이디어를 제안하면 관련 부서들은 이
른바 '감感'이라는 현실적인 잣대를 들이대며 그 가치를 폄하하곤
했다. 빅데이터가 활성화되어 고객의 욕망을 좀 더 정확하게 파악하
게 되면 그런 폐단들이 크게 줄어들게 될 것으로 기대된다.

한편으로 빅데이터가 가지고 있는 잠재적인 위험성도 직시해야
할 필요가 있다. 빅데이터로 인한 감시와 통제, 조작은 물론 개인의
프라이버시를 과도하게 침해할 수 있다는 우려가 제기되고 있다. 실
제로 우리가 갖가지 미디어에 올린 자료들이 데이터베이스에 남아

빅데이터 시대, 개인의 일상 하나하나가 계속 기록되어지는 디지털 발자국

생겨난 '디지털 발자국digital footprint'에 의해 예기치 못한 피해를 볼 수 있다. 편향된 데이터에 근거한 디자인은 돌이킬 수 없는 오류로

  욕망을 디자인하라

연결될 수도 있다.

　빅데이터는 디자인에 '양날의 칼'이 될 수 있다. 그러므로 빅데이터가 가진 커다란 잠재력을 잘 활용하되, 이러한 빅데이터에 숨어 있는 위험성과 문제점을 슬기롭게 극복해나가야 한다. 이를 위해서는 무엇보다도 디자이너들이 '빅데이터 리터러시bigdata literacy', 즉 데이터를 해석하고 이해하는 능력을 향상시켜야 한다.

4장
창조경제와 미래를 바꿀 아이디어

'창조경제'가 세간의 화두다. 이미 알려진 대로 박근혜정부가 '일자리 중심의 창조경제'를 5대 국정 목표의 하나로 정하고 창조 산업의 경쟁력을 높이기 위한 생태계 조성에 적극 나서고 있다. 새 정부에서 강조하는 '창조경제'란 과연 무엇인가?

2001년에 출간된 《창조경제 *The Creative Economy*》라는 책에서 영국의 경영전략가 존 호킨스 John Howkins 는 '창의력을 바탕으로 새로운 아이디어를 만들어내 제조업, 서비스업, 유통업, 엔터테인먼트 산업 등에 활력을 불어넣는 것'이 창조경제라고 정의했다.[18] 그는 이러한 창의력을 기업 성장의 핵심 동력으로 꼽았다. '아이디어로 어떻게 돈을 버는가 How to Make Money from Ideas'라는 부제가 달린 이 책에서 호킨스는, 창조경제의 근본은 창조 산업이 창출하는 지식재산이라 강조한다. 창조경제는 기본적으로 창의적인 제품과 서비스 등 지식재산에 관한 권리를 사고파는 거래에 기반을 두고 있기 때문이다.

같은 맥락에서 영국의 문화미디어스포츠부는 '창조 산업이란 개인의 창조성·기술·재능 등을 투입하여 만든 독창적인 성과품에 지식재산권 intellectual property right 을 설정하고 이를 활용하여 부富와 일자리를 창출하는 활동'이라 규정하고 다각적인 진흥 활동을 전개하고 있다. 지식재산권이란 지식재산에 대한 소유권으로, 문학·예술·과학·연출·예술가의 공연·음반·방송·공업의장·등록상표·상호 등에 대한 권리와 공업·과학·예술 분야의 지식 활동에서 발생하는 모든 권리를 말한다.[19]

창조경제는 나라마다 각기 다른 양상으로 전개되고 있다. 요즘 우리나라에서 주목받고 있는 이스라엘식 창조경제는 창업을 용이

하게 하여 벤처기업을 많이 육성하는 데 초점을 맞추고 있다. 창업을 위해서라면 뻔뻔스러운 철면피가 될 수 있다는 이른바 '후츠파chutzpah' 정신으로 무장한 군부대 정예들이 벤처 사업가로 변신할 수 있도록 돕는다. 미국은 특허 개혁, 창업 미국, 초중등교육 개선 등을 골자로 하는 혁신 전략을 추진하고 있으며, 일본도 '쿨 재팬Cool Japan(멋진 일본)'을 앞세워 애니메이션, 패션 등 문화 콘텐츠 보급 사업을 적극 추진하고 있다.

그렇다면 앞으로 창조 산업과 지식재산권을 기반으로 우리 사회를 이끌어갈 창조경제는 언제 어떻게 시작되었을까?

토니 블레어의 '창조적인 영국'

1997년 영국 총선에서 승리한 토니 블레어Tony Blair는 '창조적인 영국Creative Britain'이라는 슬로건을 앞세워 영국의 산업을 혁신하기 시작했다. 산업혁명의 본고장으로 한때는 '세계의 공장'으로 이름을 날렸던 영국이지만 이제 더 이상 제조업을 할 수 있는 여건이 아니었기 때문이다. 1960년부터 심화된 노사분규로 무너진 제조업 기반을 되살리는 것은 불가능에 가까운 일이었다. 이른바 '영국병'으로 영국 산업의 상징이었던 자동차 산업도 쇠퇴하여 소형차 브랜드 미니의 옥스퍼드 공장만 명맥을 유지하고, 엔진 부문만 남아 있는 롤스로이스도 수익의 60퍼센트를 정비 및 유지 보수로 벌어들이고 있었다.

욕망을 디자인하라

토니 블레어가 주창한 '창의적인 영국' 로고

　영국이 살아남을 길은 제조업 중심의 산업 구조에서 벗어나 지식 재산을 활용하는 것뿐이라 판단한 블레어는 광고, 디자인, 금융 서비스, 문화 산업 등의 육성을 위해 정부부처의 개편을 단행했다. 앞서 언급한 문화미디어스포츠부를 신설하여 창의 산업 전반을 지원하게 하고, 지식재산권 관련 지원 업무는 영국지식재산청UKIPO이 전담하도록 하는 등, 영국 창조경제의 발전을 위한 기반을 다졌다.

　흥미로운 사실은, 2000년대 초부터 일부 선견력 있는 학자들은 창조성이 산업 경제를 대체한 새로운 경제 시스템의 원동력이 될 거라고 주장해왔다는 것이다.

대니얼 핑크의 '하이터치와 하이콘셉트'

미국의 미래학자인 대니얼 핑크Daniel Pink는 창조경제를 성공으로 이끌어갈 새로운 핵심 역량이 무엇인지에 주목했다.[20] 그는 인간의 두뇌가 좌우 두 개로 나누어져 각기 다른 역할을 한다는 데 착안하여 어느 한쪽으로 치우치지 않는 통합적인 사고방식을 제안했다. 이성과 합리가 지배하던 산업 시대에는 분석적인 사고를 전담하는 좌뇌에 기반을 둔 논리와 수치적 데이터 등이 사회를 이끌어가는 힘이었만 점차 감수성과 상상력을 주관하는 우뇌에 기반을 둔 활동의 중요성이 커지고 있기 때문이다.

핑크는 정치, 경제, 사회 등 모든 분야에서 스토리와 디자인이 점점 더 중요해질 것으로 전망하고 우뇌 활동을 기반으로 하는 '하이터치high-touch'와 '하이콘셉트high-concept'를 창조경제의 핵심 역량으로 제시했다. 하이터치는 다른 사람의 미묘한 기분을 이해하고 함께 즐기는 능력이다. 즉 마음을 열어 사람들과 소통하고 공감할 수 있게 해주는 것이 하이터치다. 한편 하이콘셉트는 남들이 전혀 생각하지 못했던 새로운 아이디어를 만들어내는 능력이다. 언뜻 관계가 없어 보이는 아이디어를 결합하여 뭔가 새로운 것을 창조해내는 것은 물론 예술적·감성적 아름다움을 창조하는 것도 하이콘셉트다.

핑크는 또한 창조적인 일을 하는 데 필요한 능력으로 여섯 가지를 제시했다.

❶ 기능만으로는 안 된다. 디자인을 할 수 있어야 한다. 양쪽 두뇌를 모두

  욕망을 디자인하라

사용하는 새로운 사고방식인 디자인으로 시각적으로 아름답거나 좋은 감정을 선사할 수 있는 가치를 만들어야 경제적으로 개인적으로 보상을 받을 수 있다.

❷ 단순한 주장만으로는 안 된다. 스토리를 겸비해야 한다. 정보, 지식, 문맥 등을 바탕으로 훌륭한 스토리를 만들 수 있어야 디자인과 더불어 차별화와 경쟁우위를 만들어낼 수 있다.

❸ 집중만으로는 안 된다. 조화를 이루어야 한다. 이 시대가 요구하는 핵심 능력은 '분석'이 아니라 '통합'이다. 오케스트라의 지휘자처럼 이질적인 조각들을 모아 새로운 조화를 이루어내고 큰 그림을 능력이 필요하다.

❹ 논리만으로는 안 된다. 공감이 필요하다. 다른 사람의 시선으로 바라보고 가슴으로 느낄 줄 알아야 한다. 동료들의 마음을 이해하고 유대를 강화하며 다른 사람을 배려해야 한다. 공감은 디자인은 물론 조화와도 연관이 있다.

❺ 진지한 것만으로는 안 된다. 놀 줄도 알아야 한다. 웃음, 게임, 유머 등을 즐길 줄 아는 능력이 요구된다. 항상 즐겁고 명랑하게 일한다면 건강은 물론 사회적 성공에도 큰 도움이 된다. 이는 창의성, 생산성, 협동성을 이끌어낼 수 있는 힘이기 때문이다.

❻ 물질의 축적만으로는 안 된다. 의미를 찾아야 한다. 물질적인 풍요를 이루면, 자신의 존재 가치에 대한 의미를 찾게 된다. 행복한 삶을 위해서는 목적의식, 초월적인 가치, 그리고 정신적인 만족감과 같은 의미를 부여하는 능력이 필수적이다.

핑크는 그중에서도 디자인이 가장 중요하다고 강조했다. 창조경제에서는 모든 비즈니스에서 시각적으로 아름답고 좋은 감정을 선사할 수 있는 가치를 만드는 디자인이 필수적이기 때문이다. 디자인이라는 언어를 읽고 쓸 줄 알아야 제품이든 서비스든 경험이든 더 강력하게 호소할 수 있다는 것이다.

리처드 플로리다의 '창조적인 인재'

캐나다 토론토대학 교수인 리처드 플로리다Richard Florida는 창조경제를 성공으로 이끌어갈 창조적 인재와 창조적 도시에 주목했다. 그는 창조성을 기반으로 경제적 원동력을 만들어내는 창조적 인재를 '핵심 창조인재super-creative core'와 '창조적 전문가creative professionals'로 구분했다.[21] 핵심 창조인재는 새로운 지식재산을 창출하는 사람들로 과학자, 엔지니어, 프로그래머, 교수, 시인, 소설가, 예술가, 연예인, 배우, 디자이너, 건축가, 작가 등이다. 창조적 전문가는 복합적인 지식 체계를 활용하여 문제를 해결하는 사람들로 관리, 경영, 회계, 법률, 금융, 보건의료, 하이테크 업종 등 지식집약형 산업 종사자들이다. 미국의 경우, 창조적 인재가 전체 고용 인구의 30퍼센트에 해당하는 4,000만 명 정도인데 그중 12퍼센트가 핵심 창조 인재다.

플로리다는 도시 경쟁력을 높이는 지름길은 창조적 인재들이 마음껏 창조성을 발휘할 수 있는 창조적 도시가 되는 것이라고 주장했

 욕망을 디자인하라

다. 그는 창조적 도시가 되는 데 필요한 조건으로 '3T'를 꼽았는데 재능Talent, 기술Technology, 관용Tolerance이 그것이다. 한 도시의 창조지수가 높아지려면 문학, 음악, 미술, 공연예술 분야의 재능을 가진 인재들은 물론 과학기술 수준을 획기적으로 높여줄 우수한 연구개발 인력이 많아야 한다는 것은 쉽게 이해할 수 있다. 하지만 관용이라니, 무슨 의미일까?

관용이란 원래 '남의 잘못을 너그럽게 받아들이거나 용서한다'는 의미다. 그러나 3T의 관용은 모든 면에서 나와는 다른 남을 이해하고 받아들이는 자세를 말한다. 게이와 레즈비언, 소수민족, 다른 종교를 믿는 사람들을 멸시하거나 차별하지 않는 것이다. 특히 다양한 인종과 문화를 수용할 수 있는 관용이 무엇보다 중요한데, 창조성이란 획일적이고 경직된 조직 문화와 분위기에서는 위축될 수밖에 없기 때문이다. 세계적 불황에도 샌프란시스코나 토론토 같은 도시들이 호황을 누리는 비결은 동성애자나 외국인들을 아무런 차별 없이 문화적 관용의 자세로 끌어안는 데 있다.

한편 플로리다는 2010년에 출간한 《제3차 세계 리셋*The Great Reset*》이라는 책에서 "예술과 디자인 능력이 기술적 노하우와 결합될 때, 경제는 놀라운 시너지 효과를 발휘한다"고 강조했다.

창조경제의 규모와 경제적 가치

세계은행에 따르면 2005년을 기준으로 전 세계의 창조경제 규모는 2조7,060억 달러로 세계경제의 6.1퍼센트를 차지하고 있다. 우리 돈으로는 2,200조 원에 달하는 엄청난 규모다. 한편 호킨스는 2007년에 펴낸 《창조경제》 개정판에서 세계은행의 자료를 근거로 15개 창조 산업의 시장 규모를 제시했다. 연구개발이 1위로 6,760억 달러, 2위인 출판은 6,050억 달러, 소프트웨어는 6,000억 달러로 3위를 차지했다. 산업 디자인은 1,400억 달러로 5위다.

창조경제의 원조라 할 수 있는 영국의 창조 산업의 경제적 가치는 1년에 약 360억 파운드(60조4,000억 원)에 달한다. 창조 산업에

산업 순위	산업 분야	세계시장 규모(US $)
1	연구개발	6,760억 달러
2	출판	6,050억 달러
3	소프트웨어	6,000억 달러
4	TV와 라디오	2,370억 달러
5	산업디자인	1,400억 달러
6	영화	810억 달러
7	음악	800억 달러
8	완구류	590억 달러
9	광고	550억 달러
10	공연예술	500억 달러
11	건축	450억 달러
12	공예	300억 달러
13	비디오게임	210억 달러
14	패션	160억 달러
15	미술	11억 달러

2005년 세계 창조경제의 시장 규모

욕망을 디자인하라

종사하는 사람은 150만 명이 넘는데, 그들이 1분마다 7만 파운드(1억1,700만 원)를 벌어들여 영국 경제의 활력소 역할을 톡톡히 해내고 있다. 창조 산업의 연간 수출액은 90억 파운드(약 14조7,000억 원)에 달하여 영국 전체 수출고의 10분의 1정도가 창조 산업의 몫이다. 영국의 창조 산업이 총부가가치[22]에서 차지하는 비중은 5.8퍼센트로 미국(3.3퍼센트)이나 프랑스(2.8퍼센트)보다 월등히 높아 다른 나라들의 벤치마킹 대상이 되고 있다. [23]

최근 영국의 창조 산업 사절단을 이끌고 서울을 방문한 에드 베이지Ed Vaizey 영국 창조산업부 장관은 창조 산업의 활성화 덕분에 영국이 '제2의 산업혁명'을 맞이했다면서, 창조 산업이 국가 경제에서 차지하는 비중이 금융 산업 못지않다고 강조했다.

창조경제의 핵심은 디자인

이처럼 영국의 창조경제가 성공을 거두고 있는 것은 블레어가 집권한 이래로 정부가 앞장서서 여러 분야의 활동들을 통합하여 새로운 성장 동력을 찾아내려는 노력을 지속한 덕분이다. 다양한 요소들을 큰 틀에서 융합함으로써 시너지를 일으키게 하는 이른바 '우산효과umbrella effects'가 성과를 내고 있는 것이다. 무엇보다도 지식재산권의 강화, 재정적 인센티브의 제공, 국내외에서의 진흥 활동, 불필요한 규제 철폐 등 강력한 정책 지원이 한몫하고 있다. 거기에 더해 영국의 창조경제를 탄탄히 지탱해주는 힘은 바로 디자인이다. 19세기 빅토리아 여왕 시대부터 국가적 차원에서 육성해온 세계 최고 수준의 디자인 역량이 창조 산업의 활성화에 적극 기여하고 있다.

문제를 원천적으로 해결하고 무언가를 새롭게 일궈내는 창조적 프로세스인 디자인은 창조경제를 위해 큰 역할을 수행한다. 또한 디자인은 창조 산업의 여러 가지 활동들이 고객과 만나는 접점에서 마음을 움직일 수 있는 독창적인 특성을 만들어낸다. 그런 특성은 눈에 보이는 모양, 색깔 등과 같은 외관은 물론 쓰기 편하게 해주는 사용성과 인터페이스 등을 모두 포괄한다. 고객이 그런 요소들을 접하게 되면 가슴속에서 무언가가 솟구치게 되는데 그 느낌에 따라 감동과 혐오가 결정된다.

따라서 창조적 성과물의 가치는 디자인에 의해 좌우되기 마련이다. 아무리 연구개발의 성과가 크더라도 디자인을 통해 훌륭한 제품이나 서비스로 구체화되지 못하면 무용지물이 된다. 기술적으로는 탁월했지만 디자인을 잘못하는 바람에 사라져버린 혁신 사례들은 수없이 많다. 각본이 아무리 훌륭해도 공연장, 무대, 의상 등의 디자인이 부실하면 흥행에 성공하기 어렵다. 게임, 웹사이트, 앱 등의 콘텐츠가 아무리 좋더라도 디자인이 잘못되면 그 가치가 반감된다.

이런 면에서 창조경제의 핵심이 디자인이라는 주장은 설득력을 얻고 있다.[24] 디자인은 창조 산업의 한 분야이자 모든 분야에 적용되는 공통분모다. 디자인은 다양한 창조 산업의 갖가지 활동들을 위해 정체성을 부여해준다. 아울러 고객을 감동시킬 수 있는 매력을 제공해줄 뿐만 아니라 원활한 소통을 돕는다. 이처럼 디자인은 창조경제의 가치와 힘을 높여주는 원동력이라 할 수 있다.

 욕망을 디자인하라

국가 디자인 컨트롤타워 갖추기

소득 2만 달러 시대를 맞은 한국이 창조경제의 육성을 통해 두 번째 한강의 기적을 이루려는 것은 시의적절한 시도다. 이제까지 우리 경제를 지탱해온 제조업만으로는 국제 경쟁력을 유지할 수 없기 때문이다. IT와 융합된 공장 경제와 문화에 기반을 둔 창조경제라는 쌍두마차가 우리 경제를 제대로 이끌어간다면 큰 성과를 얻게 될 것이다.

현재 우리 정부의 디자인 관련 업무는 안전행정부(의정담당관, 지역활성화과), 산업통상자원부(디자인생활산업과) 문화체육관광부(디자인공간문화과), 국토교통부(건축문화경관과) 등에서 분담하여 수행하고 있다. 아울러 특허청은 디자인과 상표에 관한 심사 업무를 전담하고 중소기업청도 중소기업들의 어려움 해소를 위해 갖가지 디자인 개발 업무를 지원한다.

국가적 차원에서 다루어야 하는 디자인 업무가 매우 방대하고 다양하므로 해당 분야의 전문성을 살리기 위해서는 관련 부처별로 분담하는 것이 효율적이다. 하지만 여러 가지 디자인 업무들이 유기적인 협조 속에 일관성 있게 시행되어 시너지를 내기에는 어려움이 많다는 지적이 제기되고 있다. 정부의 디자인 업무를 총괄하는 국가디자인 컨트롤타워를 갖추고 디자인 관련 업무들의 우산효과를 높일 때 창조경제의 구현에 한 걸음 다가갈 수 있을 것이다.

5장

디자이너처럼 생각하라

이제 디자인은 우리 삶에 깊숙이 들어와 있으며 친숙한 일상 용어로 자리하고 있다. 최근 우리 사회에서는 좀 더 보람된 삶을 위해 자기 인생을 스스로 디자인하는 것이 새로운 화두로 떠오르고 있다. 여기서 '인생 설계'나 '삶의 계획'이라 하지 않고 굳이 '디자인'이라고 표현하는 데 주목할 필요가 있다. 이는 단지 글자나 간단한 도형으로 표현해놓은 계획 대신 눈앞에 생생하게 보이는 미래에 다가가는 모습을 그려보라는 의미로 이해된다.

"가슴 뛰는 삶으로 꿈을 디자인하라!"

축구 국가대표팀 홍명보 감독이 2012년 연말에 했던 어느 강연의 제목이다. 홍 감독은 이 강연에서 축구선수라는 꿈을 향해 노력했던 지난 시절의 고뇌와 난관 극복 과정을 진솔하게 전했다. 어린 시절 홍 감독은 키가 작고 체격이 왜소한 데다 체력도 약해 훌륭한 선수가 되기에는 부족함이 많았다. 그런 자신의 단점을 보완하기 위해 그는 남보다 훨씬 더 많은 시간을 들여 기본기 훈련에 몰두했다고 한다. 오랜 연습의 결과 그는 어떤 악조건에서도 무너지지 않을 만큼 기량이 향상되고 자신감을 갖게 되었다.

이날 강연에서 홍 감독은 어린 시절의 일화부터 지도자로서의 어려움과 고민까지 여러 가지 이야기를 들려주며 꿈을 디자인하는 과정을 소개했다. 그러면서 홍 감독은 "내 가슴이 뛰는 일을 꼭 찾아라. 그것이 기적을 만드는 꿈의 디자인 비결이다"라고 강조했다.[25]

이처럼 성공한 사람들은 자기만의 철학을 바탕으로 인생을 디자인하고 있으며 그 방법과 노하우를 다른 사람에게 흔쾌히 전수한다. 이들의 이야기를 통해 많은 사람이 자신의 삶을 설계하는 데 필요한 힌트를 얻고 있다. 그러나 이미 성공한 사람의 경험이나 노하우에 의존해 자신의 인생을 설계하는 것은 위험이 따를 수 있다. 인생의 주체가 되는 개인의 성격이나 역량이 크게 다를 수밖에 없고 주변 상황과 환경 등도 제각기 다르기 때문이다. 요즘처럼 급변하는 세상에서 과거의 성공 사례는 훌륭한 참고 자료가 될 수 있지만 그것이 반드시 정답인 것은 아니다.

그렇다면 어떤 방법이 좋을까? 인생 디자인도 디자인인 만큼, 디자이너가 일하는 프로세스대로 접근해보는 것은 어떨까. 세상을 좀 더 살기 좋게 만들기 위해 디자이너들은 늘 기존의 틀을 벗어나 새로운 것을 추구한다. 디자이너들은 직관적 사고와 합리적 사고를 유기적으로 융합해 문제를 해결해나가는데, 이런 사고방식을 '디자인적 사고'라고 한다. 나는 이러한 디자인적 사고를 적용해 비전 정의 definition—조사 research—아이디어 창출 ideation—시각화 visualization—실행 execution의 다섯 단계로 이루어지는 인생 디자인 프로세스를 제안하고자 한다.

육하원칙에 맞게 비전 정의하기

디자이너들은 어떤 대상을 디자인하든 첫 단계에서 목표가 무엇인지를 명확히 한다. 이른바 육하원칙에 따라 누가 who, 언제 when, 어디서 where, 무엇을 what, 어떻게 how, 왜 why 해야 하는지를 확실하게 해두는 것이다. 디자인 프로젝트를 수행할 때 경영진이나 고객은

 욕망을 디자인하라

디자인해야 할 대상과 목표를 제시하며, 디자이너들은 그 목표를 달성하기 위한 세부 계획을 정밀하게 수립한다. 하지만 인생 디자인에서는 자기 스스로 목표를 설정해야 한다. 자신이 언제쯤, 어디서, 무엇을, 어떻게, 왜 하고 싶은지를 확실하게 정의해야 하는 것이다.

우리가 지향해야 하는 것에는 구체성과 기간 등에 따라 꿈과 이상, 미션, 비전, 목표 등 여러 가지가 있다. 여기서는 사람이 태어나 평생 동안 이루고자 하는 궁극적인 꿈을 '미션', 자신이 10~20년 동안 장기적으로 지향하고자 하는 원대하고 추상적인 이상을 '비전', 그리고 그 비전을 달성하기 위한 구체적인 계획을 '목표'라고 정의하기로 한다.

인생 디자인 프로세스

미션, 비전, 목표가 세워지는 과정에는 고도의 창의성이 요구된다. 다른 사람이 했던 것을 답습하는 것은 의미가 없다. 어렵더라도 남이 시도하지 않은 것에 도전하며 자신만의 미래를 그려봐야 한다. 그 작업이 어느 정도 진행되면 구체적인 기록으로 남겨야 하는데, 이를 '미션 스테이트먼트mission statement' 혹은 '비전 스테이트먼트'라고 한다. 인생 디자인에서는 단순히 문자로 미션과 비전을 기록해 놓는 스테이트먼트 대신 연관되는 그림이나 사진 등을 활용해 컬러풀하게 스케치하는 것이 좋다. 그리고 새로운 그림이나 사진 자료들이 발견될 때마다 수시로 업데이트한다면 늘 신선한 미래의 꿈을 가꿔갈 수 있다.

때로 자신의 꿈과 적성 등을 고려해 만든 인생의 비전 스테이트먼트에 대해 주변에서 현실성이 없다거나, 너무 소박하다거나, 혹은 구체적이지 않다면서 갖가지 부정적인 의견을 제시할 수 있다. 특히 오랜 세월 어렵고 힘들게 살아온 부모 세대에게 선뜻 이해되지 않는 새로운 길을 가겠다고 할 때는 마찰이 따를 수밖에 없다.

그럴 때는 자신이 왜 그런 결정을 했는지를 자세히 설명함으로써 생각의 격차를 줄여나가야 한다. 처음에는 부정적이었던 사람들도 여러 정황을 듣고 나면 긍정적으로 바뀔 수 있다. 설사 끝까지 합의에 도달하지 못하더라도 자신의 뜻이 확고하다면 스스로 디자인한 대로 꿋꿋이 밀고 나가야 한다. 주변의 강권에 의해 흥미도 없고 하고 싶지도 않은 일을 평생 해야 한다면 그것은 인생을 망치는 것과 다름없다.

혁신적이지만 받아들여질 만하게

인생의 비전이 정해지면 그것을 달성하는 데 필요한 제반 조건과 문제들에 대해 면밀하게 조사해야 한다. 내가 설정한 미션은 과연 타당한가? 나는 비전을 달성할 만한 잠재적 역량을 갖고 있는가? 어떤 장애 요인이 있으며 이를 어떻게 극복할 것인가? 앞으로 헤쳐 나가야 할 가장 큰 난관은 무엇인가?

아무리 비전이 훌륭히다 해도 자신의 능력으로 도달하기에 한계가 있다면 이는 무용지물에 불과하다. 디자이너들도 자신이 개발하는 디자인이 얼마나 혁신적이어야 하는가를 놓고 고심하기 마련이다. 지나치게 혁신적이면 사내 디자인 품평회에서조차 살아남지 못하게 되고, 반대로 조금 덜 혁신적이면 품평 대상에조차 오를 수 없기 때문이다.

설사 사내 디자인 품평회를 통과해 정식적으로 상품화된다 해도 소비자가 받아들일 만한 수준이 되어야 한다. 지나치게 혁신적이면 소비자의 눈에 너무 낯설게 보여 외면당할 것이고, 그렇다고 조금 덜 혁신적이면 금세 식상해할 것이다.

이와 관련해 미국의 산업 디자이너 레이먼드 로위Raymond Loewy는 '마야MAYA'라는 원칙을 제시했다. "가장 혁신적이지만 아직 받아들여질 만하다Most Advanced Yet Acceptable"라는 의미다. 자신이 도달할 수 있는, 가장 먼 거리에 있는 비전을 정해야 한다는 것이다. 아예 너무 멀어 달성할 수 없는 비전을 설정하면 시간과 노력만 헛되이 허비할 뿐이다. 반대로 너무 가까운 비전은 달성하기는 쉬워도

만족도가 현저히 떨어지기 마련이다.

천부적인 소질이나 재능이 크게 요구되는 예능 분야에서의 성공을 인생의 비전으로 설정했다면, 무엇보다도 자신의 역량에 대한 면밀한 분석이 필요하다. 예컨대 성대가 약하거나 절대음감이 부족한 사람이 가수가 되려 한다면 남보다 수십 배 더 노력한다 해도 큰 성과를 거두기 어려울 것이다.

영화 〈아마데우스Amadeus〉에서 음악에 천부적인 재능을 지닌 볼프강 아마데우스 모차르트를 시기하고 질시하는 안토니오 살리에리의 모습을 보면 쉽게 이해할 수 있다. 영화적 설정이지만, 음악에 천재적인 재능을 지닌 모차르트는 방탕한 생활에도 불구하고 뛰어난

영화 〈아마데우스〉 포스터에 등장한 모차르트와 살리에리

욕망을 디자인하라

오페라를 계속 작곡해내는 데 반해, 비록 천부적인 재능은 떨어져도 꾸준한 노력으로 궁정 악장이 된 살리에리는 모차르트에게 열등감을 느낀다는 내용은 많은 시사점을 준다. 창조적인 분야에는 후천적인 노력만으로는 극복할 수 없는 한계가 있다는 것이다.

이처럼 사람의 능력은 저마다 다를 수밖에 없기에 스스로 자신의 역량과 성장 가능성을 객관적으로 평가해야 한다. 그렇지 않으면 돌이킬 수 없는 실수로 이어질 수 있다. 리처드 플로리다가 창조적인 업무에 종사하는 사람들을 핵심 창조인재와 창조적 전문가로 구분한 것도 이러한 사고의 연장선상에서 접근해볼 수 있다. 아울러 인생의 비전을 달성하기 위해 자신이 갖고 있는 장점이 무엇인지를 확실하게 파악하고 그것을 집중적으로 단련하며 강화해야 한다.

도발적이고 발칙하게 바라보기

비전의 달성을 위한 제반 조건과 문제들이 정의되고 나면 좀 더 구체적으로 그것을 달성하는 데 필요한 아이디어를 창출해야 한다. 내가 과연 언제쯤 목표대로 될 수 있을까? 그렇게 되려면 어떻게 해야 할까? 이를 위해 갖추어야 하는 것은 무엇일까? 롤모델이 될 만한 사람은 누구일까?

이 과정에서는 직관력과 상상력을 총동원해 가능한 한 낯설고 익숙하지 않은 아이디어를 많이 만들어내야 한다. 특히 "○○는 반드시 ~이다(must)"라거나 "~해야만 한다(should)" 등과 같은 고정관념에 사로잡혀서는 안 된다.

선풍기에 날개가 없으면 어때? CD 플레이어를 벽에 걸면 어떨까? 의자에는 다리가 꼭 있어야 하나? 로봇을 천장에 거꾸로 매달면 어떨까? 등등. 기존의 관점에서는 발칙하다거나 지나치다 싶을 만큼 전혀 다른 각도에서 문제를 바라봐야 한다. '뒤집어 보기'나 '거꾸로 보기' 등도 전형적인 디자이너들의 사고방식이다. 때로 호기심 많은 어린아이처럼 어떤 선입견이나 제약 조건에 연연하지 않고 직관적으로 생각하고 판단해야 한다. 이런 과정을 거쳐야만 정말 독창적인 영감과 아이디어가 떠오른다.

한편 아이디어 창출 단계에서는 속마음을 털어놓을 수 있는 절친한 친구들과 함께 브레인스토밍을 하는 것도 좋다. 혼자 머리 싸매고 고민하는 것보다는 여럿이 지혜를 모을 때 더 좋은 아이디어가 나올 수 있다. 그동안 자신이 모르고 있던 단점이나 문제점을 발견하는 계기가 될 수도 있다.

브레인스토밍 과정에서는 신선한 아이디어를 가급적 많이 만들어내는 것이 목적이므로 다른 사람의 생각을 비평하거나 폄하해서는 안 된다. 디자인 컨설팅회사 아이디오는 창의적인 아이디어를 얻기 위해 여러 사람이 참여하는 브레인스토밍을 할 때 지켜야 하는 여섯 가지 원칙을 제시하고 있다.

❶ 아이디어의 좋고 나쁨에 대한 판단을 뒤로 미루어라Defer Judgement.

❷ 아이디어의 질보다는 양에 치중하라Go for Quantity.

 욕망을 디자인하라

(1시간에 80~150개 정도의 아이디어를 제시하는 것이 적당하다.)

❸ 다른 사람이 낸 아이디어를 발전시켜 새로운 것을 만들어라
Build on the Ideas of Others.

(흔히 '히치하이크hitchhike'라고도 하는데, 남의 이야기에서 힌트를
얻어 좋은 아이디어를 떠올릴 수 있다.)

❹ 아이디어를 눈에 보이게끔 시각적으로 표현하라Be Visual.

(말로 하거나 글로 쓰지 말고 그림으로 나타내 알아보기 쉽게 한다.)

❺ 주제에 초점을 맞춰라Stay Focused on the Topic.

(회의 진행자는 회의 주제에 모든 활동이 집중되도록 유도해야 한다.)

❻ 한번에 한 가지에 대해서만 의논하라One Conversation at a Time.

(한번에 여러 가지 주제를 다루면 자칫 산만해지기 쉽다.)

브레인스토밍을 성공적으로 수행하여 좋은 아이디어를 많이 얻으려면 진행자의 역할이 매우 중요하다. 진행자는 회의 시작 전에 참석자들 간의 서먹서먹함을 없애기 위해 차를 마시며 담소하거나 혹은 산책을 함께하는 시간을 갖는 것이 좋다. 또 참석자들이 협조적이고 제반 여건이 우호적임에도 불구하고 아이디어가 잘 나오지 않을 때는 화제를 바꿔 분위기를 쇄신하는 것이 좋다.

브레인스토밍을 통해 나온 아이디어들 가운데 당장 활용하거나 발전시킬 만한 것을 선별하는 과정에서는 최대한 합리적인 방식으로 평가해야 한다. 수많은 아이디어들 중에는 쓸모 있는 것과 그렇지 못한 것이 혼재되어 있기 마련이다. 각각의 아이디어에 대해 상대평가와 절대평가를 병행해 최종적으로 두세 가지 안을 선별해야

한다. 자신의 아이디어에 심취된 나머지 현실적인 문제들을 도외시
하거나 간과해서는 안 된다.

손으로 생각하기

　최종적으로 선정된 아이디어들을 구체화해 눈으로 볼 수 있고 손
으로 만질 수 있는 모형으로 만들어야 한다. 최선의 대안을 선정해
구체화하는 단계에서는 합리적이며 이성적으로 접근해야 한다. 디
자이너들은 이 단계에서 자신이 디자인한 시안이 기능적으로 무리
가 없는지, 제작이 용이한지, 생산단가가 높아지지는 않는지, 이용
하기 편한지 등 예상되는 갖가지 문제에 세심하게 파고들어 해결책
을 마련한다.

　이때 손으로 그림을 그리거나 글로 쓰거나 간단한 모형을 빚어가
며 생각을 정리해가는 '손으로 생각하기'라는 방법을 활용하면 효과
적이다. 기존의 경영 이론에서는 가능한 경우의 수를 모두 고려하고
따져본 다음 신중히 결정할 것을 권하는 데 반해, 이 방법은 아이디
어를 손으로 빚어서 구체화하고 키워 나가는 것으로 흔히 '프로토타
이핑'이라고도 한다. 프로토타이핑에는 스케칭, 렌더링rendering, 모
델링이 있다.

　스케칭은 머릿속의 생각을 간략하게 그려서 그림으로 나타내는,
가장 기본적인 밑그림 단계를 말한다. 아이디어가 좀 더 발전되어
구체적인 모습이 갖춰지면 실물과 거의 같게 그려지게 되는데 이를

84　　　　　　　　　　　　　　　　　　　　　　　　　

렌더링이라 한다. 모델링은 스케치나 렌더링을 바탕으로 입체적인 모형을 만들어내는 과정이다. 모델링은 개략적인 형태만을 빚어내어 만드는 '더미 목업dummy mockup'과 내부에 부품들을 모두 장착하여 실제로 작동되는 것을 만드는 '워킹 프로토타입working prototype'으로 구분된다.

프로토타이핑은 개인적인 표현 능력에 따라 차이가 있기는 하지만, 첫 단계인 스케칭과 간단한 모델링은 누구나 쉽게 할 수 있다. 그러나 점차 아이디어가 발전되어 실제 제품과 같은 형태, 색채, 질감 등을 표현하려면 고도로 숙련된 기량이 필요하게 된다. 그래서 의사결정 단계에서 필요한 렌더링과 목업은 보통 전문가의 도움을 받아 제작한다.

인생 디자인에서는 이 단계에서 이제까지 자신이 설정해온 비전 스케치와 롤모델 등에 대한 아이디어를 총정리해 비전 포트폴리오를 만든다. 포트폴리오란 디자이너들이 자신의 작품을 개성 있는 포맷으로 정리해두는 책자다. 인생 디자이너도 자신이 보고 싶을 때면 언제든지 쉽게 꺼내보고 업데이트할 수 있도록 일정한 포맷으로 비전 포트폴리오를 정리해두는 것이 좋다.

성공은 집중력과 반복 학습의 산물

끝으로 비전 포트폴리오가 만들어지고 나면 실제로 그것을 달성하기 위해 부단히 노력하는 일이 남는다. 성공한 사람들 모두가 목표를 달성하기 위해 놀라운 집중력을 발휘한 것처럼 목표를 향해 정진하는 사람만이 성공에 이를 수 있다.

일단 목표가 정해지고 나면 주저하지 말고 그것을 달성하기 위해 최선을 다해야 한다. 지레짐작으로 실패하거나 혹은 거절당할 것을 두려워해서는 안 되며, 자신감을 갖고 실패해도 끊임없이 다시 도전해야 한다. 마음속의 각오나 생각만으로는 아무것도 달성할 수 없다.

홍명보 감독은 성공이란 무서운 집중력과 반복적인 학습의 산물이라는 점을 강조했다. 독일의 신경과학자 대니얼 레비틴Daniel Levitin이 제시한 '1만 시간의 법칙'과 같은 맥락이다. 자신이 진정으로 즐기면서 행복하게 잘할 수 있는 일을 찾아 하루에 3시간씩 10년을 투자한다면 성공의 봉우리에 오를 수 있다는 것이다.

이상의 다섯 단계로 이루어진 인생 디자인 프로세스를 통해 자신의 미래상을 눈에 보이는 글과 그림으로 정리해본다. 자신이 직접 정성 들여 만든 비전 포트폴리오는 자기 비전을 지속적으로 추구하게 하는 동기 유발의 계기가 된다. 비전을 단순히 마음속에 넣어두면 쉽게 잊힐 수 있지만, 포트폴리오는 수시로 꺼내보며 진도를 점검하고 마음가짐을 새롭게 할 수 있다.

인생 디자인 프로세스의 각 단계들은 필요하면 언제든지 중첩하거나 혹은 반복해 이행할 수 있다. 하나의 단계가 끝나야 그다음 단계로 넘어가는 경직된 접근을 하기보다 상황에 따라 융통성 있게 활용하는 것이 좋다.

     욕망을 디자인하라

인생을 일종의 디자인 프로젝트로 생각한다는 것이 납득하기 어려울 수도 있다. 하지만 디자인의 기본 정의가 '기존의 상태에서 더 나은 상태로의 이동', '계획하여 바라는 성과를 가져오는 능력'이라는 사실을 떠올려보면, 디자인은 확실히 인생을 계획하는 일에 적용된다.

디자인은 낡은 사고 패턴과 행동 패턴의 고리를 끊는 일에서부터 시작된다. 이는 물론 쉽지 않은 일이지만 창조적 디자이너처럼 생각하는 방법을 습득하여 자신의 삶에 적용한다면 분명 스스로를 재창조할 수 있다.

2부

"디자인은 인공물에 혼을 불어넣는 것이다."

Design is the fundamental soul of human-made creation.

– 스티브 잡스Steve Jobs, 애플 창업자, 2000년

디자인으로 행복한 세상을 만들다

세상을 바꾸는 디자인

6장

예술이 일상으로 들어간다

디자인은 우리를 둘러싼 모든 것에 존재한다. 그러나 그것이 실패할 때야 비로소 우리는 그 존재를 알게 된다. 2부에서는 우리 주위에 공기처럼 존재하는 디자인이 우리가 사는 세상을 어떻게 얼마만큼 변화시키고 있는지 살펴보려 한다. 5장에서는 디자인의 주요 분야 중 특히 산업 디자인 분야에서 세상에 깊은 인상을 남긴 걸작 디자인 제품들을 이야기하고, 6장에서는 환경 디자인의 힘이 어디까지 미칠 수 있는지를 알아본다. 7장에선 흥미로운 커뮤니케이션 디자인 사례들을 통해 디자인이 우리 삶 속에 얼마나 밀착되어 있는지 살펴보고, 8장에선 디자인으로 스스로의 가치를 끌어올린 세계 곳곳의 대표적 도시들을 소개할 것이다.

2부에 소개되는 디자인 사례들은 '디자인은 무엇이든 할 수 있다'는 명제가 참임을 보여준다. 비즈니스나 사회적 과제, 개인적 과제 등 그 어떤 것에 적용되든 디자인적 사고는 오래된 난제들에 신선한 해법을 제시하며 새로운 변화의 길을 열어줄 것이다. 이는 디자인의 무한한 가능성에 관한 이야기이기도 하다.

133년 전의 디자인, 아직도 멋지네

"정말 19세기에 디자인된 제품들인가?"

2004년 영국 런던의 빅토리아앨버트박물관에서 개최되었던 '크리스토퍼 드레서Christopher Dresser 디자인 혁명'이라는 특별 전시회에 출품된 제품들은 너무 세련되어 그런 의문이 들게 했다. 1850년대

주전자와 크리머 세트. 제임스딕슨앤선스가 제작하고 1880년에 크리스토퍼 드레서가 디자인

말부터 수많은 영국 기업을 위해 전문적인 제품 디자인 개발 서비스를 제공하여 '최초의 산업 디자이너'라 불리는 드레서가 디자인한 제품들은 하나같이 우아하고 세련되었으며 도저히 19세기 유물이라 믿겨지지 않았다.

그중에서도 드레서가 1880년에 제임스딕슨앤선스James Dixon& Sons를 위해 디자인한 주전자와 크리머 세트가 눈길을 끌었다. 이는 '목적에 부합되도록 디자인한다'는 디자인의 원리가 제대로 반영되어 있기 때문이다.

이 제품은 몸체와 손잡이의 각도와 위치를 정확히 유지하면서 아름다움이 살아나도록 세심하게 배려되었다. 네 개의 날씬한 다리로 받쳐진 우아한 구球 형태의 몸체는 뽀얀 광택이 나는 은도금으로 마무리되어 고상하고 품격이 느껴진다. 손으로 붙잡고 차나 커피를 따르기 편하게 설계된 원형 손잡이는 칠흑같이 새까만 흑단으로 만들어져 은빛 몸체와 강하게 대비된다. 이 주전자와 크리머 세트는 고급스러울 뿐만 아니라 사용하기도 편리해 당시로는 파격적으로 4,000세트가 넘게 판매되었다.

영국 정부가 우수한 디자인 인재를 양성하기 위해 1845년에 설립한 국립디자인학교Government School of Design 출신인 드레서는 유리·금속·나무·섬유·도자기 제품의 제조업체들을 위해 아름답고 세련된 디자인을 내놓아 산업 발전에 크게 기여했다. 게다가 그가 디자인한 제품에는 부가적인 장식이 전혀 없고 제조 공정이 단순하여 원가 절감의 효과도 컸다. 훌륭한 디자인은 오랜 세월이 흐를지라도 그 가치가 녹슬지 않고 영속적이라는 사실을 실감하게 한다.

《종의 기원》에서 영감받은 구두라고?

과연 저렇게 뒷굽이 높은 구두를 신고 걸을 수 있을까? 굽이 높아서 '하이힐high heel'이라지만 지나치게 굽 높은 구두를 볼 때면 이런 궁금증이 생긴다. 보통 하이힐의 굽 높이는 7~8센티미터이고 10센티미터가 넘으면 킬힐kill heel이라 하며 15센티미터 이상도 종종 볼 수 있다. 1993년 당시 인기 절정이던 패션모델 나오미 캠벨은 굽 높이가 무려 40센티미터나 되는 구두를 신고 패션쇼에 나섰다가 잉딩방아를 찧기도 했다.

뒷굽이 높은 구두일수록 여성들의 척추와 관절에 더 나쁜 영향을 미치는데 이는 몸의 중심을 잡기가 어렵기 때문이다. 체중이 앞쪽으로 쏠림에 따라 무릎은 튀어나오고 허리는 뒤로 젖혀지므로 척추후만증, 퇴행성관절염 등의 원인이 될 수 있다. 그런데도 여성들이 킬힐을 선호하는 이유는 그것을 신으면 S라인이 도드라져 보이기 때문이라 한다.

영국 출신 패션 디자이너인 알렉산더 매퀸Alexander McQueen은 유난히 굽 높은 킬힐 디자인으로 유명했다. 그는 찰스 다윈의《종種의 기원》에서 영감을 받아 디자인한 '아르마딜로' 구두를 2010 봄/여름 컬렉션에서 선보였다. 천산갑처럼 두꺼운 껍질로 덮여 있으며 위험을 느끼면 몸을 둥글게 말아서 보호하는 동물인 아르마딜로를 똑 닮은 이 구두의 뒷굽은 무려 30센티미터에 달했다. 오스트레일리아 모

아르마딜로 구두. 알렉산더 매퀸이 2010년에 디자인. 뒷굽 높이가 30센티미터로 일반 하이힐보다 훨씬 높다.

욕망을 디자인하라

델 애비 리커쇼Abbey Lee Kershaw 등 일부 패션모델은 이 구두를 신는
건 위험하다며 쇼 참여를 거부했지만 아르마딜로 구두는 한껏 인기
몰이를 했고 그 결과 패션쇼는 성황을 이루었다.

파격적인 디자인으로 '패션계의 악동惡童'이라 불리며, 프랑스의
유명 패션기업 지방시의 최연소 수석 디자이너를 역임했고 자기 브
랜드로 성업 중이던 매퀸은 이 패션쇼를 끝으로 2010년 2월 11일
자살했다. 비록 우울증으로 40세에 요절했지만 매퀸의 브랜드 정
체성은 동료 디자이너 세라 버튼Sarah Burton에 의해 계속 이어지고
있다.

아름답고도 편리하면 앉고 싶어진다

의자는 디자인하는 사람의 철학과 역량을 보여주는 대표적인 제
품 중 하나다. 새로운 구조와 소재를 활용하여 사람이 편히 앉게 배
려하면서 동시에 형태도 아름다워야 하기 때문이다. 생김새가 아무
리 멋지더라도 불편하거나 혹은 매우 편하더라도 모양이 조잡하다
면 그 디자인은 실패한 것이다. 형태와 기능이 적절히 어우러지도록
디자인해야 비로소 사람의 마음을 사로잡는 의자가 탄생될 수 있다.

이와 관련해 뉴욕에서 활동하고 있는 산업 디자이너 카림 라시드
Karim Rashid가 디자인한 단순한 구조의 '우피 의자'가 주목받고 있
다. 매끄럽고 우아한 곡선 형태는 한 점 조각품을 연상하게 하고, 각
기 다른 높이로 디자인되어 팔걸이의자나 스툴로 활용될 뿐 아니라

우피 의자, 이탈리아 가구 회사 비-라인이 제작하고 2011년에 카림 라시드가 디자인

제작 공정도 매우 간단하기 때문이다.

폴리에틸렌을 소재로 하고 회전성형rotational molding 공법으로 만들어진 이 의자는 가볍고 내구성도 강해 누구나 쉽게 옮길 수 있고 필요에 따라 한군데 겹쳐 쌓을 수 있도록 디자인되었다. '색채의 마법사'라는 별명답게 라시드는 우피 의자의 색깔을 토파즈 블루blue, 코랄 레드red, 바살트 그레이grey, 아메시스트 퍼플purple 등 다채롭게 디자인하여 소비자가 취향대로 선택할 수 있도록 했다.

이탈리아 가구 회사 비-라인B-line이 라시드에게 의뢰해 디자인했고 2011년부터 생산하고 있는 이 의자에는 평소 감각적인 미니멀리즘sensual minimalism을 추구하는 라시드의 디자인 철학이 고스란히 담겨 있다. 형태와 구조는 단순하면서 무미건조하지 않으려면 감각적이어야 한다는 점에서 관능적이라 할 수 있는 그의 디자인 철학은

"디자인의 가치란 한눈에 보이고 느껴지므로 어떠한 설명도 필요 없다"는 믿음에 근거한 것이다.

주스 짜는 기구가 거실 장식품으로 둔갑?

디자이너들은 누구나 자기가 디자인한 제품이 저명한 미술관에 소장되는 것을 꿈꾼다. 알루미늄을 주조해 만든 직경 14센티미터, 높이 29센티미터의 작은 레몬즙 짜는 기구, 일명 '주시 살리프Juicy Salif'는 모양이 아름다워 뉴욕 현대미술관MoMA에 소장되는 등 많은 사람의 사랑을 받고 있다.

프랑스 태생의 산업 디자이너 필립 스탁Phillip Starck이 1990년에 매우 단순한 원리를 적용해 레몬즙을 짜는 용도로 디자인한 이 제품은, 한 손으로 잡고 레몬을 제품 위에 대고 으깨면 아래로 즙이 흘러나온다. 스탁은 이 제품을 디자인할 당시, 해산물 전문식당에서 흔히 볼 수 있는 오징어에서 영감을 얻었다고 말했지만 주시 살리프를 본 대다수 사람들은 거미처럼 생겼다는 반응을 보였다.

제조회사인 이탈리아 주방용품 브랜드 알레시Aleesi는 출시 10주년이 되던 해에 금도금하고 고유의 일련번호를 새겨 넣은 고급품 1만 개를 판매했는데, 요즘은 구하기가 쉽지 않으며 인터넷 경매에서 500~600달러를 호가한다.

애호가들은 이 제품을 주방에서 주스 짜는 용도로 쓰지 않고 거실의 장식용 조각품으로 사용하기도 한다. 소장을 원하는 사람들은 각자의 주머니 사정에 따라 회색이나 검정색 버전(100달러 정도)이나 미니어처(50달러 내외)를 선택할 수 있다.

　한국에서도 건설 회사들이 아파트 모델하우스를 광고할 때 이 제품을 거실용 소품으로 즐겨 사용하곤 한다. 얼마 전 경영대학원 학생들에게 디자인 경영을 강의하면서 훌륭한 디자인의 예시로 이 제품을 보여준 적이 있다. 그런데 학기말 과제를 발표할 때, 한 학생이 '아는 만큼 보인다'는 제목으로 "종전에는 광고에서 예쁜 모델만 보

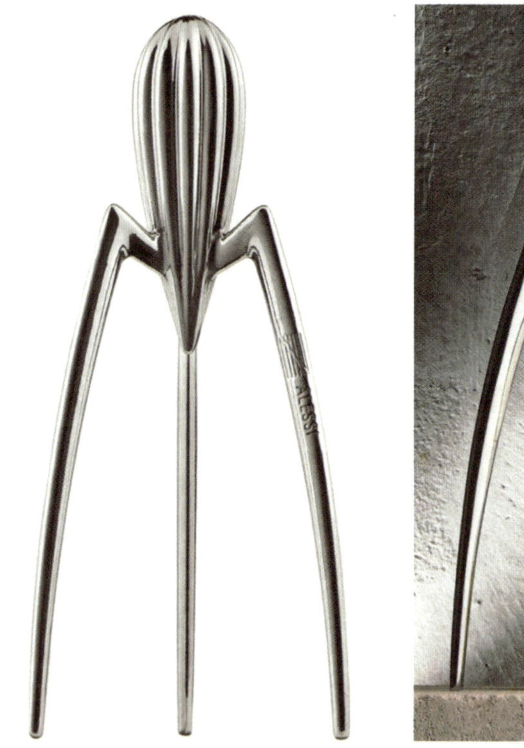

레몬즙 짜는 기구 '주시 살리프'. 프랑스 산업 디자이너 필립 스탁이 1990년에 디자인. 오른쪽은 이 기구로 주스를 만드는 모습

　　　　　　　　　　　　　　　　　　　　　　욕망을 디자인하라

였는데 이제는 멋지게 디자인된 소품들이 눈에 들어온다"고 말해 웃
었다.

안전하고 편리한 고급 주방기구는 없을까

주방용품 업계에서 은퇴한 미국인 샘 파버Sam Farber는 부인과 전
원생활을 즐기고 있었다. 그런데 손가락 관절염을 앓던 부인이 감자
칼을 사용하면서 자주 고통을 호소했다. 당시 시중에 나와 있는 주
방기구들은 인체공학적인 배려가 부족해 여간 불편하지 않았다. 칼
날이 금방 무뎌지고 손잡이는 폭이 좁아 손에서 쉽게 미끄러졌다.
왜 안전하고 편리한 고급 주방기구는 없는 걸까?

이 문제를 해결하기 위해 파버는 1990년 주방기구 제조회사인 옥
소OXO를 설립했다. 노련한 사업가 출신답게 그는 새로운 비즈니
스의 승부수가 '예쁘고 쓰기 편한 디자인'임을 간파하고 뉴욕의 스
마트디자인Smart Design과 로열티 지불 방식으로 협력했다. 산업 디
자이너 데빈 스토웰Davin Stowell이 이끄는 스마트디자인은 20여 명
의 직원을 둔 작은 디자인 회사였지만, 모든 연령층의 소비자가 편
리하게 사용할 수 있도록 세심하게 배려하는 유니버설 디자인에 정
통했다.

스마트디자인팀은 주부들의 편의와 안전을 최우선으로 고려하여
감자칼을 디자인하면서 '샌토프린'이라는 신소재를 활용했다. 고무
와 플라스틱이 배합된 이 신소재는 물에 젖어도 미끄럽지 않고 촉감

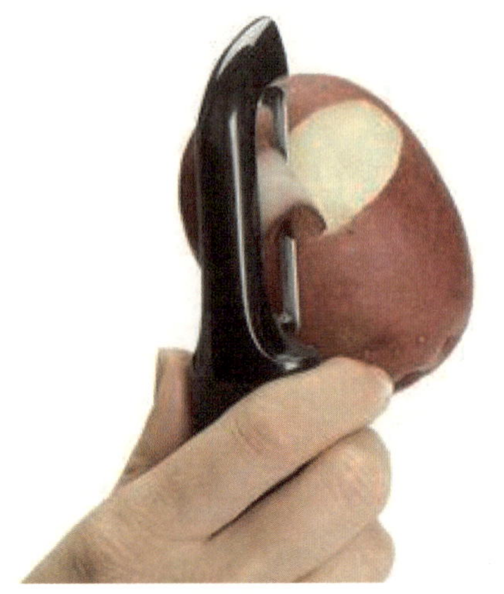

옥소 감자칼. 미국 디자인 회사 스마트디자인이 1990년에 디자인. 왼쪽 사진은 이 칼로 감자를 깎는 모습

이 좋아 고급 주방용품의 손잡이 소재로 제격이었다. 무엇보다도 칼날에 신경을 써 자유자재로 돌아가게 설계하고, 엄지와 검지가 닿는 부위에 부드러운 홈을 두어 세게 잡아도 무리가 가지 않게 했다.

인체공학적으로 디자인된 이 고급 감자칼은 8.99달러로 비싼 편이지만 관절염을 앓는 노인들을 비롯해 주부들의 인기를 독차지했다. 특히 남편들이 부인 선물용으로 크게 선호했다. "젖은 손이 애처로워 살며시 잡아본 순간, 거칠어진 손마디가 너무나도 안타까웠소"라는 노래를 즐겨 부르는 우리나라 남편들의 마음과 크게 다르지 않았다.

옥소는 스마트디자인과 파트너십을 맺고 빼어난 디자인을 갖춘 갖가지 주방기구의 개발에 적극 나서고 있다. 현재까지 850여 종을

 욕망을 디자인하라

개발해 판매하고 있으며 1991년에 매출 300만 달러를 돌파한 이후 연평균 27퍼센트의 고도성장을 지속하고 있다.

스카프가 0.1초 만에 에어백으로

'평상시에는 스카프처럼 목둘레에 걸쳐져 있다가 사고가 나면 0.1초 이내에 자동으로 부풀어 올라 머리와 목을 감싸 보호해준다 면…….' 2005년 스웨덴 룬드대학 산업디자인학과에서 석사학위 논문 연구를 함께 진행하던 안나 하우프트Anna Haupt와 테레세 알스틴

자전거 탑승자용 에어백 헬멧. 스웨덴 출신의 산업 디자이너 안나 하우프트와 테레세 알스틴이 2011년 디자인

Terese Alstin은 자전거 타는 사람들을 위한 '에어백 헬멧'을 착상했다. 이미 여러 나라에서 자전거 탑승자의 헬멧 착용을 의무화하고 있지만 제대로 지켜지지 않고 있기 때문이었다.

조사에 따르면 자전거 탑승자 중 70퍼센트가 헬멧을 착용하지 않는데, 이유는 "헤어스타일을 망친다", "여름에는 덥고 겨울에는 차갑다", "불편하다" 등 다양하다. 더 큰 문제는 자전거를 탈 때 헬멧을 쓰더라도 보호되는 범위가 한정되어 치명적인 부상을 입기 쉽다는 것이다.

마침 그 무렵부터 스웨덴 정부가 자전거 탑승자의 헬멧 착용을 의무화해 이들의 연구는 더욱 탄력을 받았다. 하우프트와 알스틴은 2006년 스웨덴 벤처 컵의 수상을 계기로 정부에서 자금을 지원받아 '회브딩Hövding'이라는 회사를 창업하고 에어백 헬멧의 제품화를 본격적으로 추진했다.

그들은 에어백 헬멧 디자인을 구체화하는 과정에서 수많은 자전거 사고 사례들을 분석하고 스턴트맨들과 협조해 사고 장면을 재현하면서 유용한 정보를 획득했다. 위급한 사고가 일어났을 때, 0.1초 이내에 부풀어 오르는 센서와 에어백의 개발을 위해 스웨덴국립도로교통연구소와도 긴밀히 협력했다. 에어백의 외피는 천으로 만들어 자전거 탑승자들이 직접 색상 및 패턴을 선택할 수 있도록 했다.

하우프트와 알스틴이 개발한 에어백 헬멧은 덴마크 왕실이 수여하는 2011년 인덱스 어워드를 수상하여 국제적으로 주목을 받았다. 2011년 11월에 정식으로 출시된 이 제품은 400유로(약 60만 원)라는 높은 가격에도 불구하고 스칸디나비아 지역 애호가들 사이에서 큰 인기를 얻고 있다.

한국은 현재 13세 미만 어린이의 자전거 주행 시 헬멧 착용이 의무화되어 있다. 경찰청 관계자는 에어백 헬멧이 수입될 경우, 일반 헬멧 대신 착용하는 게 적법한지 여부는 따로 검토해야 할 것이라고 말했다.

3만 개 부품의 기계를 예술품으로

부품 3만여 개와 단단한 강철판으로 이루어진 자동차가 조각품처럼 아름답다는 것은 경이로운 일이다. 세상에서 가장 아름답다고 손꼽히는 자동차 중 하나인 '페라리458 이탈리아'를 보면 기계를 예술품으로 만드는 디자인의 위력을 실감하게 된다. 2009년에 출시된 이 자동차는 세계에서 가장 많은 상을 받은 모델로도 유명하다.

페라리458 이탈리아. 페라리가 제작하고 이탈리아 자동차 디자인 전문 회사 피닌파리나가 디자인

'458'은 4.5리터, 8기통 엔진에서 유래한 이름이다.

간결한 직선과 유려한 곡선이 균형을 이루는 아름다운 차체 디자인은 이탈리아 자동차 디자인 전문 회사 피닌파리나Pininfarina의 작품이다. 1951년부터 시작된 페라리와 피닌파리나의 협력은 양사의 명성을 높이는 계기가 되었으며 지금까지도 이어지고 있다. 두 회사가 3대에 걸쳐 함께 만들어내는 최첨단 기술과 창의적인 디자인의 하모니는 이제 완숙한 경지에 도달한 것 같다.

한 점의 예술품처럼 매끈하게 다듬어진 페라리 특유의 공기역학적인 외형은 풍동風洞 시험을 거쳐 공기의 저항을 가장 적게 받도록 디자인되었다. LED 조명이 강조된 헤드라이트와 앞바퀴의 덮개 부분으로 이어지는 돌출부는 굵직한 곡선으로 처리되어 힘과 속도감을 느끼게 해준다. 문짝을 가로지르는 예리한 선과 옆구리 하부의 내려앉은 부분은 달리는 치타의 날렵한 허리처럼 유쾌한 긴장감을 더해준다. 뒷바퀴 덮개의 치켜진 큰 곡선은 뒷면의 공기 흡입구로 이어져 기능적인 형태의 아름다움을 보여준다.

실내 디자인은 운전자 편의를 최대한 배려하여 깔끔하게 정리되었다. 잡기 편하도록 모서리가 부드럽게 처리된 6각형 핸들에는 엔진 시동 버튼을 비롯한 여러 가지 기능 버튼이 달려 있어 운전자가 조작하기 쉽다. 계기판 중앙에는 RPM 게이지, 오른쪽에는 속도계, 왼쪽에는 보조 게이지를 배치하여 한눈에 보기 쉽다. 성능도 탁월하여 정지 상태에서 시속 100킬로미터에 도달하는 시간이 3.4초, 최고 시속은 325킬로미터다. 가격은 무려 3억700만 원 정도다.

와인 병을 딸 때 코르크 마개가 부서져 낭패를 보는 경우가 많다. 보통 와인 병따개의 사용법이 여간 까다롭지 않기 때문이다. 이탈리아의 주방기구 전문 회사인 알레시의 와인 병따개 '안나G'와 '알레산드로M'은 누구나 사용하기 쉽게 디자인되어 그런 어려움을 말끔히 해소해준다.

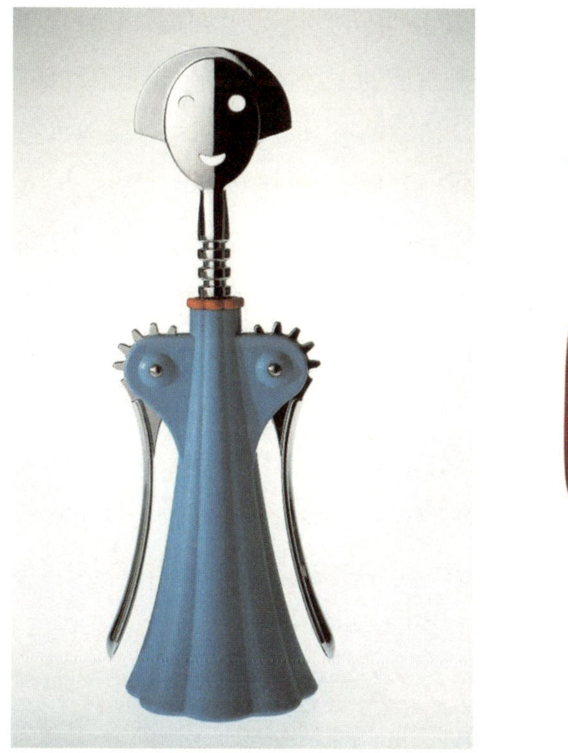
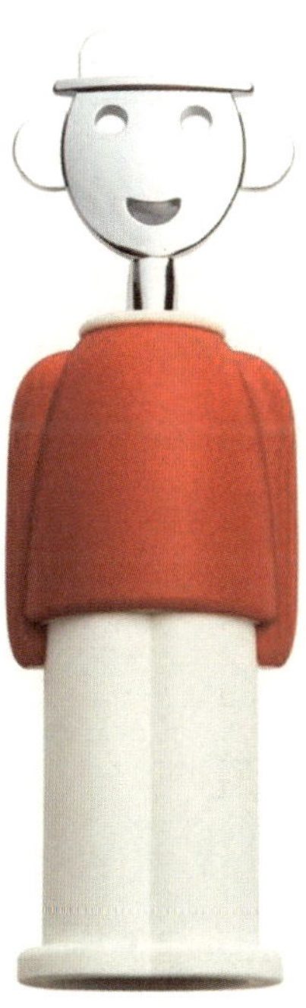

알레시 와인 병따개 커플 세트. 알레산드로 멘디니가 1994년에 디자인한 안나G와 2003년에 디자인한 알레산드로M

안나G는 1994년 기자회견의 기념품으로 쓰려는 전자 회사 필립스의 의뢰로 알레시가 개발했다. 이탈리아의 거장 알레산드로 멘디니Alessandro Mendini가 디자인했는데 당초에는 5,000개만 한정판으로 만들 계획이었다. 그러나 일반인들의 구매 문의가 쇄도함에 따라 대량생산이 결정되었다.

당시 63세였던 멘디니는 매우 구체적이고 현실적인 구상을 했다. 그는 손잡이를 돌리면 스크루가 코르크 속으로 파고들어가면서 두 팔이 올라가고, 다 올라간 팔을 양손으로 잡고 내리면 코르크가 쉽게 빠지도록 디자인했다. 미소 띤 얼굴에서는 단발머리 소녀의 분위기가 묻어나고 가늘고 긴 목과 날씬한 몸매는 조신한 발레리나의 자태를 연상하게 했다. '안나G'라는 이름을 그 무렵 멘디니와 열애 중이던 젊은 연인 '안나 질리'에서 따왔다고 해 큰 화제가 되었다.

안나G는 소비자가 취향에 따라 고를 수 있도록 색상을 다양하게 출시하는 등 적극적인 마케팅에 힘입어 2003년까지 10년 동안 1,000만 개가 팔렸다. 안나G가 인기를 모으자 안나의 짝을 만들어 달라는 요구가 빗발쳤다. 고민 끝에 멘디니는 자신의 이름과 키 작고 단정한 외모를 본뜬 '알레산드로M'을 디자인했다. 구조와 사용법이 단순한 알레산드로M은 루이뷔통이나 샤넬이 디자인한 옷을 즐겨 입는다. 해마다 개성 있는 도시나 인물의 특성이 잘 나타나도록 디자인하여 한정판으로 출시하고 있다.

안나G는 63달러, 알레산드로M은 50달러로 고가이지만 커플 세트를 구입하는 사람들이 늘고 있다. 사람의 마음을 움직이는 유머러스한 디자인에 러브 스토리까지 담겨 있기 때문이 아닐까?

　　　　　　　　　　　　　　　욕망을 디자인하라

선풍기, 탄생 130년 만에 날개를 버리다

매년 여름 무더위가 기승을 부릴 때면 선풍기가 널리 애용된다. 전력 소모가 에어컨의 30분의 1에 지나지 않아 경제적이기 때문이다.

토머스 에디슨은 1882년에 전기 모터로 날개를 돌려 바람을 불어내는 선풍기를 발명했다. 에디슨의 새로운 발명품은 스위치만 켜면 바람이 나와 더위를 식혀주기 때문에 편리했지만 날개가 그대로 노출되어 있어 매우 위험했다. 독일 가전 회사 아에게AEG의 디자인 책임자 피터 베렌스Peter Behrens는 1909년 선풍의 날개에 철사 보호망을 씌워 안전성을 높였다. 이후 100여 년간 날개를 돌려 바람을 보내는 방식에는 거의 변화가 없었다.

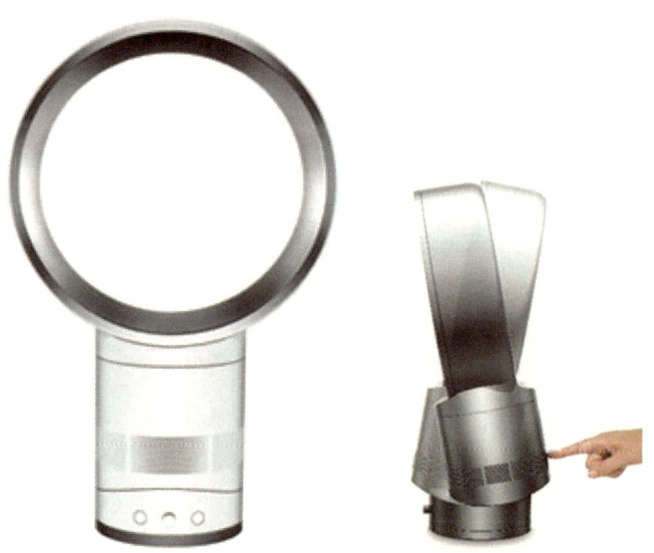

에어멀티플라이어. 제임스 다이슨이 2009년에 디자인한 날개 없는 선풍기

영국 가전 회사 다이슨Dyson의 회장인 제임스 다이슨은 '날개 없는 선풍기'라는 기발한 착상을 했다. 산업 디자이너 출신인 다이슨은 1990년대에 이미 먼지봉투가 필요 없는 진공청소기를 발명해 억만장자가 된 적이 있다. 그는 그때의 경험을 살려 새로운 선풍기 개발에 몰두했다. 그리고 2009년 10월에 마침내 다이슨은 날개 없는 선풍기 '에어멀티플라이어'를 출시했다.

에어멀티플라이어는 모터가 돌면서 빨아들인 공기를 제트 기류로 만들어 일반 선풍기보다 15배나 많은 1초당 405리터의 바람을 일정한 속도로 배출한다. 일반 선풍기에 비해 체감온도가 훨씬 낮고 40와트 모터를 사용하여 전력 소모도 적어 경제적이다. 무엇보다도 구조가 단순하여 안전하고 청소하기 편하며 바람의 세기·방향·각도 등을 자유자재로 조절할 수 있다.

2009년 시사 주간지 〈타임Time〉이 올해의 발명품으로 선정했고, 2010년 일본 산업디자인진흥원이 주관하는 '굿 디자인 어워드'에서 수상한 이 제품은 329달러라는 높은 가격에도 불구하고 날개 돋친 듯 팔렸다. 하지만 중국산 짝퉁이 기승을 부리는 등 싸구려 모방 제품들이 범람하면서 다이슨은 법적 대응에 부심하고 있다.

한국 특허심판원은 에어멀티플라이어가 국내 특허권을 획득했으므로 권리를 보호해주어야 한다는 판결로 짝퉁 제품 수입에 제동을 걸었다. 소중한 지식재산을 훔치는 '지적 해적질'을 막아야 하기 때문이다.

　　　　　　　　　　　　　　　　　　　욕망을 디자인하라

전기차, SF 소품에서 정통 스포츠 세단으로

미국의 전기자동차 메이커 테슬라Tesla가 만든 '로드스터Roadster'
의 디자인은 정통 스포츠 세단에 가깝다. 가솔린 자동차와는 다르게
보여야 한다는 선입견 때문에 그간의 전기자동차가 공상과학영화에
등장하는 소품처럼 형태가 특이했던 것과는 확연히 다르다.

2003년에 캘리포니아 주 팰러앨토에 설립된 테슬라는 전기자동
차도 사용하는 연료뿐만 아니라 성능과 디자인 면에서 최고급 세단
들과 경쟁해야 한다는 전략에 따라 고성능 전기 스포츠카 개발에 나

테슬라의 로드스터. 엘런 머스크가 2006년에 디자인한 전기자동차. 르노 트위지 등 일반적인 전기
자동차와는 다르게 정통 스포츠 세단처럼 디자인했다.

섰다. 공동 창업자인 엘런 머스크Elon Musk가 디자인한 로드스터는 2006년 샌프란시스코 모터쇼에서 처음 발표되었다. 2008년부터 예약 주문판매 방식으로 생산되었으며 현재 37개국에서 2,300여 대가 출시되었다.

2도어 스포츠 세단인 로드스터는 앞으로 살짝 기운 완만한 'U' 자형 전면부와 꼬리를 치켜든 것처럼 높직한 트렁크 리드가 물 흐르듯 매끄럽게 이어져 속도감을 더해준다. 돌출한 헤드램프 사이의 나지막한 후드와 공기 흡입구 그릴이 앞 유리창으로 연결되어 공기의 매끄러운 흐름을 유도한다. 시원스럽게 뚫린 라디에이터 그릴, 뒤 범퍼 하단의 스포일러, 단조 알로이 휠과 최신 엠블럼 등 로드스터의 디자인은 여느 최고급 스포츠카 못지않다.

최대 출력이 249마력으로 정지 상태에서 시속 100킬로미터에 도달하는 시간이 3.9초(고급형은 3.7초)인 로드스터는 '전기자동차의 포르쉐'라는 별명이 붙었다. 기존 전기자동차의 고질적인 문제였던 배터리 충전 시간도 3.5시간으로 짧아졌다.

로드스터는 2012년 6월 이후부터 더 이상 주문을 받지 않고 있으며 후속 모델은 2014년에 선보일 예정이다. 100퍼센트 친환경 전기자동차인 로드스터는 2007년 인덱스 어워드의 수상에 이어 2008년 〈타임〉에 의해 올해의 발명품으로 선정되었다.

가장 많은 '짝퉁'을 낳은 20세기 의자

20세기에 디자인된 의자 중에서 가장 세련되고 편안한 의자가 무엇일까? 이 질문에는 답변하기 쉽지 않다. 하지만 모조품이 가장 많은 의자라면 단연 '바르셀로나 의자Barcelona Chair'를 꼽을 수 있다. 독일의 세계적인 조형학교 바우하우스의 학장을 역임한 미스 판 데어 로에Mies van der Rohe와 릴리 라이히Lilly Reich가 디자인한 이 의자가 '바르셀로나'라는 이름을 갖게 된 데는 특별한 이유가 있다.

1929년 스페인 바르셀로나 엑스포의 독일관을 설계한 로에는 가구를 별도로 디자인해야 했다. 전시관 내·외부가 직선 구조였고 마감재도 유리·금속·대리석을 주로 사용하는 등 모던한 분위기에 어울릴 만한 의자가 없었기 때문이다. 게다가 독일관은 스페인 국왕의

바르셀로나 의자. 1929년 바르셀로나 엑스포의 독일관을 위해 미스 판 데어 로에와 릴리 라이히가 디자인하고 1953년 미국의 놀 인터내셔널이 제조했다.

접견 장소였으므로 품위 있고 우아한 의자가 필요했다.

고대의 접이식 의자에서 영감을 얻었다는 바르셀로나 의자는 한 쌍의 'X' 자형 강철봉을 연결해 만든 프레임 위에 가죽을 씌운 등받이와 시트를 올려놓는 단순한 구조로 통상적인 의자들과는 사뭇 다르다. 'C' 자형과 'S' 자형 강철봉들이 갖는 탄성 덕분에 앉는 사람이 부드러운 쿠션감을 느낄 수 있다.

미국 가구 회사 놀 인터내셔널Knoll International은 1953년에 이 의자를 상업화하기 시작했다. 원래 디자인은 연결 부위를 볼트로 조이는 구조였지만 상업화하는 과정에서 스테인리스 스틸로 용접해 더 매끄럽게 마무리했다. 놀 인터내셔널은 거의 모든 공정을 수작업으로 만들었으며 완성품에는 로에의 서명을 새겨 넣었다.

1977년 뉴욕 현대미술관상을 받은 바르셀로나 의자의 특허권은 1937년에 이미 소멸되었지만, 놀 인터내셔널은 2004년 제품의 모양과 느낌을 보호해주는 '트레이드 드레스Trade Dress'권을 획득했다. 그러나 전 세계에서 수많은 브랜드로 이 의자의 모조품들이 만들어지는 것을 막지는 못하고 있다.

단순함과 간결함이 낳은 '예술' 가습기

날씨가 쌀쌀해지면 가습기의 사용이 늘어난다. 건강을 유지하려면 난방으로 실내 공기가 너무 건조해지지 않도록 습기를 적절히 공급해주어야 하기 때문이다. 가습기 디자인은 제조회사의 전략과 디

　　　　　　　　　　　　　　　　　　　　욕망을 디자인하라

자이너의 철학에 따라 천차만별이다. 일반 가전제품처럼 투박하고 개성 없는 가습기가 있는가 하면, 조각품처럼 멋진 형태로 감성적인 교감을 유발하는 것까지 다양하다.

미니멀아트 작품 같은 가습기를 원한다면 '플러스마이너스제로(±0)'라는 특이한 이름을 가진 제품에 관심을 가져볼 만하다. 일본의 대표적인 미니멀리스트인 후카사와 나오토深澤直人가 지극히 단순한 형태와 색채로 디자인한 플러스마이너스제로 가습기는 도자기로 만든 도넛처럼 생겼다. 매끄럽고 간결하게 잘 다듬어져 물방울을 연상하게 하는 친근한 형태는 어떤 환경에나 잘 어울린다. 도자기 특유의 표면 광택에도 불구하고 품격이 느껴지는 점이 돋보이는 제품이다.

플러스마이너스제로 가습기는 물을 직접 끓여 수증기를 발산하

플러스마이너스제로 가습기. 일본의 미니멀리스 후카사와 나오토가 디자인

는, 세균의 번식 걱정이 없는 가열 방식으로 은은한 향기가 실내에 가득 퍼지게 할 수도 있다. 증기 분출 부위에 있는 작은 그릇에 아로마 오일을 몇 방울 떨어뜨려두면, 따뜻한 증기에 향기가 섞여 가습된다. 표준 모드로 8시간, 장기 모드로 18시간 동안 가습되는데 물이 모두 증발하고 나면 전원이 스스로 꺼진다.

간결한 디자인의 가치를 제대로 보여주는 이 가습기는 2005년 일본 굿 디자인 어워드를 수상한 데 이어, 2007년 뉴욕 현대미술관의 영구 소장품으로 선정되었다. 플러스마이너스제로의 공동 창업자이자 무사시노대학 교수인 나오토는 2007년 영국왕립협회의 '산업을 위한 로열 디자이너' 자격을 받았다.

귀뿐 아니라 눈까지 즐거운 오디오

성능 좋은 오디오는 귀를 즐겁게 해준다. 청각이 예민한 음악 애호가들이 고급 오디오를 갖고 싶어하는 이유는 귀가 즐거우면 삶이 윤택해지기 때문일 것이다. 거기다 언제 봐도 산뜻하고 아름다운 형태를 갖고 있어 눈까지 즐겁게 해주는 오디오가 있다면 얼마나 좋겠는가?

덴마크의 프리미엄 오디오 회사 뱅앤올룹슨Bang&Olufsen의 CD 플레이어 겸 튜너인 '베오사운드 9000BeoSound 9000'을 보면 기분 좋은 충격을 받게 된다. 여섯 장의 CD가 그대로 노출되어 있으며 지금 재생 중인 CD가 돌아가는 모습을 한눈에 볼 수 있다. 흔히 보는

욕망을 디자인하라

CD 플레이어들이 하나같이 기계 위에서 뚜껑이 열리는 톱 로딩 방식이거나 턴테이블이 돌아가는 트레이 방식으로 CD가 보이지 않게 내장한 것과 사뭇 다르다. 고정관념을 깨는 역발상 디자인의 묘미를 보여주는 좋은 예다.

알루미늄으로 된 몸체에는 약 45도 각도로 여닫히는 유리문이 달려 있어 CD를 쉽게 교체할 수 있고, 돌출된 CD 드라이브에는 백라이트가 설치되어 회전하는 CD를 비춰준다. 특히 어느 방향으로 설치되든 모든 시스템이 3.5초 만에 최적의 상태로 전환되어 실내 분

뱅앤올룹슨 베오사운드 9000. 영국 디자인 컨설턴트 데이비드 루이스가 1996년에 디자인한 CD 플레이어 겸 튜너

위기나 취향에 따라 벽에 걸거나 스탠드에 세워 사용할 수 있다.

이 독창적인 제품은 영국 출신의 산업 디자이너인 데이비드 루이스David Lewis가 디자인했다. 1960년대에 덴마크 코펜하겐에 디자인 스튜디오를 차린 루이스는 뱅앤올룹슨의 내부 직원이 아니면서도 2011년 작고할 때까지 이 회사의 모든 제품을 도맡아 디자인했다. 1994년에 KBS 다큐멘터리 〈디자인에 승부를 걸어라〉의 리포터로 뱅앤올룹슨을 취재했을 때 그를 만난 적이 있는데, 그는 "상시 고용된 직원이 아니라서 회사 내부 사정에 구애받지 않고 창의성을 마음껏 발휘할 수 있다"며 그 같은 작업 방식의 장점을 이야기했다.

'어딘지 닮은 듯한' 계산기와 스마트폰

굿 디자인은 일시적인 유행으로 그치지 않고 영속적이다. 훌륭하게 디자인된 제품은 오랜 세월이 흘러도 식상하지 않고 변함없이 아름답기 때문이다. 독일의 가전 회사 브라운Braun이 1967년부터 생산한 전자계산기 'ET' 시리즈는 그런 제품 중의 하나다.

브라운의 수석 디자이너인 디터 람스Dieter Rams와 디트리히 룹스Dietrich Lubs가 디자인한 이 계산기는 신기능주의 디자인의 대표적인 예다. 한 손에 들고 사용하기 편한 크기, 군더더기 없이 깔끔하고 간결한 형태, 품위 있는 무광택의 검은색 몸체는 40여 년이 지난 지금도 여전히 세련되고 멋지다. 둥근 모양의 숫자와 기능 버튼을 볼록

　　　　　　　　　욕망을 디자인하라

하게 돌출시키고 색깔을 달리해 혼동을 일으키지 않게 한 것도 돋보인다.

ET 계산기는 람스가 제시한 '훌륭한 디자인을 위한 십계명'이 고루 반영된 제품이기도 하다. 잘 알려진 람스의 디자인 십계명은 다음과 같다.

❶ 굿 디자인은 혁신적이다Good design is innovative.

❷ 굿 디자인은 제품을 유용하게 한다Good design makes a product useful.

❸ 굿 디자인은 아름답다Good design is aesthetic.

❹ 굿 디자인은 제품을 이해하기 쉽게 한다Good design makes a product understandable.

❺ 굿 디자인은 정직하다Good design is honest.

❻ 굿 디자인은 불필요하게 관심을 유발하지 않는다Good design is unobtrusive.

❼ 굿 디자인은 오래도록 지속된다Good design is long-lasting.

❽ 굿 디자인은 마지막 디테일까지 철저하다Good design is thorough down to the last detail.

❾ 굿 디자인은 환경친화적이다Good design is environmentally friendly.

❿ 굿 디자인은 가능한 한 최소한으로 디자인한다Good design is as little design as possible.

뛰어난 성능과 합리적인 가격(약 48유로, 약 7만 원) 덕분에 현재까지 80만 대 이상 팔린 ET 계산기는 영국 디자인박물관의 영구 소장 품으로 선정되었다.

그런데 최근 애플의 아이폰이 인기를 모으면서 ET 계산기가 다시 주목받고 있다. 아이폰에 내장된 계산기 앱의 디자인이 ET 계산기와 유사하다는 지적이 나오면서 아이폰의 표절 논란까지 일었다. 애플은 즉각 앱의 숫자 버튼의 모양을 모두 네모로 바꾸었지만 애플 제품과 브라운 ET 계산기의 디자인이 유사하다는 논란은 끊이지 않고 계속되고 있다.

심지어 "애플이 만드는 신제품의 디자인이 궁금하다면, 람스가 디자인했던 브라운 제품을 보라"는 말까지 나돌고 있다. 평소 람스는 애플 제품의 디자인을 극찬하고 애플의 최고디자인책임자CDO인

ET 계산기와 아이폰. 독일 브라운의 계산기 ET–66(1987년)과 계산기 애플리케이션을 켜놓은 상태의 미국 애플 아이폰(2007년). 손에 들고 사용하는 두 제품의 디자인이 유사하다는 지적이 이어졌다.

욕망을 디자인하라

조너선 아이브도 가장 존경하는 인물로 람스를 꼽는 것을 보면 서로 통하는 것 같다.

디자이너는 늘 새로움을 추구하지만 과거의 유산에서 그 씨앗을 찾아내기도 한다. 디자인 트렌드가 일정한 기간을 두고 주기적으로 반복되는 것도 같은 이치다.

7장
공간에 아름다움을 불어넣다

'녹색 강국' 영국의 친환경 그린 디자인

엑스포는 참가국들이 과학기술과 디자인 역량을 겨루는 장이다. 세계 각국의 전시관을 둘러보면 자존심을 건 과학기술과 디자인 경쟁이 얼마나 치열한지 알 수 있다. 2010년 상하이 엑스포의 영국관은 '씨앗의 대성전Seed Cathedral'이라는 이름대로 영국이 세계 최다 씨앗 보유국임을 자랑하며 녹색 강국 이미지로 인기를 얻었다.

영국관은 면적 6,000제곱미터, 높이 20미터 구조체의 표면에 7.5미터 길이의 투명 아크릴 막대가 6만 개나 꽂혀 있으며 바람이 불면 물결치듯 움직인다. 외관의 투명 아크릴 막대는 전시관 내부로 이어져 낮에는 태양광을 끌어들이는 창이 되고, 밤에는 전시관 전체를 밝히는 조명으로 씨앗 6만 종을 보여주는 전시대 역할을 톡톡히 했다.

씨앗의 대성전. 2010년 상하이 엑스포 영국관. 헤더윅스튜디오가 디자인

독창적인 외관과 널찍한 내부 공간으로 호평을 받은 이 전시관은 영국 정부가 추구하는 친환경 건축 의지의 성과다. 영국 외무부가 디자인 공모에서 내건 조건은 '가장 인기 있는 전시관 5위권 진입'과 '행사 후 건자재 재활용'뿐이었다.

공모에서 당선된 헤더윅스튜디오Heathewick Studio의 디자인 전략은 친환경 그린 콘셉트의 일관된 표현, 열린 공간을 충분히 확보하는 등 관람객을 위한 배려, 그리고 다른 나라 전시관들과 완전히 차별화되는 외관의 세 가지였다.

2010년 〈타임〉이 선정한 최고 발명품으로 꼽혔으며 세계박람회기구BIE로부터 금메달을 받은 상하이 엑스포 영국관의 조성비용은 2,500만 파운드(약 400억 원)로 한국관의 383억 원을 조금 웃도는 수준이었다. 이는 반드시 돈을 많이 써야 훌륭한 디자인이 만들어지는 것은 아님을 보여준다.

고래가 숨 쉰다, 바다가 살아 있다

2012년 여수 엑스포 주제관은 보는 방향에 따라 형상이 달라진다. 바다 쪽에서 보면 다섯 개의 봉우리가 있는 연안처럼 보이고, 육지 쪽에서 보면 바다를 유영하는 향유고래 같은 독특한 형태의 건축물이다. 이 엑스포 주제관은 '살아 있는 바다, 숨 쉬는 연안'을 주제로 열린 여수 엑스포의 상징 건축물답게 바다와 생명을 잘 나타낸 디자인으로 평가받았다.

2012년 여수 엑스포 주제관. 오스트리아 건축 회사 소마가 디자인. 98개의 라멜라가 설치된 육지 쪽 외벽(위 사진)과 바다 쪽에서 본 전경

지상 3층 규모인 이 건축물은 국제 현상 공모에서 당선된 디자인을 발전시킨 것이다. 2009년 4월에 공고되어 그해 10월에 마감된 현상 공모에는 총 136점이 접수되었으며 오스트리아 건축 회사인 소마Soma의 작품이 선정되었다. 그리스어로 '몸body'을 의미하는 소마는 2007년 권터 베버Günter Weber 등 젊은 건축가 네 명이 공동 설립했으며, 오스트리아 잘츠부르크 음악당과 건축아카데미 등을 디자인해 국제적으로 명성을 얻고 있다.

노출 콘크리트, 알루미늄 패널, 강화 복층 유리 등으로 마감된 여수 엑스포 주제관의 육지 쪽 외벽에는 98개의 라멜라가 설치되어 '움직이는 벽'의 효과를 일으킨다. 유연한 플라스틱으로 만든 라멜라가 전동 모터로 힘을 가하면 중앙 부위부터 휘어지면서 숨 쉬는 지느러미 같은 움직임을 만들어주기 때문이다. 순차적으로 작동할 수 있는 라멜라에는 LED 조명이 설치되어 다양한 효과를 연출할 수 있다.

여수 엑스포 전시관의 또 다른 특징은 친환경 공법을 활용해 건물 아래로 바닷물이 자유롭게 드나들게 설계되어 있다는 점이다. 조직위원회는 바다를 매립하여 부지를 조성하는 손쉬운 공법 대신 바닷속에 파일을 박고 그 위에 건물을 올리는 복잡한 공법을 선택했다. 이로 인해 공사 기간이 길어지고 공사비가 늘어났지만 해안까지 바닷물이 드나들게 되었다. 총 575억 원이 투자된 여수 엑스포 주제관은 엑스포가 끝난 후에도 계속 시민들을 위해 활용될 것을 염두에 두고 만들어졌다.

욕망을 디자인하라

빛과 건물의 아름다운 하모니

　다른 종교를 가진 사람들까지 모두 포용하려면 예배당은 어떤 모습이어야 할까? 미국의 명문 매사추세츠공과대학MIT의 예배당이 그 정답을 준다. 핀란드 태생 건축가인 에로 사리넨Eero Sarrinen이 디자인한 이 예배당은 누구든 기도할 수 있는 곳이다.

　둥글고 얕은 인공 연못의 한가운데에 자리한 130석 규모의 이 작은 예배당은 원기둥 형태의 건물로 벽에 창문이 없는 대신 천창이 있다. 단순한 원기둥 형태의 건물은 안팎이 모두 거친 벽돌로 마감

MIT 예배당. 핀란드 건축가 에로 사리넨이 1955년 디자인. 오른쪽 사진은 예배당 내부 모습

되었고 직육면체의 입구 통로는 나무와 유리로 만들어졌다. 예배당 위에 설치된 곡선형의 금속 첨탑과 종탑은 조각가 테오도르 로작Theodore Roszak의 작품으로 마치 하늘을 향해 솟아오르는 듯하다.

예배당 안으로 들어가면 나지막한 3단으로 된 원형 무대에 직육면체의 대리석 강대상이 있고 그 위에는 원형 천창이 뚫려 있다. 이 천창을 통해 들어오는 빛이 강대상을 비추면서 묘한 신비감을 연출한다. 그 뒤쪽으로 천창에서 드리워진 24가닥의 가느다란 줄에 끼워진 수많은 작은 금속판들이 마치 '빛의 폭포' 같은 분위기를 자아낸다. 조각가이자 디자이너인 해리 베르토이아Harry Bertoia가 만든 이 작품은 천창에서 들어오는 빛이 반사되어 신비감을 극대화시킨다. 그 모습은 마치 성령의 은혜가 강림하는 듯하고 성도들의 찬양이 하늘로 올라가는 것처럼 보이기도 한다.

예배당을 둘러싼 내벽과 외벽 사이의 좁은 틈새에는 수평 유리창이 있다. 그 창을 통해 연못 물에 반사되어 들어온 빛이 어두운 벽에 어른거려 신비로운 분위기를 연출한다. 30여 년 전 미국 유학 시절에 잠시 방문했다가 큰 감동을 받았던 이 예배당은 지금도 변함없이 MIT의 대표적 명소로 자리매김하고 있다.

디자이너 19명의 개성이 담긴 호텔

지리적 조건이 좋지 않은 지역에 새로 짓는 호텔을 세계적인 명소로 만들려면 어떻게 해야 할까? 스페인 최대의 호텔 체인 실켄Silken

이 2003년 마드리드 공항 인근의 상업지역에 '푸에르타 아메리카 마드리드Puerta América Madrid' 호텔을 신축하면서 제기했던 문제다. 이미 스페인 전역에 26개의 호텔(객실 3,600여 개)을 운영하고 있는 실켄으로서는 또 하나의 평범한 호텔을 짓는다는 것은 무의미한 일이었기 때문이다.

해결 방안을 모색하는 과정에서 실켄은 독창적인 디자인으로 호텔을 확연히 차별화하자는 쪽으로 의견을 모았다. 그리고 객실 342개의 호텔 하나를 짓는 데 무려 19명의 세계적인 건축가와 디자이너들을 투입했다.

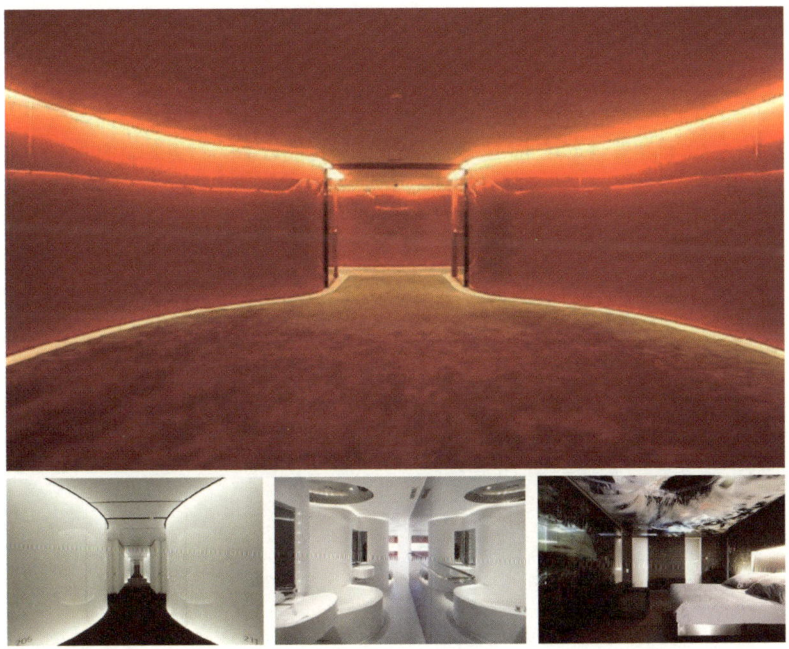

푸에르타 아메리카 마드리드 호텔. 위쪽 큰 사진은 마크 뉴슨이 디자인한 6층 복도. 아래 왼쪽부터 노먼 포스터가 디자인한 2층, 론 아라드가 디자인한 7층 욕실, 장 누벨이 디자인한 12층

실켄은 이 프로젝트에 참여하는 19명의 전문가들에게 각각 별도의 공간을 부여하고 독자적으로 디자인하게 했으며 예산 범위도 제한하지 않았다. 그 결과 건물 외관과 내부 디자인의 연관성이 전혀 없고 층마다 디자인이 달라 일관된 정체성이 없는 호텔이 탄생했다.

호텔의 외관은 장 누벨, 화사한 색채와 큼직한 안내 사인이 돋보이는 지하 주차장은 테레사 사페이, 단순한 미니멀리즘 스타일의 메인 로비는 존 파우슨의 작품이다. 1층부터 12층까지 객실 층은 자하 하디드(1층), 노먼 포스터(2층), 데이비드 치퍼필드(3층) 등 층마다 다른 건축가와 디자이너들이 디자인해 개성이 넘친다. 음악으로 비유하자면 이 호텔은 대형 교향곡이 아니라 개성이 다른 여러 작품을 모아놓은 소곡집인 셈이다.

총 9,600만 달러를 투자하여 2005년에 완공된 이 호텔은, 2012년 6월에 〈호텔매니지먼트튜토리얼*Hotel Management Tutorial*〉지에 의해 세계 10대 5성급 호텔로 선정되었으며 지금도 꾸준히 관광객들이 몰려들어 불경기임에도 호황을 누리고 있다. 실켄 푸에르타 아메리카 마드리드 호텔의 사례는 디자인이 미래를 위한 투자라는 것을 여실히 보여준다.

새로운 랜드마크를 만든 과학의 힘

공공시설물 디자인이 갖춰야 할 덕목은 무엇일까? 무엇보다도 용도에 적합한 기능을 갖추고 건축 및 유지 비용이 적게 들며 환경친

　　　　　　　　　　　　　　　　　　욕망을 디자인하라

화적이어야 한다. 독특한 외관과 주변 경관이 어우러져 그 지역을 대표하는 랜드마크가 된다면 금상첨화일 것이다.

2002년 7월에 완공된 런던 시청 건물은 그런 요소들을 적절히 갖춘 모범 사례다. 영국 출신으로 하이테크 건축의 대가인 노먼 포스터Norman Foster가 디자인한 건물 외관은 기존 관공서들과 크게 달라 호텔로 착각하는 런던 시민이 있다고 한다. 투구, 못생긴 달걀, 쥐며느리, 유리 고환睾丸 등 별명이 많다. 이처럼 독특한 외관은 포스터의 감각뿐만 아니라 햇빛·바람·지하수 등 자연을 최대한 활용하는 과학의 성과다.

런던 시청사. 노먼 포스터가 2002년에 디자인. 왼쪽으로 타워브리지가 보인다.

건물의 형태와 방향은 사계절 동안 부지에 내리쬐는 일조량을 면밀하게 분석한 결과를 토대로 정해졌다. 건물 형태는 둥근 돔 모양을 채택하여 육면체 건물보다 표면적을 25퍼센트나 줄였다. 여름에 햇볕이 강하게 내리쬐는 건물 남쪽을 계단처럼 기울어지게 디자인하여 자연 차양 효과를 높였다.

건물 전체를 덮고 있는 유리는 행정의 투명성을 상징하며, 자연 채광은 실내조명용 전기를 절약해주고 태양광 발전에도 활용된다. 이 건물은 창문으로 환기하며 지하수를 냉난방에 사용한 뒤 화장실용으로 재활용하는 통합 에너지 순환 시스템을 통해 전체 에너지의 75퍼센트를 자연에서 얻고 있다. 건물 내부는 유리벽을 따라 500미터 길이의 나선형 통로가 10층의 '런던 거실'로 이어져 방문객들은 이동하면서 시청의 내부와 도심 경관을 모두 볼 수 있다.

독특한 디자인으로 탄소 배출량과 에너지 소비량을 최소화한 이 건물은 런던의 새로운 랜드마크이자 공공시설물의 본보기가 되었다. 훌륭한 건축 디자인은 건축가의 감각뿐만 아니라 부지의 특성과 용도 등에 관한 치밀하고 과학적인 연구 결과라는 것을 새삼 일깨워준다.

캘리포니아에 웬 고분? 친환경 옥상 공원

건물 위에 웬 봉우리들이 솟아 있나? 세계 10대 과학관 중 하나인 미국 캘리포니아과학관California Academy of Sciences 건물 옥상을 처음

　　　　　　　　　　　　　　　　　　　　욕망을 디자인하라

캘리포니아과학관의 '살아 있는 지붕'. 이탈리아 건축가 렌조 피아노가 2008년에 디자인. 오른쪽은 건물 내부 모습

본 사람은 한 번쯤 가질 만한 의문이다. 거대한 봉분을 연상하게 하는 봉우리들은 친환경 건물의 핵심 요소로, 샌프란시스코에 있는 일곱 개의 언덕을 상징한다고 한다.

1853년 샌프란시스코 도심에 설립된 이 과학관은 1916년 현재의 부지로 이전했는데, 예산 문제 등으로 단계적으로 건립하다 보니 11개 건물로 나뉘어 있었다. 1989년 대지진으로 몇몇 건물이 크게 파손되었을 당시, 전면 신축할 것인지 부분 복구할 것인지를 놓고 논란이 일었다. 오랜 논란 끝에 2005년에 마침내 이탈리아 건축가인 렌조 피아노Renzo Piano의 제안에 따라 5억 달러의 예산으로 재개발을 시작해 2008년 9월에 다시 개관했다. 피아노는 본관 건물을 개

축해 천체관과 수족관 등 주요 시설을 한데 모으되, 남아 있던 건물
들과 조화를 이루도록 디자인했다.

캘리포니아과학관이 세계적인 명소가 된 것은 본관의 옥상 공원
'살아 있는 지붕living roof' 덕분이다. 이 옥상 공원에는 약 50만 종
의 캘리포니아 희귀식물이 서식한다. 15센티미터 두께의 토양은 자
연 단열재가 되며 연간 최대 1만3,627킬로리터의 빗물을 저장하여
전체 용수의 30퍼센트를 공급해준다. 봉분처럼 생긴 봉우리들의 크
기와 기울기는 물론 채광창과 환기구 역할을 하는 유리창의 위치 등
도 과학적인 모의실험을 거쳐 결정되어 천연 냉난방 시스템의 역할
을 한다. 검은색 타르와 아스팔트로 마감된 보통의 건물 옥상은 열
섬 현상으로 건물 내부 온도를 6~10도가량 올리지만 친환경 옥상
공원은 실내 온도를 10도나 낮춰준다.

풍수지리와 같은 동양의 주거 이론에 밝은 피아노가 잔디 봉분으
로 묘소를 덮은 우리 선조의 장묘 문화에도 정통한 듯싶다. 캘리포
니아과학관은 2008년 미국 친환경 건축물의 최고 영예인 '플래티넘
인증'을 받았다.

미술관으로 거듭난 나토 미사일 기지

용도가 바뀌는 공공시설물의 재개발에는 논란이 따르기 쉽다. 기
존 시설의 일부라도 역사적 유산으로 보존하자는 의견과, 새로운 시
설의 목적을 살리려면 모두 철거해야 한다는 견해가 맞설 수 있기

　　　　　　　　　　　욕망을 디자인하라

때문이다. 독일 뒤셀도르프 교외의 노이스 시에 위치한 미술관 랑겐파운데이션Langen Foundation은 개발과 보존이 조화를 이룬 모범 사례다.

1993년 미국과 소련 간의 군비 축소 협약에 따라 노이스 시에 있던 나토NATO 미사일 기지가 폐쇄되자 미술품 애호가인 카를 하인리히 뮐러는 13에이커(약 1만6,000평)의 부지를 구입했다. 그리고 1994년에 일본 건축가 안도 다다오安藤忠雄에게 자연과 예술이 공존

랑겐파운데이션. 일본 건축가 안도 다다오가 2004년에 디자인했다. 건물 오른쪽으로 미사일 기지 시절에 노출을 막기 위해 설치했던 흙 둔덕이 보인다.

하는 새로운 문화시설의 디자인을 의뢰했다. 안도는 낮은 언덕, 인공 호수, 육면체의 전시관들로 구성된 미니멀리즘 스타일의 미술관을 디자인했다.

2001년 스위스인 빅토르와 마리안 랑겐 부부는 거액의 재산을 기부해 안도의 디자인대로 미술관을 건립하고 운영할 재단을 설립했다. 자신들이 1950년대부터 소장해온 일본 고미술품 500여 점과 300여 점의 현대미술품을 전시하기에 적합한 곳이라고 판단했기 때문이다.

2004년 9월에 개관한 랑겐파운데이션은 육면체로 된 세 개의 전시관으로 이루어졌으며, 모두 안도의 특기인 노출 콘크리트로 마감되었다. 좁고 긴 '일본방房' 전시관은 콘크리트 건물을 유리와 강철 구조물로 덮는 이중 외피 시스템으로 되어 있다. 유난히 온도차가 큰 변덕스러운 기후의 영향을 줄이고 태양광을 많이 끌어들이기 위한 디자인이다. 전시관의 한쪽에는 인공 연못을 만들었다.

랑겐파운데이션의 곳곳에는 지금도 군사시설의 흔적들이 남아 있다. 미사일 기지의 노출을 막아주던 흙 둔덕은 이제 미술관을 가려준다. 철조망과 미사일 발사대는 철거되었지만 격납고 · 벙커 시스템 · 감시대 등은 그대로 보존되었다. 이 미술관에서는 냉전 시대의 유산과 평화 시대 문화시설의 완벽한 조화를 맛볼 수 있다.

가장 '번잡한' 곳, 가장 '차분한' 건물

핀란드 수도 헬싱키의 별명은 '발트해의 아가씨'다. 소박하고 풋풋한 매력이 돋보이는 도시라는 의미로, 헬싱키에서는 화장기 없는 민얼굴의 유럽을 볼 수 있다고들 말한다.

2012년 5월에 개관한 '고요한 캠피 예배당Kamppi Chapel of Silence'은 수수하지만 개성이 넘치는 헬싱키의 새로운 랜드마크다. 헬싱키 도심에서 가장 번화한 지역인 나린카 광장의 남쪽에 자리한 이 예배당은, 정해진 시간에 신도들이 모여 함께 예배를 드리는 통상적인 교회가 아니다. 누구라도 잠시 도심의 번잡함에서 벗어나 조용하고 차분하게 기도할 수 있도록 디자인된 공간이다.

핀란드 건축가 미코 수마넨Mikko Summanen과 K2S아키텍트K2S Architects가 함께 디자인한 이 건물의 외관은 기다란 타원형으로 거대한 사발을 연상하게 한다. 요즘 대도시에서 흔히 보는 콘크리트와 유리, 강철 등으로 지은 건물들과는 달리 예배당 전체가 나무로 만들어졌다. 얇게 자른 가문비나무 판재 조각들을 일일이 이어 붙인 뒤 투명한 나노테크 왁스로 방수 처리하여 부드럽고 따뜻한 느낌이 든다.

소박하게 꾸며진 실내 디자인은 시끌벅적한 도심을 벗어나려는 사람들을 아늑한 분위기로 감싸준다. 기름 먹인 오리나무 판재로 마감된 벽면에 비치는 은은한 간접 조명은 실내를 더욱 성스럽게 만든다. 긴 의자들과 성구聖具 등도 모두 단단한 목재로 만들어졌다.

예배당의 한쪽 끝과 맞닿은 직육면체 형태의 보조 건물에는 리셉

헬싱키의 캄피 예배당. 핀란드 건축가 미코 수마넨과 K2S아키텍트가 2012년에 디자인

선장, 교역자 및 사회복지사 사무실, 화장실, 창고 등이 있다. '2012년 세계 디자인 수도 헬싱키'를 기념해 건립된 이 예배당은 완공도 되기 전인 2010년에 세계적인 건축상 중 하나인 '시카고 아테네움 국제 건축상'을 받았다.

욕망을 디자인하라

도시 흉물에서 휴식처로 변신한 공원

2012년 10월 허리케인 샌디가 미국 동부를 강타하기 직전에 찾은 뉴욕의 '하이라인High Line 공원'에는 온갖 동식물이 서식하고 시민과 관광객들이 넘쳐나 뉴욕의 새로운 명소임을 실감할 수 있었다. 2009년 6월에 1구간이 완공되었을 때에는 아직 엉성하고 거칠었던 조경과 식생이 이제는 모두 안착되어 있었다.

'도심 속 하늘 공원'이라 하는 하이라인 공원은 뉴욕 시민들이 뜻을 모아 만든 공공시설물의 모범적인 사례다. 1930년대에 화물열차를 운행하려고 설치한 고가철도가 1980년대 들어 용도 폐기되자, 시 당국은 토지 소유주들의 요청에 따라 철거를 계획했다.

그러나 1999년 하이라인 근처에 살던 조슈아 데이비드Joshua David와 로버트 해먼드Robert Hammond는 비영리단체인 '하이라인의 친구들Friends of the High Line'을 조직하고 고가철도를 철거하는 대신 시민들을 위한 열린 공간으로 재활용하자는 캠페인을 전개했다. 1859년에 화물 수송을 위해 건설되어 1969년에 운행이 중단되었으며 1999년에 이르러 고가 산책로로 탈바꿈한 프랑스 파리의 '프로머나드 플랑테Promenade Plantée'처럼 뉴욕에 도심 속의 고가 공원을 만들자는 제안은 시민들의 큰 호응을 얻었다.

2003년 1월 하이라인의 친구들은 획기적인 아이디어를 얻을 목적으로 '하이라인 디자인하기' 국제 공모를 실시했다. 36개국의 개인과 팀이 총 720건의 작품을 제출했으며, 그해 5월에 심사 결과 선정된 우수상 수상작 4점, 특별상 수상작 3점, 입상작 10점 등이 그랜

뉴욕 하이라인 공원. 제임스 코너와 딜러 스코피디오+렌프로가 2004년에 디자인. 1980년에 폐쇄된 고가철도를 길이 1.6킬로미터의 공원으로 조성했다.

드센트럴터미널에 전시되어 활발한 토론의 장이 마련되었다. 이에 뉴욕 시는 2004년 당초의 계획을 바꿔 5,000만 달러를 투자하여 공원을 조성하기로 결정했다.

뉴욕 시와 하이라인의 친구들은 2004년 10월에 조경가 제임스 코너James Corner와 미국 건축가 그룹 딜러 스코피디오+렌프로Diller Scofidio Renfro에 이 프로젝트를 의뢰했다. 이들은 고가철도에 흙을 이식해 갖가지 나무와 풀을 심었고 나무와 콘크리트 판재를 깔아 산책로와 조깅 코스를 조성했다. 기차역이 있던 공터에는 벤치와 계단식 의자들을 설치하여 각종 모임을 위한 공간을 만들었다. 2011년 6월 2구간 공사가 끝나자 마침내 길이 1.6킬로미터의 공원이 조성

욕망을 디자인하라

되었고, 2013년 3구간이 완성되면 총 2.4킬로미터가 된다.

하이라인 공원은 영국의 디자인 전문지 〈월페이퍼 *Wallpaper*〉가 2010년 '올해의 삶 향상자'로 선정하는 등 전문가들 사이에서도 높이 평가되고 있다.

8장
훌륭한 디자인은
백 마디 말보다 강력하다

포스터로 꿈꾼 인종 화합

2009년 초, 미국 제44대 대통령 취임식에 즈음해 제작된 한 포스터의 디자인이 세간의 큰 관심을 끌었다. 성조기를 연상하게 하지만 색상이 다른 배경 앞에서 버락 오바마 대통령이 크게 웃으며 손을 높이 들어 흔드는 모습은 취임식의 극적인 느낌을 실감하게 해주었다. 포스터 속 오바마 대통령이 입은 에메랄드그린색 상의와 빨간색 넥타이는 서로 강렬한 보색 대비를 이루었지만 흰색 드레스 셔츠와 검은색으로 완충되어 경박하지 않은 분위기를 연출했다.

2008년 미국 대통령 선거는 역사상 최초의 흑백 대결로 뜨거운 관심을 모았다. 흑인의 후예인 버락 오바마 민주당 후보는 "진보의 미국, 보수의 미국, 흑인의 미국, 백인의 미국, 라틴계 미국, 아시아계 미국은 없다. 오직 미합중국만이 있을 뿐"이라는 캠페인으로 많은 유권자의 마음을 사로잡았다. 그 결과 존 매케인 공화당 후보를 누르고 대통령에 당선되었으며, 미국인들은 인종 화합을 실천할 새 미국 대통령이 탄생했다며 기뻐했다.

글로벌 패션 브랜드답게 '베네통의 통합된 색채United Colors of Benetton'를 앞세워 인종 간의 이해와 화합을 위한 캠페인을 전개하던 베네통 그룹은 이 기회를 적절히 활용했다. 오바마 대통령의 약속이 온 지구촌에 큰 변화와 희망을 확산시킨다는 의미를 담은 포스터를 디자인한 것이다.

베네통의 오바마 대통령 취임 축하 포스터에서 성조기는 흰색·진회색·노란색의 세 가지 색으로 표현되어 백인·흑인·라틴계·

베네통의 오바마 대통령 취임 축하 포스터. 왼쪽 문구는 '미국의 통합된 색채'

아시아계 등 모든 인종이 아무런 차별 없이 하나가 되는 미합중국을 나타낸다. 초록색 바탕에 흰색으로 표기된 '미국의 통합된 색채 United Colors of America'라는 문안은 자연스레 베네통이 평소에 사용하는 캠페인을 연상하게 해 마케팅 효과도 컸다. 베네통의 이 포스터는 훌륭하게 디자인된 포스터 한 장이 많은 스토리를 직관적으로 전달하는 신통력을 갖고 있음을 실감하게 해준다.

9·11 테러의 상처를 어루만진 재능 기부 디자인

'I ♥ NY'만큼 뉴욕을 잘 나타내는 상징을 찾아보기란 쉽지 않다. 뉴욕을 방문하는 사람들은 이 로고가 인쇄된 흰색 티셔츠를 즐겨 찾

　　　　　　　　　　　　　　욕망을 디자인하라

지만 이것이 뉴욕 주나 뉴욕 시의 공식 로고인 것은 아니다.

미국 뉴욕 주 상무국의 의뢰로 그래픽 디자이너인 밀턴 글레이저 Milton Glaser가 1977년에 디자인한 이 로고는 당초 몇 달 동안 진행되는 관광 진흥 캠페인에만 사용될 예정이었다. 그런데 이 로고의 인기가 나날이 높아져 요즘에도 널리 활용되고 있는 것이다.

문제는 미국의 다른 도시들은 물론 외국에서조차 무단으로 'I ♥ ××'라 표기된 짝퉁 로고를 사용하는 사례가 늘어났다는 점이다. 뉴욕 주가 이 로고의 상표권을 침해한 모방자들과 벌인 법적 분쟁이 무려 3,000건을 넘어섰다.

이처럼 유명해진 I ♥ NY 로고의 디자인료와 저작권료는 얼마나 될까? 만약 원작자인 글레이저가 지적재산권을 행사한다면 그 액수가 엄청날 것이다. 그러나 그는 디자인료를 받지 않았으며 모든 지적재산권을 뉴욕 주에 기탁하여 일찌감치 '재능 기부'를 실천했다.

2001년 9월 11일, 뉴욕 시가 무슬림 극단주의자들의 무자비한 테러로 큰 상처를 입고 시민들이 비탄에 빠졌을 때 글레이저는 자발적으로 새로

'나는 그 어느 때보다 더 뉴욕을 사랑한다' 로고. 밀턴 글레이저가 디자인. 〈뉴욕데일리뉴스〉 2001년 9월 19일자에 실린 포스터

운 로고를 디자인했다. 기존 로고에 '어느 때보다 더 MORE THAN
EVER'를 추가하고, 맨해튼 섬을 상징하는 하트의 서남쪽, 즉 세계무
역센터 부지에 해당되는 곳에 검은색으로 멍을 표시하여 참혹한 테
러의 상처를 부각시켰다.

〈뉴욕데일리뉴스 *New York Daily News*〉에 게재된 이 포스터는 비록
큰 멍이 들었을지라도 뉴욕을 더 사랑한다는 메시지로 뉴욕 시민들의
아픈 마음을 달래고 단결심을 고취시켰다. 훌륭한 로고 디자인은 백
마디 말보다 더 강력하다는 것을 알 수 있다.

'열린 개념'의 로고가 불러온 해프닝

역대 올림픽 공식 로고에는 개최 도시의 문화와 개성이 배어 있
다. 치열한 유치 경쟁을 이겨낸 자랑스러운 도시의 자긍심이 로고
디자인에 반영되기 마련이다. 2008년 베이징 올림픽의 로고는 중국
문화를 상징하는 한자 '경京', 1988년 서울 올림픽 로고는 '삼三 태극
太極'을 모티프로 디자인되었다.

그런 점에서 2012년 런던 올림픽 로고는 예외적이었다. 영국의
저명한 디자인 회사 울프올린즈 Wolff Olins가 디자인해 2007년 6월에
발표한 이 로고에는 '런던'이나 '영국'을 상징하는 요소가 따로 없다.
개최 연도인 '2012'를 '20'과 '12'로 나누어 위아래로 조합하여 디자
인했기 때문이다.

그러다 보니 보는 사람마다 다르게 해석해 "나치 심벌을 닮았다",

　　　　　　　　　　　　　　　욕망을 디자인하라

“성적性的 행위를 암시한다”라는 비난은 물론 “유치하다”는 등의 지적이 끊이지 않았다. 올림픽 전에 실시된 한 인터넷 여론조사에서는 “로고를 바꿔야 한다”는 응답이 80퍼센트를 넘었다. 런던에서만 세 번이나 올림픽을 개최하다보니 디자인에 제한이 많아져 생긴 일이라는 지적도 있었다.

하지만 이 로고 디자인에 우호적인 사람들의 주장은 크게 다르다. 나이·국적·언어에 상관없이 전 세계인이 쉽게 알아볼 수 있고 기본 틀만 유지하면 누구나 색채와 무늬를 바꿔 쓸 수 있는 ‘열린 개념’을 나타내고 있다는 것이다. 〈더타임스 *The Times*〉의 칼럼니스트 매그너스 링클레이터 Magnus Linklater 는 “이 로고가 단순하지도, 아름답지도, 인상적이지도 않지만 성공적인 것이 될 듯하다”고 말했다.

그런 와중에도 이 로고에 대한 런던올림픽조직위원회의 지지는

2012 런던 올림픽 공식 로고(왼쪽)와 장애인 올림픽 로고(오른쪽). 울프올린즈가 2007년 디자인

거의 절대적이어서 어떠한 비난에도 흔들리지 않았다. 지구촌 모두의 올림픽을 지향해야 한다는 브랜드 목표와 일치되게 디자인되었다고 믿었기 때문이다.

너무 많은 이야기 담으려다 삐끗

2012 런던 올림픽 공식 마스코트의 디자인 역시 귀여운 동물이나 전통적인 캐릭터와 달리 외눈박이 몬스터 형상인 데다, 흔히 말하는 품위 있고 세련된 영국 디자인과는 사뭇 달라 화제가 되었다. 이 파격적인 마스코트들은 어떻게 디자인되었을까?

2008년 10월 마스코트 디자인 공모를 시작한 런던올림픽조직위원회는 마감일까지 접수된 100여 점 중 3점을 선정한 다음 다양한 분야 사람들의 의견을 청취했다. 그리고 2010년 5월에 조직위원회는 '웬록Wenlock'을 올림픽, '맨드빌Mandville'을 장애인 올림픽의 공식 마스코트로 확정 발표했다. 대중은 캐릭터와 이야기를 좋아하기 때문이라는 것이 선정 이유였다.

런던의 마케팅 에이전시 아이리스IRIS가 디자인한 이 마스코트들은 실제로 많은 이야깃거리를 담고 있다. 웬록은 1890년에 피에르 쿠베르탱 남작이 근대 올림픽 부흥 운동을 시작하는 데 영감을 준 영국 중서부의 마을이다. 맨드빌은 1948년 런던 올림픽 때 척수 장애인 26명과 함께 운동경기를 개최하여 장애인 올림픽의 효시가 된 병원이다.

                                          욕망을 디자인하라

웬록과 맨드빌 얼굴 부분의 하나뿐인 눈은 카메라 렌즈를 상징하며 올림픽의 모든 것을 잘 기록한다는 의미를 담고 있다. 강철 재질로 된 몸체에는 각각 올림픽과 장애인 올림픽의 로고가 표시되고, 머리에는 런던 택시의 헤드라이트, 팔목에는 오색 링과 기록 측정 장치를 차고 있다.

하지만 올림픽 로고와 마찬가지로 이 마스코트들에 대한 여론 역시 곱지만은 않았다. 영국의 일간지 〈텔레그래프 *The Telegraph*〉는 2012년 6월 21일자에서 "아이폰 세대를 위해 컴퓨터로 만든 스머프"라고 비꼬기도 했다.

2012 런던 올림픽 공식 마스코트인 '웬록'(오른쪽)과 장애인 올림픽 공식 마스코트인 '맨드빌'(왼쪽). 마케팅 에이전시 아이리스가 2010년 디자인

런던 올림픽을 위한 포스터는 없다?

올림픽 공식 포스터는 개최 도시를 전 세계에 알리는 수단이다. 따라서 올림픽조직위원회는 소통하려는 콘텐츠가 잘 표현된 한 점의 공식 포스터를 만들기 위해 심혈을 기울인다. 런던 올림픽 공식 포스터는 무려 12종으로, 올림픽 포스터와 장애인 올림픽 포스터가 각각 6종씩 제작되었다. 조직위원회는 니컬러스 세로타Nicholas Serota 테이트모던미술관장 등의 추천으로 선정된 12명의 대표적인 영국 미술가들에게 작품 제작을 의뢰했다.

착시 현상을 이용하는 옵티컬 아티스트 브리짓 라일리Bridget Riley는 '로즈 로즈Rose Rose'라는 제목의 포스터에서 장미꽃을 상징하는 분홍색 바탕에 여러 색의 줄을 그려 육상 트랙이나 수영장의 레인을 표현했다. 개념미술가인 마틴 크리드Martin Creed는 포스터 '작품 번호 1273'에서 메달 시상대를 오륜 색으로 표현했으며 사각형이 점점 작아지는 것은 치열한 경쟁을 나타낸다고 설명했다. 화가인 하워드 호지킨Howard Hodgkin의 포스터 '수영Swimming'은 큰 붓에 파란색 물감을 듬뿍 묻혀 힘차게 그려낸 작품이다. 조각가 레이철 화이트리드Rachel Whiteread는 '런던 2012LOndOn 2012'라는 제목의 포스터에서 둥근 병의 바닥에 오륜 색 물감을 묻혀 찍어낸 고리들로 화면을 채워, 선수들과 관람객들이 마신 음료수 병과 커피 잔의 추억을 표현했다.

한정판으로 7파운드(약 1만2,500원)에 판매된 이 포스터들은 모두 매진되었지만, 콘텐츠가 너무 개념적이어서 런던 올림픽과의 연

2012 런던 올림픽 공식 포스터 12점

관성이 이해되지 않는다는 비판도 있었다. 영국의 타블로이드 신문 〈데일리메일*Daily Mail*〉의 루이스 에클스 기자는 "파란색 붓 자국, 커피 잔 고리……. 유치원 미술인가? 런던 올림픽을 위한 포스터는 없다!"고 혹평했다. 예술성이 강한 미술품을 대중과의 소통을 중시하는 포스터에 적용한 데 따른 대가였다는 평이다.

단순 명료한 헬베티카 서체, 세계의 표준이 되다

세계에서 가장 널리 사용되는 영문 서체는 '헬베티카Helvetica'이다. 스위스를 의미하는 라틴어 '헬베티아Helvetia'에서 유래한 이 서체는 삼성·마이크로소프트·스카이프·도요타 등 세계 유수 기업의 로고에 사용되고 있다. 또한 뉴욕·암스테르담·도쿄 등 세계적인 도시들의 도로 표지판, 공공 사인, 간판 등에서도 이 서체를 쉽게 볼 수 있다. 단순 명료해 가독성과 식별성이 높기 때문이다. 헬베티카처럼 획의 굵기가 같고 장식적인 요소가 없는 서체를 '산세리프sans serif'라고 한다.

스위스의 디자이너 맥스 미딩거와 하스Hass 서체 회사 사장 에드워드 호프먼은 1957년에 다양한 용도로 사용하기 편한 서체 개발에 나섰다. 그들은 19세기부터 유럽에서 사용되던 '그로테스크' 서체를 개량해 '신 하스 그로테스크'라는 서체를 디자인했다. 이 서체가 국제적으로 주목받기 시작하자 1960년에 해외에서도 쉽게 주문할 수 있도록 '헬베티카'로 이름을 바꿨다.

　　　　　　　　　　　　　　　욕망을 디자인하라

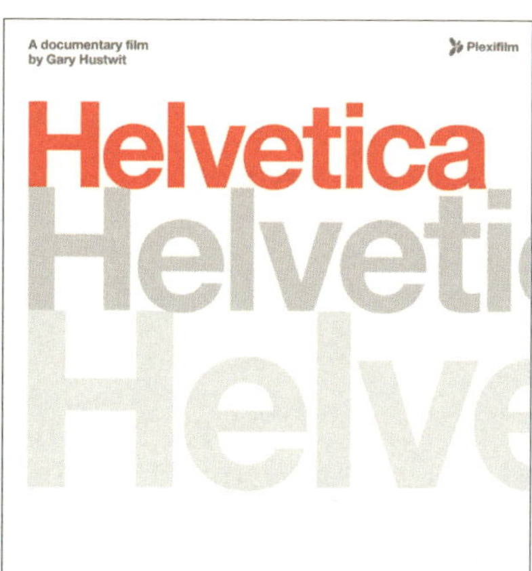

다큐멘터리 영화 〈헬베티카〉의 포스터. 네덜란드 디자인 회사 익스페리멘털 제트셋Experimental Jetset이 디자인했다.

그래픽 디자이너이자 영화감독인 게리 허스트윗Gary Hustwit은 2007년에 이 서체의 개발 50주년을 맞아 〈헬베티카〉라는 다큐멘터리 영화를 제작하기도 했다. 80분짜리 이 영화는 헬베티카의 역사와 특성, 디자이너들의 서체 선택 전략 등에 대해 관련 인사 70여 명의 인터뷰를 바탕으로 체계적으로 다루고 있다. 헬베티카의 우수성은 물론 부정적인 의견까지 객관적으로 담아냈다.

포스트모던 양식이 유행하던 1970~80년대에는 이 서체가 무미건조하고 획일적이라는 비판이 있었다. 너무 널리 사용되다보니 온 세상이 표준화되는 것 같다는 지적도 있었다. 그러나 헬베티카의 뛰

어난 가독성과 중립성 덕분에 민간 부문에서 스스로 선택하는 것을
막을 수는 없다. 헬베티카의 인기는 앞으로도 지속될 듯하다.

직관적 소통의 힘

흡연은 인체의 거의 모든 장기에 심각한 해를 끼친다. 암으로 인
한 사망자 가운데 30퍼센트, 폐암 사망자의 87퍼센트를 흡연자가 차
지하고 있다. 1950년대에 전체 인구의 50퍼센트가 흡연을 했던 이스

'금연 권총' 포스터와 '천국으로 가는 계단' 포스터. 이스라엘암협회가 제작하고 디자인 회사 Gitam
BBDO가 디자인했다.

욕망을 디자인하라

라엘은 금연 운동을 다각적으로 펼쳤지만 1970년에 이르러서도 흡연 인구는 여전히 40퍼센트가 넘었다. 1983년에 라디오와 텔레비전의 담배 광고 금지 법안이 통과되었으며 2001년에 지정된 흡연 구역 밖에서의 금연이 법제화되고 나서야 비로소 흡연율이 25퍼센트로 낮아졌다.

그러나 무엇보다도 젊은이들의 금연이 필요하다고 판단한 이스라엘암협회Islael Cancer Association는 이후에도 이스라엘의 디자인 회사 Gitam BBDO와 협력해 금연 포스터를 활용한 캠페인을 적극 전개하고 있다. 자발적 협력자인 Gitam BBDO가 기부한 금연 포스터 디자인을 보면 훌륭하게 디자인된 한 장의 포스터가 가진 영향력을 실감할 수 있다. 사람들에게 감동을 주는 것은 장황한 설명이 아니라 직관적인 소통이기 때문이다.

담배 한 개비를 들고 있는 손의 그림자를 목숨을 겨누는 권총으로 표현한 '금연 권총Anti-smoking Gun' 포스터는 흡연이 살인 행위라는 것을 잘 나타낸다. 단 한 마디 문구도 없는 이 포스터는 가장 설득력 있는 금연 포스터로 꼽힌다. 잿빛의 구름 사이에서 담배 개비로 만든 줄사다리가 내려진 '천국으로 가는 계단Stairway to Heaven' 포스터는 흡연이 수명을 단축시킨다는 생생한 경고다. 버스 정류장과 사무실 등에서 이런 포스터들을 자주 보게 되면 아무리 골초라도 금연할 수밖에 없을 것이다. 이 금연 포스터들의 효과 덕분인지 2009년에 이스라엘의 흡연율은 22.8퍼센트로 낮아졌다.

한국의 흡연율은 44퍼센트로 경제협력개발기구OECD 국가 중에서 두 번째로 높다. 청소년의 경우는 더욱 심각해 고등학생 흡연율은 18퍼센트, 중학생은 13퍼센트로 세계에서 가장 높다. 한국도 금연 디자인 캠페인이 절실한 때다.

지나친 패러디가 불러온 역풍

동서고금을 막론하고 선거는 막판으로 갈수록 과열되기 마련이다. 수단과 방법을 가리지 않고 이기려는 심리가 작용하기 때문이다. 그런데 한 장의 선거 포스터가 판세에 큰 영향을 미치는 경우가 있다. 유권자들의 감성에 직접 작용하는 포스터 디자인이 예기치 않았던 결과를 가져오기도 한다.

1997년 영국 총선에서 존 메이저 총리가 이끄는 보수당은 토니 블레어가 당수인 노동당에 대패했다. 1979년 마거릿 대처 총리가 등장한 이후 18년 동안이나 지속되던 보수당 정권이 무너진 것이다. 당시 43세의 젊은 나이였던 블레어는 노동당의 전통이었던 국유화 정책을 시장경제로 전환하는 등 보수와 진보를 넘나드는 '급진 중도'라는 제3의 길을 추구하면서 '새로운 노동당 새로운 영국New Labour New Britain'이라는 참신한 슬로건을 내걸었다.

이에 위협을 느낀 보수당은 광고대행사 M&C 사치M&C Saatchi에 의뢰해 디자인한 '새로운 노동당 새로운 위험New Labour New Danger'이라는 선거 포스터로 맞섰다. 블레어가 웃고 있는 얼굴에 검은색 종이 띠를 합성한 다음 빨간색으로 악마와 같은 눈을 나타낸 이 포스터는 큰 반향을 일으켰다. 단순한 표현으로 노동당의 슬로건을 패

  욕망을 디자인하라

'악마의 눈' 포스터. 1997년 총선에서 영국 보수당을 위해 M&C사치가 디자인. 노동당 슬로건을 패러디하고 토니 블레어 노동당 대표의 눈을 악마처럼 표현했다.

러디한 보수당의 포스터는 영국 국민의 기억 속에 깊이 각인된 것으로 알려졌다. 그러나 많은 유권자들은 상대 당 당수를 악마로 매도하는 것은 지나치다고 판단했다. 이 포스터 때문에 오히려 보수당은 커다란 역풍에 휘말렸다.

비방송매체 광고 자율심의기구인 영국광고표준국은 이 선거 포스터의 부착을 금지했다. 당초 메이저 총리는 상대에 대한 인신공격성 접근에 대해 부정적이었지만, 판세를 역전시키는 데 급급했던 선거 관계자들을 막지 못했던 것으로 알려졌다. 선거 결과, 노동당이 압승했으며 블레어는 2007년까지 10년간 집권하며 창의 산업을 육성하는 등 영국 경제의 재건을 위해 크게 기여했다.

나머지 90퍼센트의 사람들을 위한 디자인

요즘 세계 디자인계의 화두는 '사회적 약자를 위한 디자인'이다. 어려운 처지에 있는 사람들을 돕기 위해 디자인을 잘 활용하자는 취지다. 2007년 4월부터 9월까지 뉴욕의 쿠퍼휴잇국립디자인박물관에서 열린 '나머지 90퍼센트의 사람들을 위한 디자인' 전시회는 그런 이념을 잘 보여주었다. 30여 종의 전시품들은 모두 생활환경이 열악해 어려움을 겪는 사람들을 돕기 위해 디자인되었다.

그중 하나가 이 전시회의 포스터에 등장하는 휴대용 살균 정수기다. '라이프 스트로'라는 이름의 이 휴대용 정수기는 스위스의 사회적 기업 베스터가르드 프랑센Vestergaard-Frandsen이 디자인했으며 오염된 물의 박테리아·기생충·바이러스 등을 없애주는 기능을 갖고 있다. 원통형으로 손에 들거나 목에 걸고 다니기 편하고 청소하기도 쉽게 디자인되었다. 색채는 밝은 하늘색(몸체)과 짙은 청색(양쪽 끝부분)의 투톤 배색으로 청결한 느낌을 준다. 정수 능력은 약 1,000리터로 한 사람이 1년 동안 마실 수 있는 양이다.

그러나 가격이 20달러(약 2만2,000원)나 되어 오지에 살거나 재난을 당한 사람들이 구입하기에 부담스럽다는 게 문제였다. 고심 끝에 자선단체나 로터리클럽 등 비정부기구NGO가 성금으로 사들여 2010년 아이티 지진, 2011년 파키스탄 대홍수 때 재난 지역의 피해 주민들에게 무상으로 제공했다.

'나머지 90퍼센트의 사람들을 위한 디자인' 순회 전시회는 워싱턴D.C.와 덴버 등지에서도 열려 디자인의 사회적 책임과 역할을 일

'나머지 90퍼센트의 사람들을 위한 디자인' 전시회 포스터. 2007년에 창 시모아가 디자인. 오른쪽 사진은 이 포스터에 나오는 제품인 라이프 스트로. 베스터가르드 프랑센이 2005년에 디자인

깨웠다. '디자인에 의한 자선'이라는 이념은 그렇게 확산되어가고 있다.

9장
행복을 디자인하는 세계의 도시들

세계 곳곳에서 도시 디자인 신화가 이어지고 있다. 디자인으로 도시의 경관을 개선하고 산업에 활력을 불어넣으며 도시 경쟁력과 시민 생활의 질을 향상시키려는 노력이 활발히 전개되고 있다.

해마다 4월에는 '밀라노 디자인 위크', 9월에는 '런던 디자인 페스티벌', 12월이면 홍콩에서 '비즈니스 오브 디자인 위크'가 열린다. 특히 홍콩은 2012년을 디자인의 해로 지정하고 '디자인이 이끄는 도시City Driven by Design'라는 슬로건을 내세워 디자인 역량 강화에 나섰다. 홍콩 정부의 목표는 디자인 인재 양성, 디자인을 통한 부가가치 창출, 더 나은 삶 추구, 우수 디자인 표창 등으로 모든 산업에서 디자인 붐을 일으켜 도시 경쟁력을 높이는 것이었다. 홍콩의 디자인 역량과 중국의 제조 능력이 결합되면 커다란 시너지가 날 것이라는 계산이었다.

이처럼 디자인으로 도시의 가치를 상승시킨 구체적 사례들을 알아보고, 이 도시들의 변화된 모습이 우리에게 시사하는 점이 무엇인지 살펴보자. 가장 먼저 만나볼 곳은 2012년 세계 디자인 수도이자 전체 인구가 500만 명 정도에 불과하지만 알차고 강한 나라, 핀란드의 수도 헬싱키다.

행복하려면 디자인을 일상 속으로

2009년 9월, 헬싱키가 경쟁 도시 46곳을 누르고 2012년 세계 디자인 수도로 선정될 수 있었던 것은 '디자인을 일상 속으로'라는 슬로건 덕분이었다. "디자인으로 보통 사람들이 행복한 도시를 만들겠다"는 제안이 심사위원들의 지지를 이끌어낸 것이다.

2년여의 준비 끝에 2012년 초부터 세계 디자인 수도가 된 헬싱키는 시민들이 더 살기 좋은 도시가 되기 위해 디자인을 적극 활용하고 있다. 물의 보존과 활용, 활기찬 노년, 버려져 있던 땅을 신도시 공간으로 바꾸기, 도매시장의 식당 개선, 사회를 혁신하기 위한 아이디어 캠프 개최 등, 추진 중인 프로젝트만 300가지나 된다.

세계 디자인 수도 헬싱키의 웹사이트와 홍보물 디자인도 시민과 소통하는 것을 중시한다. 그래픽 디자인 에이전시인 코로로&모이는 둥근 형태로 표준화된 세계 디자인 수도 로고 때문에 자칫 홈페이지 등이 단조로워지지 않게 배경에 다양한 문양을 활용해 디자인했다.

헬싱키의 세계 디자인 수도 선정을 계기로 디자인은 핀란드의 국가적인 과제로 떠오르고 있다. 2012년 5월 10일에 열린 세계 디자인 수도 전시관 개관식에서 사울리 니니스토Sauli Niinisto 핀란드 대통령은 "경쟁력과 복지를 향상시키는 혁신에서 디자인이 중추적인 역할을 한다"며 "경제부와 고용부가 국가 디자인 프로그램을 수립하고 있다"고 밝혔다. 그는 특히 중소기업들이 새로운 아이디어를 만들어내는 데

2012 세계 디자인 수도 로고

욕망을 디자인하라

2012년 세계 디자인 수도 헬싱키. 목재의 강국답게 나무로만 지은 2012년 세계 디자인 수도 헬싱키 파빌리온

디자인을 적극 활용할 것을 주문했다.

세계 주요 언론은 세계 디자인 수도에 대해 호의적으로 다루고 있다. 2012년 7월 8일자 〈뉴욕타임스〉는 '핀란드 헬싱키에서의 36시간'이라는 기사에서 디자인으로 시민이 행복해지는 이 도시의 매력을 소개했다. 2014년 세계 디자인 수도로 선정된 남아프리카공화국의 케이프타운은 어떤 모습일지 궁금해진다.

"나는 암스테르담이다"

네덜란드 수도 암스테르담은 '아이 암스테르담I AMSTERDAM'이란 모토를 내세워 도시의 브랜드 가치를 높여가고 있다. '나는 암스테르담이다'라는 이 선언에는 시민이 이 도시에 대해 갖는 자부심과 신뢰는 물론 암스테르담을 위해 헌신하겠다는 다짐이 담겨 있다. 또한 전 세계에서 이 도시를 찾는 관광객들에게 훌륭한 서비스를 제공하여 암스테르담을 최고의 관광지로 만들겠다는 의지의 표현이기도 하다.

암스테르담 시가 2004년부터 도시의 글로벌화를 목표로 추진하기 시작한 이 캠페인에 따라 홈페이지, 조형물, 할인카드 제작 등 여러 가지 마케팅 활동이 계속 전개되고 있다. 먼저 암스테르담의 공식 포털사이트는 '아이 암스테르담'이라는 이름으로 방문객들이 꼭 알아야 할 여행·경험·생활·비즈니스·문화 등 갖가지 분야의 정보를 제공하고 있다.

국립박물관과 미술관들이 밀집한 지역에 설치된 조형물도 눈길을 끈다. 간결하게 디자인된 철제 구조물은 방문객들이 기념 촬영하기 좋은 장소로 인기가 높다. 이러한 반응에 힘입어 암스테르담 시는 2012년 7월에 스키폴 국제공항에 두 번째 세트를 설치했다. 또한 필요할 때마다 한시적으로 순회 설치할 수 있는 이동식 세트를 만들어 패션쇼·공연·페스티벌 등에서 널리 활용하고 있다.

여기서 그치지 않고 암스테르담 시는 노면전차(트램)·지하철·버스 등의 교통요금은 물론 미술관과 박물관의 입장료를 할인해주는

'아이 암스테르담', 디자인 회사 메타알플랜이 2005년에 디자인한 로고를 확대해 제작한 조형물

카드인 '아이 암스테르담 시티카드'도 발행했다. 식당, 자동차 및 자전거 대여점, 선물 판매점 등에서도 이 카드를 제시하면 25퍼센트 할인해준다. 이러한 활동의 결과 '아이 암스테르담' 로고가 인쇄된 티셔츠를 입고 산책이나 조깅하는 사람이 늘어나는 등 '아이 암스테르담' 캠페인은 암스테르담 시민들의 커다란 호응을 얻고 있다.

스토리텔링이 낳은 북극의 산타 마을

핀란드 북쪽 끝 라플란드 주의 수도인 로바니에미Rovaniemi에는 연중 많은 인파가 몰려들지만 크리스마스 철이면 더욱 붐빈다. 헬싱키에서 기차로 10시간이나 걸리는 먼 곳에 위치해 있는데도 사람들이 이 도시를 찾는 이유는 살아 있는 산타클로스를 만날 수 있기 때문이다. 20세기 초 산타가 이곳을 자신의 거처라고 선언한 스토리텔링에 따라 도심에서 8킬로미터쯤 떨어진 한적한 숲 속에 '산타클로스 마을'이 조성되었다.

이 마을의 중심에 있는 크리스마스 하우스는 이국적인 디자인으로 방문객들로 하여금 정말 산타의 고장에 온 것 같은 느낌이 들게 한다. 눈이 많이 오는 지역 특성 등을 고려하여 지붕을 뾰족하게 만

로바니에미 산타클로스 마을. 눈이 많은 지역 특성을 고려해 첨탑형으로 디자인한 크리스마스 하우스

욕망을 디자인하라

든 3층짜리 크리스마스 하우스에는 산타 집무실, 산타 우체국, 크리스마스 전시장은 물론 식당, 기념품점 등 부대시설이 갖춰져 방문객들이 의미 있는 경험을 할 수 있다.

산타 할아버지는 매일 집무실에 출근하여 방문객들을 맞으며 즐거운 시간을 보낸다. 1950년부터 서비스를 시작한 산타 우체국에서는

타파니 타랄리가 1950년 디자인한 산타 우체국의 소인

산타가 한 해 동안 받는 약 700만 통의 우편물 중 2퍼센트를 골라 답장을 보내는데, 특별히 디자인된 소인을 사용하여 인기가 높다.

해마다 2월에는 로바니에미 지역개발청과 라플란드대학이 북극의 생활을 주제로 디자인 위크를 개최하여 디자인 세미나, 워크숍, 전시회 등을 갖는다. 북극권 지역이라 한겨울이면 영하 38도의 한파가 몰아치지만 밤이면 신비로운 오로라가 나타나는 산타 마을은 경험 디자인의 명소가 되고 있다. 경험 디자인이란 장소나 시설을 통해 사람들이 새로운 체험을 하게 하는 디자인이다. 2011년 한 해 동안 약 33만 명이 이곳을 방문했는데 그중 85퍼센트가 외국 관광객이었다. 인구 6만여 명의 작은 도시 로바니에미에서 관광 산업에 종사하는 사람의 비중은 40퍼센트나 된다.

세계의 주요 도시들은 각자 색다르게 디자인된 행사로 새해를 맞는다. 뉴욕 타임스퀘어의 새해맞이 크리스털 공 내리기와 소망을 적은 색종이 뿌리기, 도쿄의 풍선 날리기, 런던 빅벤의 불꽃놀이, 파리 에펠탑의 조명쇼, 서울의 보신각 타종 등 도시마다 다른 역사와 문화가 반영된 이벤트를 즐긴다.

시차 때문에 다른 나라의 도시들보다 일찍 새해가 시작되는 호주의 시드니는 주제에 따라 화려하게 디자인된 불꽃놀이로 명성을 얻고 있다. 시드니 항구의 열다섯 군데에서 동시에 쏘아 올리는 불꽃들이 입체적으로 어우러져 큰 감동을 안겨준다. 시드니의 새해맞이 불꽃놀이는 밤 9시에 어린이들을 위해 특별히 디자인된 가족 불꽃놀이로 서막을 연다. 자정 무렵 시민들과 함께 100부터 카운트다운 해 12시 정각이 되면 3만6,000개의 불꽃이 간격을 두고 터지는 메인 이벤트가 펼쳐진다.

1932년에 하버브리지의 완공 기념 불꽃놀이에 뿌리를 둔 이 행사는 1996년부터 프로듀서와 총감독의 지휘로 콘텐츠를 디자인하는 체제로 바뀌었다. 2012년 행사는 '꿈꿀 시간'이란 주제로 저명한 디자이너인 마크 뉴슨Mark Newson이 행사를 총괄했으며 2013년의 주제는 '포옹'이었다.

오페라하우스와 하버브리지 상공을 중심으로 펼쳐지는 시드니 불꽃놀이는 전 세계로 생중계되어 수십억 명이 함께 보며 그로 인해 호주의 국가 이미지는 물론 시드니의 도시 브랜드 가치가 올라가는

시드니 새해맞이 불꽃놀이. 사진은 2013년 신년 행사로, 주제는 '포옹'이며 소요된 예산은 약 73억 원이다.

계기가 되고 있다.

무려 7톤의 화약을 사용하는 이 행사의 한 해 예산은 660만 호주달러(약 73억 원)에 이르지만 시드니 시가 얻는 경제적 효과는 그보다 훨씬 많은 1억5,600만 호주달러(약 1,737억 원)로 추정된다. 투자 대비 회수 효과가 약 23배에 달하는 것이다. 특히 비영리단체인 캐어오스트레일리아는 이 행사를 통해 동아프리카 기근 구호금으로 100만 호주달러(약 11억 원)를 모금해 요긴하게 쓰고 있다.

비만 퇴치에 나선 뉴욕 시의 디자인 지침

최근 미국 뉴욕 시의 도시 정책은 시민의 비만 예방에 중점을 두고 있다. 마이클 블룸버그 시장이 '비만과의 전쟁' 차원에서 학교 급식 메뉴를 저지방식으로 바꾼 데 이어, 시민의 비만을 막기 위해 설탕이 들어간 480밀리리터 이상의 대용량 음료를 공공장소에서 팔지 못하게 하는 법안이 2013년 3월부터 시행된다. 20세기에는 도시 디자인의 주요 과제가 장티푸스, 콜레라 등 전염병을 막기 위한 쓰레기 처리와 하수도 정비 등 공중 보건 위생이었던 것과는 사뭇 다른 현실이다.

뉴욕 시 디자인건설국은 2010년 2월부터 시민의 비만 예방을 위해 '액티브 디자인 가이드라인Active Design Guidelines'을 제시하며 실천을 요구하고 있다. 이 지침은 건축가와 도시 디자이너들이 좀 더 건강한 건물과 거리, 도시 공간 등을 조성하기 위하여 꼭 지켜야 하는 지침을 수록한 매뉴얼이다. 건물과 공공시설물을 디자인할 때 시민이 걷기, 자전거 타기, 계단 오르내리기 등 신체적 활동을 최대한 많이 할 수 있도록 하는 구체적인 방법들이 제시되어 있다.

엘리베이터나 에스컬레이터를 타는 대신 계단을 자주 이용하게 디자인하면 몸속 칼로리를 태울 기회가 늘어나 비만이 예방되기 때문이다. 몸무게 60킬로그램을 기준으로 했을 때 계단 한 개를 오를 때마다 0.15칼로리가 소비되고 수명도 4초나 연장된다. 자전거 네트워크는 물론 도시 전역의 교통망을 잘 디자인하면 시민이 일상생활에서 자연스레 운동을 많이 할 수 있게 된다.

   욕망을 디자인하라

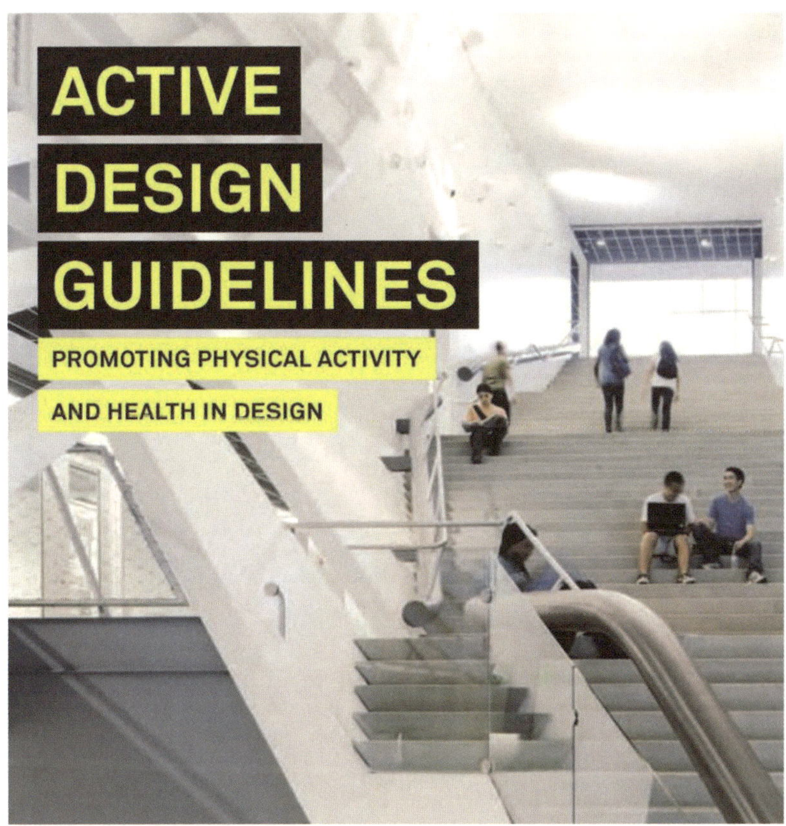

뉴욕 시 디자인건설국이 2010년 '비만과의 전쟁' 차원에서 시민들의 운동을 장려하기 위해 만든 디자인 지침서 《액티브 디자인 가이드라인》의 표지

이처럼 다각적으로 이루어지는 '비만과의 전쟁' 캠페인이 최근 효과를 나타내고 있다. 뉴욕 시를 비롯한 미국 주요 도시에서 어린이 비만율이 수십 년 만에 처음으로 감소세로 돌아섰다. 2012년 12월 11일자 〈뉴욕타임스〉 보도에 따르면 뉴욕 시의 비만 아동 수는 2007년에 비해 5.5퍼센트나 감소되었다.

빌딩 숲의 균형미는 우연히 이뤄진 게 아니다

한 도시의 첫인상은 스카이라인이 좌우한다. 주변의 산세 등 자연 경관과 건축물 등 인공물의 어울림으로 만들어지는 스카이라인은 도시에 따라 천차만별이다. 한 폭의 그림처럼 아름다워 감동을 자아 내는가 하면 무미건조하거나 조잡한 느낌을 주기도 한다. 오랜 세월 에 걸쳐 형성되는 스카이라인은 한 도시의 문화적 수준과 직결된다. 건물들의 디자인이 전체적으로 조화를 이룰 수 있도록 세심하게 배 려되어야 하기 때문이다.

'아시아의 진주'로 불리는 홍콩의 스카이라인은 해마다 달라진다 고 할 만큼 빠르게 변하고 있다. 1980년대 초반만 해도 홍콩 섬 부 근에 건물들이 밀집되어 스카이라인이 소박하고 아담했다. 그런데 요즘은 주룽반도에도 고층 건물들이 들어서 홍콩만 전체에 거대한 스카이라인이 형성되고 있다.

홍콩은 세계 건축박물관이라고 할 만큼 높이와 생김새가 다른 각 양각색의 건물들이 밀집되어 있는데도 그것들이 전체적으로 조화를 이루는 것은 무슨 연유일까? 바로 홍콩 시에서 만든 도시 디자인 가 이드라인 덕분이다.

홍콩 시 스카이라인의 균형 발전을 유지해주는 도시 디자인 가이 드라인은 빅토리아 피크의 능선을 원형대로 보존하기 위한 '융기선 ridgelines 계획'과 바다를 무분별하게 매립하여 해안선을 잠식하지 못 하도록 하는 '해변 waterfront 계획'으로 이루어져 있다.

2002년 4월부터 발효된 스카이라인 규제 정책은 도시가 전체적으

홍콩의 스카이라인. 홍콩만과 빅토리아 피크 사이의 협소한 부지 문제를 고층 빌딩 건립으로 해결한 홍콩은, 도시 디자인 가이드라인에 의해 스카이라인이 균형을 이루며 발전했다.

로 균형을 이루는 데 중점을 두고 있다. 아파트 등 고층 건물의 신축을 허가할 때 일률적으로 층수와 높이를 규제하는 경직된 건축법은 적용하지 않는다. 블록 단위로 균형 있는 모양을 갖추어 전체적으로 조화를 이루기만 하면 설사 아주 높게 짓더라도 허가를 내준다. 이처럼 유연한 도시 디자인 정책 덕분에 홍콩은 서울의 강남이나 반포처럼 성냥갑같이 생긴 아파트들이 한 방향으로 줄지어 서는 것을 방지할 수 있었다.

디자인으로 명운을 바꾼 빌바오 시

스페인 북부의 대서양에 인접한 바스크 지역의 중심 도시 빌바오
는 산업혁명을 계기로 제철 산업을 일으켜 큰 부를 축적한 유럽의 대
표적인 철강 도시다. 1898년에 이미 아틀레틱 빌바오 축구단을 창립
했으며, 1980년대 초에는 인구가 43만 명이 넘을 만큼 번창했다.

그러나 그 무렵부터 신일본제철과 포항제철 등 극동 지역에서 양
질의 강철 제품들이 수입되면서 제철 산업의 경쟁력이 떨어지기 시
작했다. 더욱이 바스크 분리주의자들의 잇따른 테러로 도시의 기능
이 침체되었다. 설상가상으로 1983년 대홍수 때 네르비온 강이 범
람하여 산업 활동이 크게 위축되고 8만여 명이 일자리를 잃게 됨에
따라 실업률이 전체 인구의 25퍼센트에 달했다.

1985년 빌바오 시는 법률가, 건축가 등 15명의 민간 전문가들로
구성된 '빌바오 도시재생협회SURBISA'를 설립했다. 이 협회는 도심
재생을 위해 역사 보존 구역을 설정하고, 구역 내 건물의 개축에 필
요한 비용의 20~60퍼센트를 지원하는 등 비상대책기구 역할을 했
다. 빌바오 시는 1987년 도시 재생 기본 계획을 수립한 데 이어 새
로운 주력 산업 육성 전략을 모색했다. 철강과 조선 등 기존 주력 산
업에 연연하지 않고 금융, 하이테크, 문화 등 다양한 가능성을 열어
두었다.

1989년 은행, 행정, 기업 등 각계 대표 120여 명이 참여하는 민간
전문가 협의체인 '빌바오 메트로폴리 30'이 구성되었고, 1992년 중
앙 정부와 바스크 주 정부가 50퍼센트씩 출자하여 빌바오리아 2000

빌바오 구겐하임미술관. 건축가 프랭크 게리가 디자인하여 1997년에 개관. 독특한 외관이 세계적인 이슈가 되어 관광객이 쇄도하면서 도시 경제 재건에 크게 기여했다.

개발공사를 설립하여 도심 재생 사업이 탄력을 받게 되었다.

바스크 주 정부는 뉴욕 구겐하임미술관의 유럽 분관 유치에 나서기도 했다. 유명한 미술관을 앞세워 관광객을 끌어들임으로써 문화 산업을 새로운 성장 동력으로 육성하려는 전략에 따른 것이었다. 그러나 언론과 95퍼센트가 넘는 시민들의 거센 반대에 직면했다. 가뜩이나 도시의 재정이 어려운데 1억 달러나 들여 투자 대비 회수가 불투명한 미술관을 짓는 것은 위험하다는 게 반대 논리였다. 비엔나, 잘츠부르크 등 유럽의 쟁쟁한 도시들과 유치 경쟁을 한다는 것노 큰 부담이었다.

그러나 1991년 빌비오 시는 온갖 난관을 극복하고 구겐하임미술관 유치에 성공했으며, 솔로몬구겐하임재단은 국제 공모를 통해 선정된 건축가 프랭크 게리Frank Gehry에게 건물 디자인을 맡겼다. 게리는 바라보는 방향에 따라 전혀 다르게 보이는 이른바 '해체주의적 건물'을 디자인했다.

비정형적인 형태들이 어우러진 빌바오 구겐하임미술관은 0.5밀리미터 두께의 티타늄 판 3만3,000여 장으로 마감되어 햇빛의 방향에 따라 표면의 색채가 달라진다. 3개 층에 연면적 1만1,000제곱미터의 이 미술관은 아트리움을 중심으로 크고 작은 19개의 전시 공간으로 구성되었다. 모든 전시실은 자연 채광되어 편안하고 자연스런 분위기를 조성하며 전시품을 감상하기 편하도록 설계되었다.

1997년 10월 마침내 개관되자 이 독특하게 디자인된 미술관은 전 세계 언론으로부터 '20세기 최고의 건축물'이라는 찬사를 받았다. 카를로스 스페인 국왕은 '금속으로 만든 꽃'이라고 극찬하며 사람들의 호기심을 자극하여 전 세계에서 관람객이 몰려들기 시작했다. 개관 첫해에만 130만 명이 쇄도하여 관광 수입이 1억4,000만 달러에 달해 미술관 건립에 투자한 비용을 모두 회수했다.

특히 초호화 유람선인 크루즈가 입항하여 관광 수입이 크게 늘어났다. 2006년까지 9년 동안 986만 명의 관광객이 방문, 19억 달러(2조1,000억 원)에 달하는 경제적 효과를 유발했다. 이로 인해 '빌바오 효과Bilbao Effects'라는 신조어까지 생겨났다.

이처럼 빌바오 시가 기적에 가까운 성과를 올리게 된 이면에는 치밀한 도시 디자인 전략이 깔려 있다. 단지 저명한 건축가가 디자인한 독특한 건물의 후광에만 기대지 않고 지하철, 공항, 기차역 등을

　　　　　　　　　　　　　　　욕망을 디자인하라

포함하여 도시 전체의 인프라와 시스템을 조성하는 데 중점을 두었다. 특히 새로운 시설을 건립할 때, 가장 훌륭한 디자인을 할 수 있는 건축가를 선정하기 위해 국적이나 인종을 따지지 않는 열린 자세로 임했다.

하늘로 날아오르는 비둘기 빌바오 공항

2000년 11월에 개관했으며 스페인의 저명한 건축가 산티아고 칼라트라바Santiago Calatrava가 디자인한 빌바오 공항은, 비둘기라는 뜻의 '라파로마La Paloma'라는 별명을 갖고 있다. 흰색 콘크리트와 유

하늘을 향해 날아오를 것처럼 날렵한 형태로 '비둘기'라는 별명이 붙은 빌바오 공항. 스페인의 저명한 건축가 산티아고 칼라트라바가 디자인하여 2000년에 완공됐다.

리로 지어져 하얀 비둘기가 날개를 펴고 날아가는 것처럼 보이기 때문이다. 건물 중앙에 있는 세모꼴 돌출부의 양쪽에 대칭으로 펼쳐진 날개 형상은 터미널 측면에서 접근할 때 특히 두드러져 보인다.

세련된 외관 못지않게 빌바오 공항은 내부 공간 디자인도 독특하다. 한쪽 끝은 고정되고 다른 쪽 끝은 받쳐지지 않은 상태로 있는 외팔보cantilever 공법을 활용하여 실내에는 건물 둘레의 벽면에서 뻗어 나온 보들이 있을 뿐 기둥이 없어 시원한 느낌이 들고 구석구석까지 공간을 요긴하게 쓸 수 있다. 널찍한 유리창으로 인해 개방적이며 밝은 실내 공간은 2개 층으로 위층은 출발, 아래층은 도착 시설이다. 도착 공간의 윗부분에는 마중 나온 사람들을 위한 전망대를 만들어 승객들이 수화물을 찾아 나오는 장면을 내려다볼 수 있도록 배려했고, 주차장도 널찍해 3,000대를 세울 수 있다.

당초 이 공항은 연간 400만 명을 수용하도록 디자인되었지만 빌바오 시가 유명세를 타면서 예상보다 많은 관광객이 몰려옴에 따라 2014년까지 두 배로 확장하는 계획이 마련되었다.

세상에서 가장 아름다운 지하철 캐노피

대도시의 주요한 교통수단인 지하철의 출입구를 '캐노피canopy'라고 하는데 역 내부가 비바람 등에 노출되지 않게 해줄 뿐만 아니라 도시 경관에도 큰 영향을 준다. 번잡한 도심에 둔중한 캐노피가 설치되면 시야가 막히고, 지역의 유래나 특성 등을 반영하여 디자인된

욕망을 디자인하라

캐노피는 의도와 달리 조잡하게 보이기 쉽다. 이런 이유로 아예 캐노피를 없애는 도시도 많다.

그런데 빌바오에는 시민의 사랑을 받는 세계에서 가장 아름다운 캐노피가 있다. 1988년 국제 공모에서 당선된 영국의 건축설계 회사 '포스터+파트너스Foster+Partners'가 디자인해 1995년 1차 개통된 빌바오 지하철의 캐노피는 유기적인 곡선으로 유명하다. 컴퍼스로 그린 기하학적인 선이 아니라 굼벵이나 조개 등 자연물의 선을 연상하게 하기 때문이다.

철강 산업이 발달된 도시답게 잘 다듬어진 강철 구조 위에 커다란 곡면 유리를 덮어 유기적인 곡선의 아름다움을 살렸다. 채광이 잘 되어 낮에는 조명 없이도 성당 내부처럼 온화한 분위기가 유지된다. 밤에는 캐노피 전체가 하나의 거대한 조명기구가 되어 주변을 밝혀

빌바오 지하철 캐노피. '포스터+파트너스'가 1988년 디자인

줄 뿐만 아니라 멀리서도 잘 보이게 해준다.

빌바오 지하철은 내부도 승객의 편의와 안전을 배려하여 디자인되었다. 지하철역 내부에는 에스컬레이터가 설치되어 무인 개찰구로 이어진다. 너비 16미터에 달하는 터널 내부는 복층 구조인데, 개찰구 등 주요 시설은 철로 위의 가운데 층에 설치되어 있으며 계단으로 승강장과 연결된다. 승객들의 이동 거리를 줄이고 승강장 내부가 구석구석 잘 보이게 해서 범죄를 방지하려는 배려다. 내부 벽면과 조명도 무광택 금속으로 마감하여 빛이 난반사되지 않게 했다.

빌바오 지하철은 디자인 책임자인 건축가 노먼 포스터의 이름을 딴, 작은 포스터라는 뜻의 애칭 '포스터리토스Fosteritos'로 불릴 만큼 빌바오 시민들의 사랑을 받고 있다.

사회간접자본의 구축은 오랜 기간이 소요되기 마련이다. 계획의 수립에서부터 부지의 확보, 디자인, 건설, 시공, 감리 등의 절차를 모두 잘 마무리하여 명품 시설을 만들려면 절대적인 시간이 필요하기 때문이다.

빌바오 시의 성공 요인은 장기간에 걸쳐 모든 계획을 일관되게 추진했다는 점이다. 그리고 그 중심에 이본 아레소Ibon Areso 부시장이 있었다. 건축가 출신인 아레소 부시장은 통합적 도시 혁신 전략과 친환경 디자인의 융합이 가져다주는 시너지 효과에 주목했다. 그는 1990년대 초반부터 '빌바오리아 2000'의 설립은 물론 구겐하임미술관 등 중요한 프로젝트를 진두지휘했다. 시장이 교체되어도 그는 계속 자리에 남아 모든 프로젝트들을 조화롭게 추진했기에 빌바오다운 정체성이 형성될 수 있었다.

　　　　　　　　　　　욕망을 디자인하라

프랭크 게리가 2008년 7월 〈타임〉과의 인터뷰에서, 자신이 디자인한 미술관은 물론 포스터의 지하철, 스털링의 기차역, 칼라트라바의 공항 등의 시너지가 없었다면 "빌바오 효과는 허튼소리The Bilbao Effect is Bullshit"라고 주장한 것을 우리는 직시해야 한다.

3부

"굿 디자인은 굿 비즈니스다."

Good design is good business.

– 토머스 왓슨 주니어Thomas Watson Jr., 전 IBM 회장, 1973년

굿 디자인은 굿 비즈니스다

강한 기업을 위한 디자인

10장

창조성을 빛낸 기업들의 혁신 전략

바야흐로 '디자인 경영 시대'라는 말이 실감날 만큼 전 세계에서 디자인 경영이 확산되고 있다. 최근 개최되는 디자인 경영 세미나의 핵심 주제들을 보면 '다음 경제를 디자인하기designing next economy', '디자인 가치의 새로운 발견', '비즈니스에 미치는 디자인의 영향 측정하기' 등 디자인을 통해 경제를 살리는 데 초점을 맞추고 있다. 창조경제를 성공적으로 구현하려면 창조 산업의 여러 분야에서 디자인을 전략적으로 활용하여 새롭고 유용한 가치를 만들어내는 데 필요한 지식과 노하우들을 배워야 한다는 인식이 확산되고 있기 때문이다.

특히 창조적인 지식재산의 경제적 가치를 높이려면 고객의 마음을 사로잡을 수 있는 제품과 서비스로 발전시켜야 하는데, 그 과정에서 브랜딩과 디자인의 공생적인 협동이 무엇보다 중요하다. 정체성, 제품, 환경 등을 훌륭하게 디자인하여 브랜드 파워를 높이려는 전통적인 접근, 그리고 서비스 디자인과 UI/UX 디자인처럼 디자인적 사고를 활용하여 사회와 비즈니스의 혁신을 도모하는 새로운 디자인 경영 방식들이 시너지를 내도록 해야 한다.

그렇다면 브랜드란 과연 무엇이며, 디자인과는 어떤 관련이 있을까? 아울러 디자인 경영은 어떤 역할을 하는가?

디자인과 브랜드가 손잡다

'브랜드brand'라는 용어가 자주 사용되고 있지만, 막상 무엇을 의미하는지를 확실하게 이해하는 사람은 드물다. 그러나 용어의 어원이 무엇인지 알아보면 그 뜻이 명확해진다. 브랜드는 고대 노르웨이어인 'brandr'에서 유래됐는데, 이는 '불로 태우다'라는 의미를 담고 있다. 이를 보면 브랜드는 고대인들이 소와 말 등 가축에 불도장을 찍어 누구의 소유인지를 확실하게 표시해주었던 데서 유래했음을 알 수 있다.

오늘날 브랜드라 하면 상업적인 영리 추구를 위해 기업 정체성, 즉 CI Corporate Identity를 적극 활용하는 기업들을 떠올리기 쉽다. 하지만 기업뿐만 아니라 국가나 도시도 하나의 브랜드로 간주할 수 있다. 국가를 상징하는 명칭, 국장, 국기 등은 물론 도시의 명칭, 로고 등도 모두 브랜드에 속한다. 서구의 국가들은 전통적인 문장을 기반으로 국장을 디자인하는 경향이 있다.

영국, 미국, 독일 등 국가 브랜드 사례

   욕망을 디자인하라

런던, 파리, 베를린 등 도시 브랜드 사례

기업 브랜드에서 핵심 요소는 로고인데 심벌symbol과 워드마크 wordmark를 기본으로 한다. 회사의 특성을 잘 나타내주는 그림을 심벌, 회사의 이름을 글자로만 표현한 것을 로고타이프logotype 혹은 워드마크라고 구분한다. 최근에는 로고라는 용어에 심벌과 워드마크를 포함시키는 경향이 점차 확산되고 있다.

요즘처럼 수많은 브랜드들이 서로 돋보이려고 치열하게 경쟁하는 세상에서 어떤 브랜드가 누구의 것인지를 쉽게 나타낸다는 건 쉽지 않은 일이다. 그래서 브랜드를 명확히 알려주기 위해 다양한 요소들이 활용되고 있다. 주요 브랜드 요소로는 다음과 같은 것들을 꼽을 수 있다.

- 이름: 회사, 제품, 서비스 혹은 콘셉트를 나타내주는 명칭
- 로고: 브랜드를 표시해주는 엠블럼, 심벌, 워드마크 등

코카콜라, 구글, 삼성 등 기업 브랜드 사례

- 태그라인 혹은 캐치프레이즈: 브랜드를 나타내는 한두 마디의 재치 있는 표현
- 그래픽스: 특징적인 표시 (예: 코카콜라 리본)
- 형태: 독특한 모양 (예: 코카콜라 병, 폴크스바겐 비틀)
- 색채: 개성 있는 색깔 (예: 코카콜라 레드, UPS 갈색)
- 소리: 독특한 소리나 멜로디 (예: NBC 차임, 인텔 징글)
- 냄새: 특별한 향기 (예: 샤넬 넘버 5의 로즈−자스민, 머스크 향)
- 맛: 미각을 사로잡는 독특한 맛 (예: 켄터키프라이드치킨, 와인의 맛)
- 무브먼트: 특징적인 움직임 (예: 속이 들여다보이는 스위스 시계)[26]

  욕망을 디자인하라

다양한 브랜드 요소들 가운데 자사 브랜드를 가장 특징적으로 나타내줄 수 있는 것을 선별해 전략적으로 활용해야 한다. 독특한 이름을 짓고 로고를 만들어 누구나 한번 보거나 들어도 호감이 가고 쉽게 기억되게 하는 것은 기본이다. 이처럼 브랜드를 대중에게 널리 알리기 위해 전개하는 여러 가지 마케팅 활동을 '브랜딩branding'이라 한다.

하나의 브랜드가 갖고 있는 가치를 높이기 위해 전개하는 활동이 브랜딩, 그런 노력의 결과로 얻어지는 가치가 곧 브랜드 자산이다. 브랜드 자산은 브랜드가 갖고 있는 값어치를 회계학의 자산 개념을 도입해 화폐가치로 산출한 것이다. 흔히 '브랜드 에셋brand asset'과 '브랜드 에쿼티brand equity'의 두 가지로 구분되는데, 전자는 단일 브랜드의 자산, 후자는 모든 브랜드 자산을 합친 총합으로 본다. 브랜드 자산에서는 그 브랜드에 대한 소비자의 인식, 친근성, 이미지와 개성, 연상성, 충성도, 선호도, 유용성 등이 중요한 요소다.

세계적인 브랜드 컨설팅 회사 인터브랜드Interbrand는 해마다 세계적인 브랜드들을 선정해 순위를 발표한다. 2012년의 경우, 코카콜라가 778억 달러 가치로 부동의 1위 자리를 지켰으며, 애플(765억 달러), IBM(753억 달러), 구글(697억 달러), 마이크로소프트(568억 달러) 순으로 이어졌다. 삼성전자는 328억 달러로 9위에 올랐으며, 현대자동차는 53위, 기아자동차는 87위에 올랐다. 한때 휴대전화로 세계적 위세를 떨친 노키아는 210억 달러로 19위, 일본의 대표 기업이던 소니는 91억 달러로 40위에 머물러 글로벌 기업들 간의 생존 경쟁이 얼마나 치열한지 실감할 수 있었다.[27]

브랜드 정체성과 브랜드 이미지의 상관관계

　브랜딩의 핵심은 독창적인 '브랜드 정체성', 즉 BI Brand Identity를 만들어 바람직한 방향으로 유지해가는 것이다. 브랜드 정체성에 대해 인터브랜드는 "브랜드의 이름과 시각적인 외관 등 밖으로 드러나는 특성이다. 브랜드 정체성은 소비자가 브랜드를 인지하는 기본적인 수단으로, 경쟁자들과 차별화하기 위해 상징화한 것이다"라고 정의한다. 상징화란 기호나 부호 등으로 나타내주는 것을 의미한다.

　브랜드 정체성은 '원초적 특성'과 '확장된 특성'의 결합으로 이루어진다. 원초적 특성은 원래 제품이나 서비스가 만들어질 때부터 갖고 있는 특성으로 브랜드 정체성의 기본 요소다. 그 특성에 브랜딩

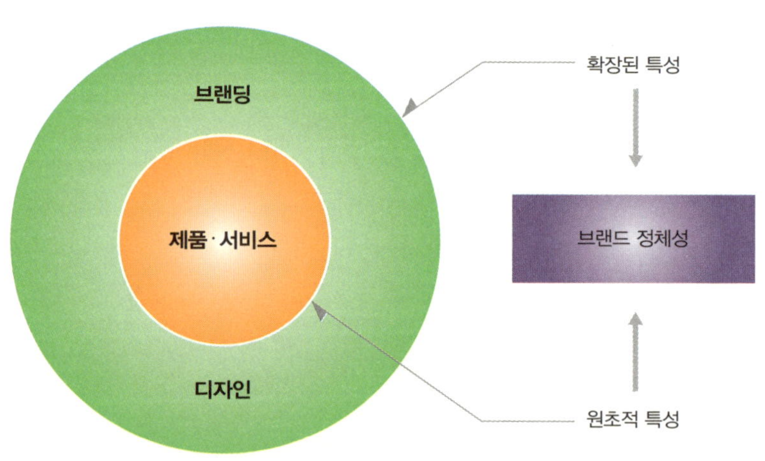

브랜드 정체성의 형성 과정

과 디자인이 더해지면 확장된 특성이 만들어지게 된다. 여기서 디자인은 눈에 보이고 손으로 만져지는 특성을 만들어주고, 브랜딩은 그 특성을 광고, 홍보, 판촉 활동 등을 통해 널리 알리는 역할을 한다. 그러므로 브랜딩과 디자인은 동전의 앞뒷면처럼 떼려야 뗄 수 없는 관계다.

브랜드 정체성의 중요성이 크게 대두되는 이유는 그것이 브랜드 이미지를 형성하는 지름길이기 때문이다. 브랜드 이미지는 한마디로 고객이 브랜드에 대해 갖고 있는 인상이라 할 수 있다. 즉 어떤 브랜드 하면 고객의 머릿속에 떠오르는 생각이나 연상 작용이 바로 브랜드 이미지다. 브랜드 이미지는 고객이 브랜드 정체성과 접촉하면서 생겨나며 좋다, 나쁘다, 신선하다. 깨끗하다, 조잡하다 등과 같은 형용사로 기억된다. 따라서 브랜드 이미지는 기업 스스로가 만들

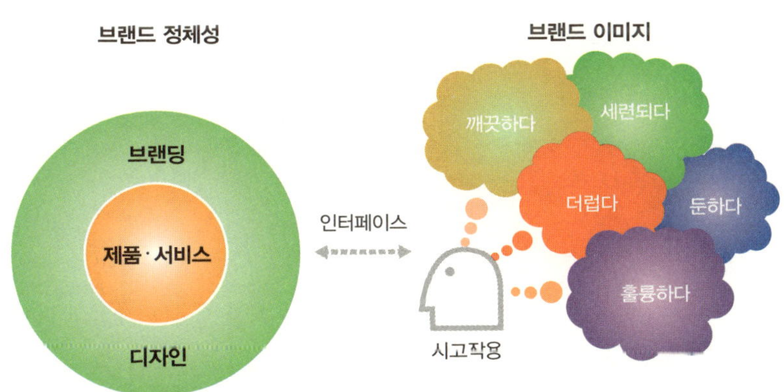

브랜드 정체성과 브랜드 이미지의 관계

어내는 것은 아니다. 기업은 브랜드 정체성을 잘 구축해 고객이 자사에 대해 좋은 이미지를 가질 수 있도록 노력해야 한다.

브랜드 이미지는 브랜드 정체성은 물론이고 기업 활동이나 행태 등과 같은 요인에 의해서도 크게 영향받는다. 기업의 임직원들이 윤리적으로 잘못된 행동을 하게 되면 아무리 브랜드 정체성이 잘 정립되어 있다 해도 브랜드 이미지가 즉각 나빠지게 된다.

디자인이 기업의 미래를 결정한다

스티브 잡스가 없는 애플이 계속 추락하는 모습을 보면서 디자인 경영의 힘을 다시금 되새기게 된다. 단순한 모던 디자인에 심취되어 있던 잡스가 잇달아 내놓았던 아이맥, 아이팟, 아이폰 등의 신화가 멈추면서 애플은 혁신 기업 1위에서 13위로 내려앉았다. 한때 700 달러 선이던 애플의 주가 또한 500달러대로 크게 하락했다는 보도가 잇따르기도 했다.

이 같은 현상은 오랫동안 기다렸던 '아이폰 5'가 출시되었을 때부터 예견된 일이다. 잡스의 애플 BI가 갖고 있던 '와우요소wow factor'가 빠진 디자인은 애플 마니아들을 크게 실망시켰기 때문이다. 아무리 최고디자인책임자인 조너선 아이브와 창의성 넘치는 디자이너들이 남아 있다 해도, '디자인 CEO'였던 잡스가 없는 애플의 디자인 경영은 이제 서서히 퇴조하는 중임을 실감할 수 있다.

반면 KT의 디자인 경영은 최근 크게 호조를 보이고 있다. KT는

욕망을 디자인하라

유무선통신 전문 업체로 서비스업에 종사함에도 불구하고 제조업체 못지않게 디자인 경영에 투자해 큰 성과를 보고 있다. KT의 이석채 회장이 직접 나서서 디자인 경영을 진두지휘한 결과, 수년째 세계 3대 디자인 공모전 중 하나인 레드닷 디자인 어워드Reddot Design Awards를 수상하는 등 괄목할 만한 성과를 거두고 있다.

이처럼 디자인 경영은 이제 제조업이든 서비스업이든 업종을 망라하여 기업의 운명을 좌우하는 핵심 수단으로 활용되고 있다. 디자인 경영은 기업과 고객을 이어주는 창窓의 역할을 한다. 기업 정체성은 물론 브랜드 정체성을 형성하는 것은 디자인 경영의 주된 목적 가운데 하나다.

좀 더 구체적으로 살펴보면 디자인 경영은 브랜딩과 디자인의 시너지를 통해 '전략적 차별화'와 '경쟁적 우월성'의 창출을 주도한다. 여기서 전략적 차별화는 단지 '다르기만 한 것'이 아니라 고객에게 호감을 주고 오래 기억될 수 있는 '~다움'을 만들어내는 것이다. 경

기업 정체성과 고객을 이어주는 '창' 역할을 하는 디자인 경영

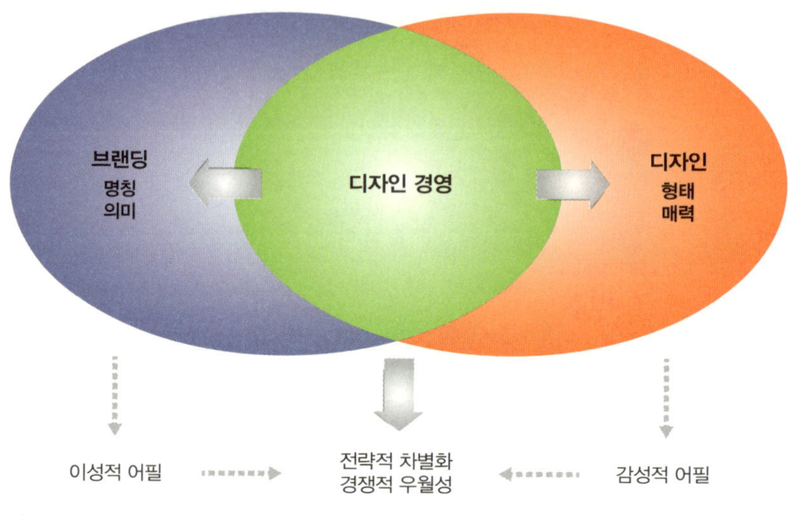

디자인 경영의 역할

쟁적 우월성은 같은 시장에서 겨루고 있는 경쟁 상대들을 압도할 수 있는 특성을 말한다. 즉 앞서 언급한 와우요소를 만들어내는 것이다. 예컨대 전 세계의 애플 마니아들이 가격이 비싸고 성능이 다소 떨어지더라도 누구보다 앞서 애플 제품을 구매하기 위해 줄 서던 것이야말로 진정한 의미의 경쟁적 우월성이다.

우리 기업이 디자인 경영을 시급히 도입해야 하는 이유는 경쟁 패러다임의 변화와 관련 있다. 사람들이 물건을 선택할 때 가장 먼저 고려하는 요소가 가격에서 품질을 거쳐 디자인으로 빠르게 바뀌고 있기 때문이다. 국민소득 2만 달러 시대가 열리면서 자신의 마음에 드는 것을 고를 수 있는 경제적인 여유가 생긴 덕분이다.

이제는 더 이상 단지 값이 싸다는 이유만으로 평범한 것을 선택하

욕망을 디자인하라

지 않는다. 집은 물론 자동차와 가전제품 등을 고를 때 평범한 것보다는 다소 비싸더라도 개성이 뚜렷하고 아름다운 것을 고른다. 그러므로 평범한 것을 비범하게 만들어주는 디자인을 잘 활용하기 위해 디자인 경영의 중요성도 커지는 것이다.

디자인 경영은 특히 이성적이며 계량적인 의사결정을 위주로 하는 일반적인 경영에 창조성을 불어넣는 역할을 한다. 디자인 경영자는 디자인적 사고는 물론 손으로 생각하기 등과 같은 창조적이며 직관적인 방법에 익숙하므로 고정관념을 벗어나 혁신적인 대안을 제시할 수 있다. 이처럼 디자인 경영은 글로벌 차원의 무한경쟁에서 이겨나가는 데 꼭 필요한 생존 전략으로 자리 잡아가고 있다.

다음에 이어질 11장과 12장, 13장에서는 브랜드 파워와 디자인 경영에 대한 이 같은 이해를 바탕으로 가전, 가구, 항공, 음료, 외식 등 다양한 산업에서 디자인 경영이 어떻게 기업의 경쟁력 향상에 기여하는지 심층적인 사례 연구를 통해 살펴볼 것이다.

11장
비즈니스를 원점에서 바라보라

허먼밀러: 인체공학적 의자의 혁신

현대인의 삶에 가장 큰 영향을 미치는 가구를 꼽아보라면 단연 의자가 일순위로 꼽힐 것이다. 책장이나 책상 등 눈으로만 보는 가구와 달리 의자에는 우리 몸의 대부분을 올려놓고 짧게는 몇 시간, 길게는 하루 종일 다양한 작업을 수행하기 때문이다. 잘못 디자인된 의자에 앉으면 몸과 마음이 쉽게 지칠 뿐만 아니라 허리와 등뼈의 질병인 추간판탈출증이나 척추만곡증 등 흔히 '척추 디스크'라 불리는 질환에 걸리기 쉽다.

따라서 가구 회사들은 저마다 더 편하고 저렴한 의자를 개발하기 위해 치열한 경쟁을 벌이고 있다. 미국의 가구업체인 허먼밀러Herman Miller는 인체에 미치는 부정적인 영향을 최소화하기 위해 과학적으로 디자인된 의자들을 계속해서 선보이는 모범 기업이다. 이 회사는 5,800여 명의 종업원이 동참하는 종업원지주제 덕분에 지속 성장했으며, 2011년 총매출이 16억 달러(1조,600억 원)에 달하는 세계에서 두 번째로 큰 사무용 가구 회사다.

편안한 디자인 가구로 정평

1923년 미국 미시간 주 질랜드에서 설립된 허먼밀러는 초창기에는 주거용 전통 가구 제작에 주력했으나, 점차 사무용 혁신 가구 전문업체로 변신하여 의자, 책상, 테이블, 파일과 보관장, 조명 등 오피스 가구 시스템을 생산하고 있다.

허먼밀러는 1940년경부터 저명한 산업 디자이너들을 영입하거나 공동 프로젝트를 추진하여 '보통 가구 회사'에서 '디자인 가구 회사'로 탈바꿈했다. 1945년에는 예일대학 건축학과를 졸업하고 뉴욕에서 건축사무소를 운영하던 조지 넬슨George Nelson을 디자인 부문 책임자로 임명했다. 시스템 가구 디자인에 관심이 많았던 넬슨은 20년 동안 찰스 임즈Charles Eames와 이사무 노구치Isamu Noguchi 등 당대의 저명한 디자이너들과 협력하여 최고 수준의 디자인 가구를 만들어냈다. 특히 임즈는 우리나라에서도 지난 대선 때 화제가 되었던 '라운지 의자' 등을 디자인했다.

허먼밀러는 1950년대부터 플라스틱, 합판, 알루미늄 등 신소재를 적극 활용하여 실험적인 가구들을 개발했다. 여러 개의 의자들을 쌓아 올릴 수 있게 디자인한 스태킹 의자stacking chair도 그 과정에서 개발되었다.

인체공학적 디자인의 성과

1994년 허먼밀러는 과학적인 조사를 통해 사람의 몸에 꼭 맞는 인체공학적 디자인을 개발하기 위해 의자 디자이너 도널드 채드윅Donald Chadwick과 윌리엄 스텀프William Stumf에게 디자인을 의뢰했다. 그들은 정형외과 의사와 혈관학 전문가들을 참여시켜 몸의 구조는 물론 앉는 습관, 생활 문화까지 면밀히 연구하여 모든 구조가 하나의 시스템으로 작동되는 에어론 의자Aeron chair를 디자인했다.

이 의자는 정교한 서스펜션 장치에 의해 척추와 근육에 가해지는 힘을 최소화하고, 몸무게가 좌판과 등받이로 골고루 퍼지게 디자인되었다. 등받이에는 '메시mesh'라는 신소재를 사용하여 체중이 등받

1994년 도널드 채드윅과 윌리엄 스텀프가 디자인한 에어론 의자

이에 골고루 분산되고, 그물 같은 구멍으로 공기가 순환되므로 오래 앉아 있어도 쾌적하다.

에어론 의자는 출시되자 수십만 개가 팔렸다. 특히 사무용 가구의 최고라는 명성을 얻게 되자, '계급 없는 사무환경'을 추구한 미국의 수많은 닷컴 기업들이 이 의자를 대량으로 구입하여 모든 사원들에게 평등하게 나눠주었다. 우리나라에서도 NHN이 전 직원에게 에어론 의자를 제공해 화제가 되기도 했다.

이어 허먼밀러는 독일의 스튜디어 7.5에 의뢰하여 좀 더 대중적인 의자인 '미라 의자Mirra chair'를 개발했다. 이 의자 역시 사용자의

2003년 독일의 스튜디오 7.5가 디자인한 미라 의자

신체 조건, 자세, 동작에 따라 움직이고 높낮이, 각도 조절, 강도 조절 등 미세한 조율이 가능하게 디자인되었다. 이 의자는 메시 소재를 쓰지 않았지만 대신 커다란 구멍이 뚫려 있으며 탄력적이고 유연한 등받이는 허리를 받쳐주고 공기를 통하게 하여 쾌적함을 제공한다.

2003년 12월 〈포춘 *Fortune*〉이 선정한 올해의 상품 25선에 뽑힌 미라 의자는 사용자의 행동을 거울에 비춘 것처럼 의자의 표면이 몸에 딱 맞게 반응한다 해서 '미라'라는 이름이 붙여졌다. 15분이면 조립 가능한 미라의자에 사용된 모든 소재와 고무 중 96퍼센트가 재활용될 수 있다.

욕망을 디자인하라

더 저렴하고 편한 의자

에어론 의자와 미라 의자의 뒤를 이을 새로운 제품을 개발하기 위해 허먼밀러는 미국의 아트센터디자인대학 출신인 이브 베하Yves Behar와 함께 2007년부터 퓨즈 프로젝트fuse project를 추진했다. 디자인팀은 앞서 출시된 의자들보다 기능이 월등하면서도 가격은 저렴한 의자를 만든다는 목표를 세웠다.

3년간의 개발 기간 동안 70여 개의 프로토타입을 제작할 만큼 정성을 들여 디자인된 '세일 의자Sayl chair'는 등받이의 프레임을 없앤 것이 가장 큰 특징이다. 베하는 샌프란시스코 태생답게 세계 최초의 현수교이자 빨간색으로 유명한 '금문교'로부터 그 디자인 아이디어

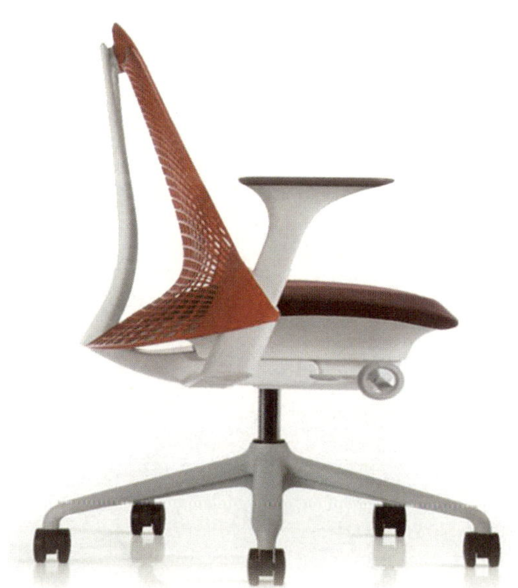

세일 의자. 이브 베하가 2010년 디자인. 인체공학적, 친환경적으로 디자인되었으며 가격도 저렴하다.

를 얻었다고 한다. 현수교의 원리를 본받은 그물 모양의 구조를 우레탄으로 제작하여 부품, 재료, 무게, 공정, 가격 등을 크게 낮췄다.

또한 생산 원가를 낮추기 위한 방법들이 총동원되었는데, 저렴한 재료의 사용, 생산비가 저렴한 지역에서의 역외 생산, 무엇이든 절약하기 등을 꼽을 수 있다. 역외 생산의 경우, 단지 비용을 줄이려고 중국에 보내는 대신 미시간 공장에서 주로 제작하되 특수한 부위만 외부에서 조달했다.

일찍이 임즈가 가르쳤던 대로 소재를 잘 선택하고 조립 방법을 단순하게 하는 등 디자인을 잘해 탄소 이력을 30퍼센트가량 줄이고 제작 비용도 현저히 낮추었다. 그 결과 가격이 399달러로 다른 인체공학적 의자들보다 훨씬 저렴하게 생산되었으며, 2011년 국제우수디자인상의 은상 등 많은 상을 수상했다.

'디자인 마당'의 성과

이상 세 가지 베스트셀러 의자들은 하나같이 외부 전문가들에 의해 디자인되었다. 그렇다면 '회사 내에는 디자인 전담 부서가 없나?' 하는 의문이 들 수도 있다. 하지만 허먼밀러의 디자인 활성화는 게리 스미스Gary Smith 이사가 책임지고 있다. 미시간주립대학에서 산업 디자인을 전공한 스미스는 20여 년 동안 이 회사에서 일하면서 전 세계적으로 디자인 재능이 뛰어난 인재들과 함께 혁신적인 제품 디자인 개발을 도모하고 있다.

사내외를 가리지 않고 세계에서 가장 훌륭한 디자이너들과 일하기 위해 총력전을 펼치는 허먼밀러의 본사에는 '디자인 마당Design

　　　　　　　　　　　　　욕망을 디자인하라

Yard'이라는 특별한 공간이 있다. 이 마당은 사람들이 만나서 아이디어를 나누고 배우는 곳이다. 디자이너, 엔지니어, 작가, 연구자, 기획자, 마케터 등 만나는 사람들이 다양한 만큼 다채로운 아이디어들이 나온다. 허먼밀러는 이 시설을 오랫동안 운영해온 경험이 축척되어 참여의 문화가 조성되고 끈끈한 관계와 소통이 촉진된다. 새로운 사무실 환경이나 작업장은 물론 신제품을 개발할 때 브레인스토밍과 '타운홀 미팅'부터 갖가지 실험과 모형 제작 등 많은 작업들이 여기서 이루어진다.

2004년부터 CEO로 일하고 있는 브라이언 워커Brian Walker는 "위대한 디자인이란 시대, 세대, 지역 등을 초월하여 선호된다"는 신념을 갖고 있으며, 디자인 마당에도 자주 들러 개발 업무에 동참한다. 오래 사용해도 물리지 않고 대를 이어 물려받아 자랑스럽게 쓸 수 있는 허먼밀러의 가구들은 바로 그런 환경에서 디자인되고 있다.

무인양품: '노브랜드'의 변신은 무죄

"디자인이 잘된 생활용품들을 저렴한 가격에 파는 곳은 없나?" 그런 궁금증을 가진 현대인이라면 누구나 관심을 가질 만한 곳이 바로 무인양품의 매장이다. 영어로는 'MUJI', 한자로는 '無印良品'이라 표기하는 이 일본의 유통업체는 의식주 전반에서 쓰임새가 좋은 노브랜드no brand 제품들을 합리적인 가격으로 제공하고 있다. '적절하고 합리적인 가격affordable and reasonable price'이라는 철학을 추구하는 무인양품은 개성과 주장을 강하게 표현하기보다는, 단조롭게 보일 만큼 간결하게 디자인된 제품들을 직영 및 제휴 매장을 통해 공급한다.

다양한 브랜드의 공존

제품이라면 으레 브랜드가 있어야만 하는 것으로 생각하기 쉽지만 실제로는 그렇지도 않으며, 여러 종류의 브랜드들이 공존하고 있다. 먼저 제조업체가 고유의 상표를 붙여서 널리 판매하는 것을 '내셔널 브랜드national brand'라고 한다. 내셔널 브랜드는 전국적으로 이름과 특성을 알려야만 판매가 되므로 광고비 등 부대비용이 많이 발생하게 된다. 그런 문제를 해소하기 위해 유통업체가 직접 만들어 판매하는 제품을 '자체 브랜드private brand'라 한다. 자가 브랜드는 생산원가를 절감하고 광고비를 없애 판매가격을 크게 낮춤으로써 실용성을 강조하는 소비자층을 파고들겠다는 판촉 전략의 일환으로 개발된다.

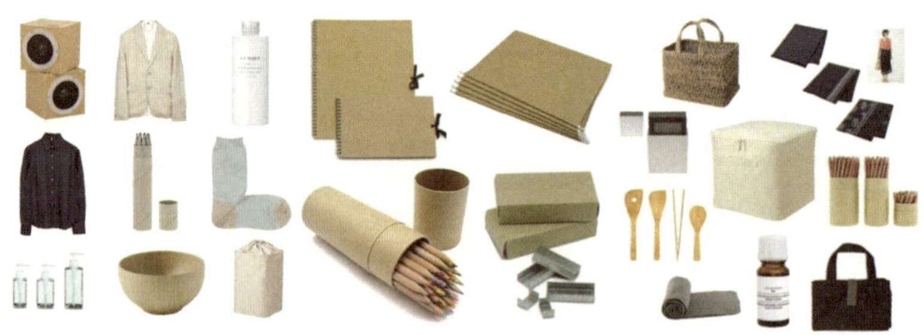

무인양품의 갖가지 생활용품들

   욕망을 디자인하라

한편 제품에 아예 독자적인 브랜드를 붙이지 않음으로써 제품의 가격을 낮추려는 것이 바로 '노브랜드 운동'이다. 1976년 프랑스의 하이퍼마켓에서 시작된 이 운동은 브랜딩 비용을 절약함으로써 저렴한 가격으로 물건을 제공하려는 것인데, 만일 제품의 품질에 문제가 있거나 사고가 일어났을 때에는 판매점이 책임지게 되어 있다. 미국에서는 '제네릭 브랜드generic brand'라고 하는데, 제품에 브랜드 이름, 로고, 마크 등을 일체 표시하지 않고 아주 단순한 보통명사(간장, 비누, 수건 등)로만 표기하여 판매한다. 그러므로 단순히 마진을 줄여 판매량을 늘리려는 '가격 파괴'와는 구분된다.

노브랜드 전문 업체의 등장

무인양품은 1970년대 초반 일본의 슈퍼마켓 체인점인 '세이유Seiyu'가 처음 자체 브랜드를 만든 데서 유래되었다. 1973년 세계경제를 강타한 제2차 오일 쇼크로 일본의 소비자들이 물건을 구매할 때 싼 것을 찾는 경향이 높아짐에 따라 세이유는 자체 브랜드 개발에 착수했다. 물건의 가격을 낮추느라 품질까지 저하된 내셔널 브랜드를 납품받아 판매하던 방식에서 벗어나 제품의 핵심 가치에 중점을 두고 품질 관리와 가격 인하를 도모한 것이다. 자체 브랜드를 잘 개발하여 거품을 걷어내면 30퍼센트 정도 가격을 내릴 수 있었기 때문이다.

세이유는 1980년 '무인양품'이라는 자체 브랜드 제품 라인을 특성화했는데, 그 사업이 날로 번창하게 됨에 따라 1983년 노브랜드 전문업체인 무인양품을 설립했다. 무인양품의 창업을 주도한 기우치

마사오 대표는 유통 전문가답게 고객을 만족시키는 디자인의 본질을 잘 이해하고 비즈니스에 활용했다. 그는 자극적인 디자인으로 과도한 소비를 조장하는 것은 바람직하지 않다며, 무인양품은 일상용품의 본질을 드러냄으로써 고객들이 그것을 아무런 가식 없이 사용하고 즐길 수 있도록 해야 한다고 주장했다. 그런 CEO의 철학은 디자인을 중시하는 기업 문화를 형성하게 했다.

'브랜드가 없지만 품질과 디자인이 좋은 제품'을 표방하는 무인양품은 제품을 생산하는 과정을 간소화하는 등 가격에 낀 거품을 걷어내어 큰 호응을 얻고 있다. 일본 내에서만 250여 개, 런던, 뉴욕 등 세계 주요 도시에 160여 개, 국내에도 11개의 매장을 운영하고 있다.

무인양품 디자인 철학의 진화

창립 당시부터 무인양품의 디자인 총괄책임을 맡은 사람은 저명한 그래픽 디자이너인 이코 다나카田中一光였다. 아트 디렉터로서 다나카는 무인양품이 추구하는 비전에 부응할 수 있게 제품, 매장, 광고 등 모든 요소들이 디자인될 수 있도록 '간결함'을 키워드로 하는 디자인 전략을 수립했다. 무엇을 디자인하든 본질에 충실하여 군더더기가 없게 하는 '단순함'의 디자인 철학을 정립했다. 표준적인 품질의 제품을 합리적인 가격으로 공급한다는 노브랜드의 정신을 디자인으로 잘 구현해낸 것이다.

한편 2001년 무인양품의 제2대 아트 디렉터로 임명된 하라 켄야原研哉는 '이것으로 충분하다'라는 철학을 바탕으로 광고부터 제품

욕망을 디자인하라

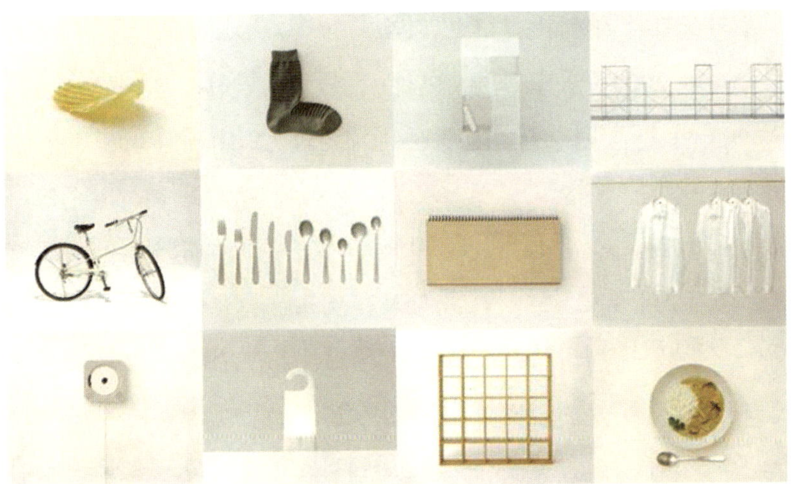

무인양품의 제품들은 '단순한 디자인'을 지향한다.

라벨까지 무인양품의 디자인 전략을 업데이트했다. 그가 부임하기 전까지 무인양품이 표방한 '이유가 있어 싸다'는 철학은 값을 싸게 한다는 데 무게가 실려 있었다.

반면에 켄야의 전략은 합리적인 가격대를 의미하는 것이므로 '싸구려'와는 근본적으로 다르다. 이성적인 디자인으로 널리 알려져 있으며 가격이 낮음에도 불구하고 고가의 제품보다 더 멋지게 만든다는 것이다. 가구든 생활용품이든 제품 하나하나를 고가품처럼 보이게 하기보다는 '이 정도면 디자인도 적절하다'는 느낌이 들도록 하는 게 그의 디자인 철학의 핵심이다.

이에 따라 '비운다'는 의미의 '공空'을 키워드로 내세우고 장식이나 군더더기가 전혀 없도록 미니멀하게 디자인하는 것이 무인양품의 정체성으로 자리 잡았다.

위기 극복에 기여하는 디자인 경영

그러나 2000년대에 들어서면서 수천 종에 달하는 거대한 제품군을 보유할 만큼 성장한 무인양품은 대내외적으로 커다란 도전에 당면했다. 성공을 경험한 직원들은 자기만족에 빠졌고, 회사의 규모가 커짐에 따라 조직 구조가 관료화되어 기업 문화가 경직되기 시작했다. 다이소나 유니클로처럼 독창적인 비즈니스 모델로 무장한 새로운 경쟁자들이 나타나면서 매출이 줄어들었고 미래 지향적인 비전을 반영하지 못하는 단기적인 의사결정이 자주 발생했다. 자체 브랜드 이미지의 관리는 물론 매장 전략에서도 실패하여 규모와 물량만 커질 뿐 본연의 제품 정체성을 잃기 시작한 것이다.

무인양품은 위기를 극복하기 위해 고객과의 소통 확대, 자사 제품에 대한 치밀한 관찰, 외부 디자이너들과의 적극 협력을 추진했다.

첫째로, 인터넷을 적극 활용하여 고객들의 시장에 대한 반응을 청취함과 동시에 고객들이 아이디어를 제안할 수 있는 채널을 열었다. 고객들이 갖고 싶은 제품의 아이디어를 인터넷에 올리면, 디자이너들이 그 아이디어를 발전시켜 제품을 잘 디자인한 다음 인터넷을 통해 고객들의 의견을 조사한다. 고객들의 반응이 좋으면 샘플을 만들어서 선호도를 세밀하게 조사하여 상품화 여부를 결정한다. 휴대용 램프와 몸에 잘 맞는 소파처럼 100억 엔 이상 팔린 제품들이 그렇게 개발되었다.

둘째로, 무인양품은 고객들의 구매 행태는 물론 매장의 관리 상태 등을 조사하기 위해 내부 관찰단을 매장에 파견하고, 그들이 만든 보고서를 기초로 고객이 진정으로 원하는 신상품을 기획했다. 일본의 대표적인 미니멀리스트 후카사와 나오토가 디자인하여 유명해진 '벽에 거는 CD 플레이어'도 그런 데이터를 기반으로 개발되었다.

셋째로, 15명의 상근 디자이너들이 세계적으로 저명한 외부 디자이너들과 공동으로 제품을 개발하는 것을 적극 장려하고 있다. 내부 상근 인력을 최소화하되, 재능이 뛰어난 외부 디자이너들을 효율적으로 활용하기 위함이다.

이처럼 무인양품은 창업에서부터 위기 극복까지 디자인을 핵심 역량으로 활용하고 있다. 신제품 개발에서 최종적인 평가를 담당하는 '제품평가위원회'는 7명의 직원들로 구성되어 있으며, 무인양품의 제품답게 디자인되었는지 여부 등을 판단한다. 노브랜드로 시작한 무인양품이 위기를 잘 극복하고 명품 브랜드로 성장하는 비결은 바로 굿 디자인인 것이다.

룽거버거: 바구니 사옥으로 입소문 마케팅하다

모처럼 짓는 사옥을 어떻게 디자인해야 하나? 사옥을 새로 건립하려는 경영자라면 누구나 한번쯤 가져볼 만한 의문이다. 하지만 그 정답은 매우 다양할 수 있다. 먼저 첨단 공법과 최신 디자인으로 두고두고 화제가 될 만한 건물을 짓고 싶어 하는 경우가 있을 것이다. 아울러 자신을 성공으로 이끌어준 비즈니스의 특성이 반영되었으면 하고 기대하는 경우도 있을 것이다.

그러나 건물을 디자인할 때, 자연물이나 상품 등의 구체적인 형상

주력 상품인 바구니의 형상을 완벽하게 재현한 롱거버거 사옥

을 닮게 하려는 것은 아주 큰 모험이다. 자칫하면 사회적인 논란을 불러일으켜 모처럼의 노력이 조롱거리로 전락할 가능성이 있기 때문이다.

그런 관점에서 보면 미국 오하이오 주 드레스덴에 있는 롱거버거 Longaberger 사옥의 디자인은 매우 흥미로운 시사점을 던져준다. 그 회사의 상품인 바구니를 닮은 건물은 완공된 지 10여 년이 지난 최근까지도 '도상학iconography의 극치'라는 찬사와 '최악의 건물'이라는 평가가 엇갈리고 있기 때문이다.

욕망을 디자인하라

수제 바구니로 연 10억 달러 매출 달성

우리에게는 다소 낯선 이름이지만 롱거버거는 세계 최고의 수제 바구니 회사다. 1만 명이 넘는 직원과 7만여 명의 세일즈 인원, 그리고 수백만 명의 고정 수집가를 보유한 롱거버거의 연간 매출액은 10억 달러가 넘는다.

하루 4만 개의 생산 능력을 갖고 있는 롱거버거의 제품은 일반 바구니, 한 달에 한 번 생산되는 특별 바구니, 수집가용 바구니, 이렇게 세 종류로 나뉜다. 특히 제작한 기술자의 이니셜이 새겨져 있는 수집가용 바구니는 소장품 시장에서 인기 있는 품목이다. 실제로 1983년에 32.95달러였던 바구니가 최근 경매 시장에서 1,600달러에 팔린 사례가 있으며, 야후 옥션에는 수백 개의 롱거버거 바구니가 나와 있다.

1972년 데이브 롱거버거Dave Longaburger가 3대째 이어져온 가업을 되살리려 바구니 회사 롱거버거를 설립했을 때만 해도 이 회사가 세계적인 기업으로 성장하리라고 생각한 사람은 많지 않았다. 데이브의 할아버지가 아메리카 인디언들로부터 단풍나무를 소재로 바구니 만드는 기술을 배워 시작한 가내공업은 아버지 대에 이르러 퇴락했다. 1930년대의 대공황 이후 등장한 값싼 플라스틱 그릇에 밀려 수제 바구니가 설 땅을 잃었기 때문이다.

창업자인 데이브의 이력은 아주 특이하다. 12남매의 다섯째인 데이브는 간질과 언어 장애를 갖고 태어나 고등학교를 졸업하는 데 무려 7년이나 걸렸지만, 졸업 후에는 식당과 야채 가게를 운영하며 큰 성공을 거두는 등 사업 수완을 발휘했다.

그런데 데이브는 미국인들의 생활수준이 향상되면 고급 수공예품 시장이 활성화될 거라는 확신을 갖고 아버지가 취미 수준으로 운영하던 수제 바구니 사업을 되살리겠다는 획기적인 비즈니스 플랜을 세웠다. 주변에서는 당장 잘나가는 비즈니스를 접고 전망도 없는 사업에 뛰어드는 것은 매우 위험한 일이라며 반대했고 조롱이 뒤따랐지만, 결국 데이브의 예상은 적중했다.

자연 소재를 일일이 손으로 엮어서 만드는 롱거버거 바구니는 데이브의 스토리텔링 능력에 힘입어 미국 여성들이 가장 아끼는 수집품 중 하나로 자리 잡는 데 성공했다. 비록 언어 장애로 어려움이 있었지만 마음으로 하는 의사소통 능력이 뛰어났던 데이브는 바구니마다 기능에 걸맞은 스토리를 담았다. 바구니들을 용도에 따라 피크닉 바구니, 시장 바구니, 비디오와 CD 바구니, 꽃 바구니, 사탕 바구니, 커피 바구니, 목욕용품 바구니 등으로 다양하게 특성화하여 중산층 가정에서 생활 필수품으로 자리 잡게 했던 것이다.

특히 롱거버거는 자사의 바구니들이 촘촘하고 섬세하게 짜여졌을 뿐만 아니라 고급스런 가죽 테, 아름다운 천, 작고 예쁜 도자기 등으로 장식되어 인테리어 소품으로서의 기능도 뛰어나다고 홍보한다. 또한 단풍나무 원목을 가공하여 만든 소재는 실내의 유해물질을 흡입해 공기를 맑게 해줄 뿐만 아니라 유익한 성분을 발산시켜 인체에 활력을 주는 효과도 있다고 주장한다. 스토리텔링 마케팅의 모범 사례가 아닐 수 없다.

 욕망을 디자인하라

사옥 디자인에 반영된 CEO의 열정과 창의성

1990년대 중반에 이르러 미국 굴지의 기업으로 성장한 롱거버거는 번듯한 사옥을 마련해야 하는 요구에 당면했다. 3,000명의 바구니 기술자들과 수천 명이 넘는 직원들이 여러 지역의 사무실과 공장에 분산되어 일하는 데 따르는 비효율성과 불편이 너무도 컸기 때문이다.

그런데 세계적인 건축 회사들이 새 사옥 디자인 공모에 제출한 아이디어들은 회장의 반대로 번번이 채택되지 못했다. 창업자인 데이브는 "회사의 모든 사무실과 공장들을 함께 담을 수 있는 거대한 바구니 같은 사옥을 짓고 싶다"는 꿈을 갖고 있었기 때문이다.

데이브 회장은 그 아이디어야말로 회사의 브랜드 가치를 높이는 지름길이라고 굳게 믿고 있었지만 주변의 호응을 얻지는 못했다. 실제로 데이브가 사옥을 바구니처럼 디자인하자는 아이디어를 제시했을 때, 대다수의 직원들과 은행가, 건축가, 시공사의 엔지니어들은 그가 평소처럼 농담하는 것으로 받아들였다. 하지만 그의 진의가 확고하다는 것을 알게 되자 많은 사람이 여러 가지 이유를 들어 반대했다. 그럼에도 데이브 회장은 자신의 주장을 굽히지 않고 세계적 건축 회사인 NBBJ와 협력하여 1997년 말에 실제 바구니 형상의 회사 건물을 완공했다.

3,000만 달러를 투자하여 드레스덴 교외의 한적한 지역에 7층 규모의 새 사옥을 세우자 〈월스트리트저널 *The Wall Street Journal*〉, 〈뉴욕타임스〉, 〈피플 *People*〉, 〈US뉴스 & 월드 리포드 *U.S. News & World Report*〉 등 영향력 있는 매체들이 대서특필하여 사옥은 곧 세계적인

화제가 되었다. 〈월스트리트저널〉은 "근래 들어 미국 기업계에 가장 신선한 충격을 던져준 천재적인 건축 디자인이다"라고 극찬했다.

수많은 관광객들이 독특한 건물을 보려고 몰려들었으며, 바구니의 제작 공정을 잘 관찰할 수 있도록 디자인된 건물 내부를 둘러보면서 롱거버거 바구니의 애호가가 되었다. 특히 언어와 학습 장애를 극복하고 세계적인 사업을 일으킨 데이브 회장의 이야기는 온 가족이 함께 사옥을 방문하는 것에 대한 동기를 유발했다. 장애가 있거나 학업 성과가 부진한 자녀들을 격려하기 위해 살아 있는 교육을 시킬 수 있는 장으로 롱거버거 사옥의 인기가 높아졌기 때문이다.

새 사옥의 건립으로 롱거버거는 관광 분야에서 새로운 비즈니스 기회를 잡았고, 폐광촌으로 활력을 잃었던 드레스덴은 유명 관광지로 탈바꿈했다. 전 세계에서 몰려오는 관광객들을 위한 숙박시설과 놀이시설들이 세워졌고, 바구니 제조 과정 견학과 드레스덴 관광을 연계한 여행 프로그램들이 속속 개발되어 롱거버거와 드레스덴은 지역 경제를 활성화하는 공생의 관계가 되었다.

이 사례를 통해 사옥의 디자인이 사업의 성패와 구성원들의 사기를 크게 좌우할 뿐만 아니라 지역사회에도 큰 파급 효과를 미친다는 것을 알 수 있다. 그러나 가장 중요한 성공 요인은 주변의 반대와 난관에도 불구하고 꿋꿋하게 소신대로 밀고 나간 CEO의 의지라는 점을 직시해야만 한다. 바구니라는 일상적이고 평범한 형상을 거대한 규모의 건물로 완벽하게 재현하여 세계인의 주목을 받는 랜드마크로 만들 수 있었던 것은, 데이브 회장의 열정과 탁월한 판단력, 그리고 엄청난 규모의 투자가 뒷받침된 덕분이었다.

애플: 애플다움으로 세계를 홀리다

세상에서 가장 혁신적인 기업을 하나만 꼽으라고 하면 단연 애플이라는 데 동의하는 사람이 많을 것이다. 한입 베어 먹다 만 사과를 연상시키는 애플의 로고부터, 온 세상 사람들이 잠시도 쉬지 않고 메시지를 주고받고 인터넷 검색을 하게 만드는 등 라이프스타일을 송두리째 바꿔놓은 아이폰에 이르기까지 애플은 창조적인 기업의 대표적인 예라고 할 수 있다.

1976년 조그만 차고에서 설립된 애플은 불과 40여 년 만인 2012년 인터브랜드가 선정한 100대 글로벌 브랜드 중 2위에 올랐다. 특히 애플의 주요 업종이 컴퓨터와 휴대전화 등 상대적으로 가격이 저렴한 생활용품이라는 점을 감안하면 실로 놀라운 일이 아닐 수 없다. 간결한 조형미와 직관적인 사용 환경 등 굿 디자인으로 창조적인 혁신을 주도했던 스티브 잡스가 세상을 떠난 지금 애플의 신화는 과연 어떻게 될 것인가?

애플 신화의 또 다른 주인공 조너선 아이브

잡스의 은퇴 후 후계자 물망에 오른 사람들 중에는 최고운영책임자COO였던 팀 쿡Tim Cook 외에 최고디자인책임자인 조너선 아이브 부사장이 있었다. 쿡이 애플의 CEO가 되는 건 어쩌면 당연한 일처럼 보였다. 1998년 애플에 입사하여 2007년에 COO로 승진한 쿡은 이미 경영 능력을 인정받았기 때문이다. 2009년 잡스가 간 이식을 위해 휴직했던 몇 달 동안에도 그는 CEO 역할을 수행했다.

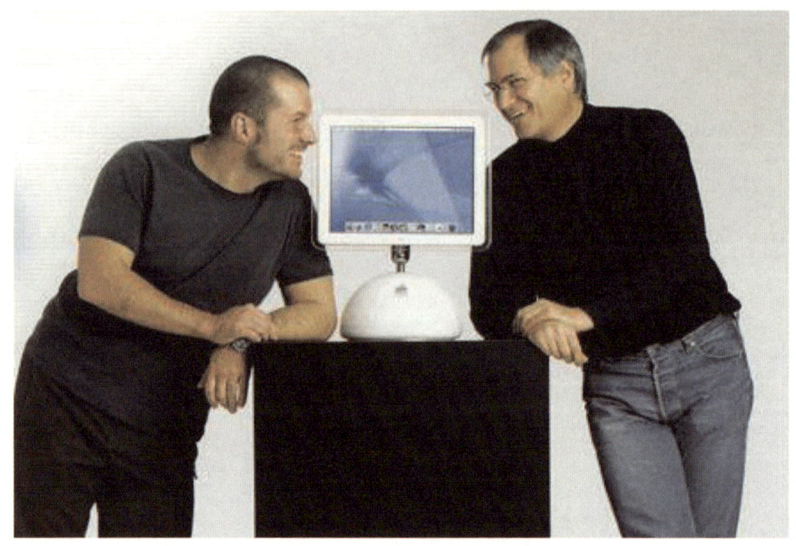

애플 디자인 혁신 스토리의 두 주역: 스티브 잡스와 조너선 아이브

반면에 아이브의 등장은 큰 궁금증을 불러일으켰다. 그가 바로 애플이 자랑하는 '단순하고 우아한 디자인'을 만들어낸 주역이라는 것을 모르는 사람들이 많았기 때문이다. 잡스는 신제품을 발표할 때마다 자신이 모두 디자인한 것처럼 행세했기에, 정작 디자이너인 아이브의 역할이나 기여가 알려질 기회는 제한적이었다. 그렇다면 잡스와 아이브는 어떻게 협력했을까?

"잡스가 꿈꾸면, 아이브가 만든다"

2010년 7월 〈포춘〉은 기술 부문에서 가장 스마트한 인물 50명을 선정해 발표하면서, 잡스를 '최고의 경영자', 아이브를 '최고의 디자이너'로 꼽았다. 잡스를 선정한 이유는 "사람들이 진정으로 즐길 만

　　　　　　　　　　　　　　　　　　욕망을 디자인하라

한 제품을 만들어낸 공상가, 마이크로 매니저, 그리고 쇼맨”이라는 것이다. 특히 잡스는 보통 경영자들과는 달리 ‘팝 문화의 아이콘’이라는 점이 높이 평가되었다.

한편 〈포춘〉은 “스티브 잡스는 아이폰을 꿈꾸었고, 조너선 아이브는 그것을 창조했다”라며 두 사람의 역할을 명확하게 정리했다. 잡스의 독창적인 아이디어가 실현될 수 있었던 것은 자신의 보스만큼이나 완벽주의자인 아이브가 디자인 역량을 십분 발휘한 덕분임을 강조해준 것이다. CEO가 아무리 훌륭한 제품 콘셉트와 전략을 갖고 있더라도, 그것을 현실로 구체화시켜줄 CDO가 없다면 아무 소용이 없기 때문이다. 잡스가 평소 “세상의 어떤 것을 주어도 아이브와는 바꾸지 않겠다”라는 말을 자주 했다는 것도 같은 맥락에서 이해할 수 있다.

미완의 슈퍼 디자이너였던 아이브

1967년 영국 런던에서 태어난 아이브는 은세공 교수인 아버지로부터 완벽한 마무리를 강조하는 공예가 정신을 배웠다. 노섬브리아 대학(구 뉴캐슬폴리테크닉)에서 산업 디자인을 전공한 아이브는 단지 외관에만 치우치지 않는 영국식 산업 디자인 교육 덕분에 제품의 기능과 형태가 조화를 이루게 하는 디자인 역량을 길렀으며 디자인 상도 여러 번 수상했다.

런던에서 탠저린Tangerine이라는 디자인 회사의 설립에 참여했던 아이브는 1992년 고객이었던 애플로 자리를 옮겼다. 아이브가 애플에서 처음으로 디자인한 것은 세계 최초의 PDA(개인휴대용단말기)인

뉴튼이었다.

그러나 당시 CEO 존 스컬리John Scully가 야심차게 추진했던 뉴튼은 큰 성공을 거두지 못했다. 일정 관리, 메모, 필기 인식 등 획기적인 기능을 갖추었고 디자인도 나름대로 무난했으나, 너무 비싼 가격과 육중한 무게, 느려터진 명령 처리 속도 등으로 인하여 실패작이 되고 말았기 때문이다.

1996년 아이브는 애플의 디자인 팀장으로 승진했으나 침체된 회사 분위기 등으로 인해 좀처럼 역량을 발휘할 기회를 잡지 못했다. 당시 애플의 혁신 정책이 엔지니어링 주도의 '비용 절감'에만 치중했던 탓이다. 독창적인 디자인이 반드시 가격 상승으로 이어지는 것은 아니지만, 비용 절약을 강조하면 혁신은 뒷전으로 밀리기 마련이다. 또한 비용을 더 들여서라도 잘 만들어 제값을 받자는 목소리도 묻힐 수밖에 없다.

1997년 잡스가 CEO로 복귀한 것은 심각하게 퇴직을 고려하던 아이브에게 새로운 전기가 되었다. 하지만 처음부터 두 사람의 관계가 매끄러웠던 것은 아니다. 잡스는 세계적으로 널리 알려진 디자인 슈퍼스타를 외부에서 초빙하려는 의도를 갖고 있었기에, 초반에는 사내 디자이너들과의 접촉이 거의 없었다.

창의적인 환경의 조성

스티브 잡스의 자선전에는 잡스가 처음으로 애플의 팀장들을 모두 소집한 회의에서 "우리의 목표는 단순히 돈을 버는 게 아니라 훌륭한 제품을 만드는 것"이라고 선언했기에 아이브가 애플에 남아 있기로 했다는 이야기가 나온다.

아이브는 CEO 잡스가 그런 철학을 갖고 있다면 한동안 애플이 비용 절감에만 치중하던 데서 벗어날 수 있을 것이라고 생각했다. 특히 처음 애플의 디자인 스튜디오를 둘러보던 날, 잡스는 아이브와 대화를 나누다가 서로 사고방식이 같다는 것을 알아차렸으며, 이후 두 사람은 친구 이상으로 끈끈한 관계를 맺게 되었다.[28] 아이브가 1980년대 말에 런던에서 설립했던 디자인 회사의 이름을 '탠저린'이라는 과일에서 따왔던 것도 잡스의 '애플'과 같은 맥락이다.

디자인이 주도하는 제품의 혁신을 실제로 일구어낸 잡스와 아이브가 공동으로 탄생시킨 첫 작품은 아이맥이었다. 두 명의 완벽주의자가 의기투합하여 기존 컴퓨터의 고정관념을 완전히 벗어난 친화적인 PC를 만들어낸 것이다. 하지만 투명한 조개 형태의 케이스 개발을 포함하여 모든 개발 과정은 모험의 연속이었다. 고난도의 생산 공정을 감당해낼 협력 업체의 선정에서부터 적절한 소재의 선택까지 난제가 너무도 많았다. 특히 경쟁사들의 PC 케이스는 20달러짜리지만, 아이맥의 케이스는 65달러라는 높은 생산비용이 소요되므로 가격 상승을 감내해야만 했다.

품질 관리의 어려움과 가격 경쟁력 저하를 우려하는 엔지니어들의 반대에도 불구하고 잡스는 디자이너들이 제안한 케이스의 양산을 결정했다. 잡스의 그런 결단은 아이맥이 출시되자마자 독창적인 디자인으로 전 세계적인 명성을 얻고 큰 성공을 거둠으로써 충분히 보상받았다.

이처럼 디자인이 주도하는 애플의 혁신은 우연히 이뤄진 게 아니

스티브 잡스의 애플을 기사회생시킨 아이맥 컴퓨터

다. 애플이 자랑하는 '딱 맞음과 완벽한 마무리fit and finish'를 실현하려면 밤낮으로 새로운 것을 추구하는 디자이너, 모든 가능성을 열어놓고 함께 고민하는 엔지니어, 과감한 투자를 아끼지 않는 경영자, 이세 가지 요소가 어우러져야 한다. 훌륭한 목수인 아버지에게서 눈에 보이지 않는 부분까지 완벽하게 마무리하는 장인정신을 배웠으며, 바우하우스[29]의 디자인 이념에 통달했던 잡스는 바로 그런 창의적인 혁신 환경을 조성하고 적극 활용했기에 큰 성공을 거둘 수 있었다.

특히 애플 신화의 가장 중요한 원동력은 '단순함이란 궁극의 정교함'이라는 신념을 갖고 뉴욕 현대미술관에 전시될 만한 제품을 만들려고 했던 잡스의 열정이었다. 그의 자서전에 기술된 것처럼, 보안이 철저히 유지되는 디자인 스튜디오 내에서 잡스와 아이브는 '애플다움'이라는 정체성을 지닌 제품들을 만들어내기 위해 혼신의 노력을 다했다. 이제 잡스가 없는 애플에서 아이브가 어떻게 그런 신화를 이어갈지 귀추가 주목된다.

IBM: 일관성을 넘어 조화를 이루는 예술품처럼

사람이든 조직이든 시시각각 변화하는 경영 환경에서 생존하려면 적절히 자기 변신을 해야 한다. 영화 〈트랜스포머Transformers〉가 인기몰이를 한 것도 자유로운 변신에 대한 열망 때문이 아닐까? 한때 세계 최고의 타이프라이터를 만드는 사무기기 회사로 이름을 날리다가 컴퓨터 회사로 탈바꿈했던 IBM은 이제 세계 최대의 IT 솔루션 회사로 변신하며 승승장구하고 있다. 세계 170여 개국에서 비즈니스를 전개하며 슈퍼컴퓨터 판매 1위, 소프트웨어 미들웨어 부문 1위를 차지하고 있는 IBM은 IT 서비스 및 컨설팅 분야에서도 두각을 나타내고 있다.

2011년 998억 달러 매출로 〈포춘〉 선정 500대 기업 중 18위를 차지한 IBM은 148억 달러가 넘는 영업이익을 올려 매출액 대비 영업이익이 아주 높은 알짜 기업이다. 그런 IBM이 1950년대부터 디자인 경영에서 선구적인 활동을 전개하고 있다는 것은 신선한 충격이 아닐 수 없다.

우리 삶에서 컴퓨터는 무엇인가

2011년 9월 23일부터 한 달 동안 뉴욕 맨해튼의 링컨센터에서

'싱크 전시: 더 나은 세상을 위한 탐구Think Exhibit: An Exploration into Making the World Work Better'라는 제목으로 IBM 창립 100주년 기념행사가 열렸다. 나는 마침 폐막일인 10월 23일에 이 전시회를 관람할 수 있었는데, 뉴욕에서 개최된 디자인 매니지먼트 인스티튜트DMI의 이사회와 고문단 회의 참석자들을 IBM이 초대한 덕분이었다.

1911년 창립된 이래로 IBM이 인류의 삶의 질 향상에 어떻게 기여했는지를 널리 공유하기 위해 개최한 이 행사는 세계 최고의 컴퓨터 회사 행사답게 콘텐츠 구성부터 특별했다. 먼저 전시장 진입 통로에 설치된 40미터 길이의 디지털 벽은 컴퓨터가 우리 삶에서 얼마나 중요한 역할을 하는지 알려줬다. 이 벽은 뉴욕 시의 다양한 변화들을 실시간으로 보여줬는데, 전시장 주변의 교통, 공기 청결 상태 등 일반적인 정보부터, 수돗물의 누수 장소, 신용카드 사기 건수, 건물들의 태양열 전기 보유량 같은 세세한 정보까지 보여줬다.

전시장 내부에 들어서자 시청자들이 가상현실을 직접 체험하는 것처럼 느끼도록 영상 속에 몰입하게 해주는 12분짜리 '이머시브 영화Immersive Film'가 계속 상영되었다. 대형 스크린으로 둘러싸인 공간에서 만화경 같은 이미지들이 인류의 역사에서 컴퓨팅이 가져다준 진보에 관한 정보를 보여주고 있었다.

인터랙티브 경험Interactive Experience은 40개의 터치스크린을 통해 직접 체험할 수 있는 전시 공간으로 바뀌었다. 각각의 터치스크린은 좀 더 현명한 교통수단은 무엇인지, 어떻게 하면 더 좋은 식재료를 수확할 수 있는지 등 다양한 정보를 제공하고 다른 관람객들과 의견도 나눌 수 있게 했다. 이처럼 다양한 콘텐츠들이 모두 컴퓨터의 진

IBM 창립 100주년 기념 싱크 전시의 디지털 벽

보와 활용에 초점을 맞춰 전시되어 관람객들을 매료시켰다. 그러면서도 IBM에 대해서는 전혀 내세우지 않고 은연중에 느껴지도록 하는 세련미가 돋보였다.

굿 디자인은 굿 비즈니스

IBM의 디자인 경영은 창업자의 아들이자 제2대 회장인 토머스 왓슨 주니어에 의해 본격화되었다. 1946년 부사장으로 취임한 왓슨 주니어는 회사의 로고를 읽기 쉽고 기억하기 좋게 개선했다. 'International Business Machine'이라는 회사의 이름을 모두 원 형태안에 표기하여 매우 복잡했던 로고 대신 'IBM'이라는 머리글자 모음으로 간결하게 표현하도록 한 것이다. 한편 주력 상품인 타이프라이터를 주로 쓰는 뉴욕의 여성 직장인들이 이탈리아 컴퓨터 회사 올리베티Olivetti에서 만든 타이프라이터를 선호하는 이유가 멋진 디자인 때문이라는 것을 간파한 왓슨 주니어는 이탈리아로 가서 아드리아노 올리베티Adriano Olivetti 사장으로부터 디자인 혁신을 위한 방법을 전수받기도 했다.

1956년 왓슨 주니어는 디자인을 기업 경쟁력 제고 수단으로 활용하기 위해 엘리엇 노이스Eliot Noyes를 디자인 고문으로 영입했다. 하버드디자인대학원 출신으로 존경받는 건축가인 노이스는 뉴욕 현대미술관에서 산업 디자인 큐레이터를 역임하는 등 다양한 경험을 갖고 있었다. 왓슨 주니어는 노이스에게 IBM의 제품, 건물, 로고와 마케팅 재료에 이르기까지 모든 자산을 초일류로 만들 기업 디자인 프로그램 수립을 요청했다. 단지 '모양과 느낌look and feel'의 일관된 정체성을 유지하는 데 그치지 않고, 상상력을 발휘하여 회사의 모든 경영 활동을 하나의 예술 작품같이 만들어달라는 당부였다.

노이스는 자신의 역할을 '기업의 특성을 만들어내는 큐레이터'로 정의하고 한 기업이 총체적인 조화를 이루어 하나의 훌륭한 작품처럼 되도록 하기 위해 당대 최고의 예술가, 디자이너, 건축가들이 갖고 있는 재능을 IBM을 위해 마음껏 활용할 기회를 만들었다. 찰스 임즈, 이로 사리넨, 폴 랜드, 이사무 노구치 등을 왓슨 주니어에게 추천하여 IBM과 함께 일할 수 있도록 한 것이다.

랜드는 외곽선으로만 표현되어 불안정했던 기존 IBM의 로고를

   욕망을 디자인하라

IBM 로고

'시티 미디엄' 서체를 활용하여 새로 디자인했다. 이어 1960년에는 자신이 디자인한 로고를 여덟 개의 청색 가로 줄무늬로 표현함으로써 '속도와 생동감'이 생겨나게 했다. 1972년부터 공식적으로 사용된 이 로고의 가로줄은 '점 행렬Dot Matrix' 방식으로 프린트를 할 때 나타나는 선들처럼 보여 IBM이 컴퓨터 회사라는 것을 잘 나타내준다.

왓슨 주니어는 훌륭한 디자인은 비즈니스의 성공을 가져온다는 확신을 갖게 되었다. 1973년 펜실베이니아대학 와튼경영대학원이 미국 기업의 경쟁력 강화를 위해 개최한 디자인 경영 강의 시리즈에서 왓슨 주니어가 한 강의 제목 또한 '굿 디자인은 굿 비즈니스'였다.

브랜드 경험 및 전략적 디자인 경영

IBM의 주력 업종 변화에 따라 디자인 경영의 역할도 산업 디자인 위주에서 통합적인 디자인 전략으로 옮겨 갔다. 한때 주력 제품이던 노트북을 중국의 레노버에 넘긴 이후, IBM의 산업 디자이너들은 초고가 슈퍼컴퓨터만을 디자인하고 있다. 2007년 미국 과학재단에 납

IBM 블루진/P 슈퍼컴퓨터. 2009년 미국 '기술 및 혁신 훈장' 수훈

품한 페타플롭petaflop 슈퍼컴은 가격이 2억 달러이며 5년간의 유지비는 4억 달러에 달하는 등 수익성이 아주 높기 때문이다. 2009년 블루진/P 슈퍼컴퓨터는 버락 오마바 미국 대통령으로부터 '기술 및 혁신 훈장'을 받았다.

현재 IBM 디자인 경영을 총괄하는 리 그린Lee Green은 2006년 브랜드 경험 및 전략적 디자인 부사장으로 승진했다. 템플대학에서 디자인 학사, 로체스터공과대학에서 커뮤니케이션 디자인 석사학위를 받은 그린 부사장은 브랜드 가치 향상을 위한 컨설팅과 서비스에 주력하고 있으며, 그의 팀은 연구 부문과 협력하여 '진보된 콘셉트 디자인'을 개발하고 있다.

욕망을 디자인하라

IBM에서 가장 매력적인 디자인 솔루션은 곧 "간결하고, 자연스럽게 사용할 수 있고, 사용자의 필요는 물론 경험과도 완벽한 조화를 이루도록 하는 것"이다. IBM은 디자인 솔루션을 창출하는 데 필요한 디자인 콘셉트, 디자인 패턴, 선행 경험, 사용자 중심 디자인 프로세스, 사용자 경험 등을 기민하게 다루는 방법 등에 관해서도 명확히 규정해두고 있다.

미국, 프랑스, 일본에 있는 IBM 디자인센터는 정예 인력과 최신 장비를 갖추고 고객 기업들을 위해 IT 기반 솔루션 연구를 수행하고 있다. 한때 전동 타이프라이터, 싱크패드 노트북 등 세계적인 하드웨어 디자인 메카였던 IBM 디자인센터는 IT 최적화와 비즈니스 유연성 강화에 전념하고 있다. 비즈니스의 변화에 부응하여 적절한 디자인 서비스를 제공하는 IBM 디자인 경영의 변신이 돋보인다.

12장

영감으로 가득한 브랜드

루이뷔통: 찬란한 전통에 파격을 불어넣다

생활수준이 높아지면서 명품을 한두 개쯤 갖고 있는 사람들이 늘어나고 있다. 도시의 번화가를 오가는 사람들을 관찰해보면 그런 사실을 금세 알 수 있다. 남성들은 명품 넥타이, 구두, 가방, 양복 등을 착용한 경우가 많고, 대다수의 여성들은 명품 핸드백을 갖고 다닌다. 특히 젊은 사람들일수록 명품을 더 선호하는 경향이 있다.

명품은 세련된 디자인과 고급 재료, 완벽한 마무리 등에서 일반 상품과 확연히 다르므로 가격이 다소 비싼 것은 당연한 일이다. 그래서 브랜드 가치와 희소성 등을 더해 3~4배 정도 비싸다면 합리적이라고 할 수 있다. 하지만 가격이 무려 10배 이상 비싼 데도 불구하고 갖고 싶어 하는 사람들이 많다는 건 어떻게 해석해야 할까?

프랜밀리닷컴Frienmily.com의 조사에 따르면 우리나라 소비자 중 약 79퍼센트의 응답자가 명품에 호의적이다. 오직 21퍼센트의 응답자들만이 명품 구매를 허례허식으로 간주하고 있다. 명품을 사는 진짜 이유에 대해서는 '제품의 디자인과 품질의 우수성'이라는 응답(52퍼센트)이 가장 많았으며, '명품을 소유했을 때의 만족감'(33퍼센트)이 2위를 차지했다. 이어 '명품을 착용했을 때 다른 사람들의 시선'(12퍼센트), '이성에게 잘 보이기 위한 선택'(3.5퍼센트)이 각각 3, 4위를 차지했다.

이 같은 사실은 사람들이 명품을 구매할 때 합리적이며 이성적인 판단을 하고 있음을 보여준다. 그렇다면 세상에서 가장 많은 명품 브랜드를 보유하고 있는 루이뷔통의 디자인 경영은 어떤 특성이

루이뷔통의 최근 제품들

있을까?

　세계 명품업의 리더인 루이뷔통은 1854년에 설립된 프랑스의 기업이다. 독창적이며 실용적인 트렁크 제작에서 쌓은 노하우를 바탕으로 명품 가방 브랜드로 성장한 루이뷔통은 1987년 LVMH Louis Vuitton Moët Hennessy 그룹으로 합병되었다. LVMH 그룹은 와인과 주류, 패션·가죽제품, 향수·화장품, 시계·보석 등 다양한 분야에서 크리스찬 디올, 지방시, '겐조, 벨루티, 겔랑 등 60여 종의 명품 브랜드를 보유하고 있다. LVMH 그룹은 공격적인 글로벌 브랜드 개발 전략에 따라 전 세계에서 매장을 확장하여 현재 3,000개가 넘는 매장들이 국제적인 네트워크를 구축하고 있으며, 종업원은 10만 명에 달하는데 그중 79퍼센트 이상이 프랑스 이외의 지역에서

　욕망을 디자인하라

일하고 있다.

LVMH 그룹의 총매출은 34조3,000억 원, 순이익은 5조 원에 달하며, 지역별 매출액을 보면 미국이 26퍼센트, 일본을 포함한 아시아가 32퍼센트, 유럽이 34퍼센트, 기타 지역이 8퍼센트를 차지한다. 국내 명품업계와 금융감독원에 따르면 루이뷔통코리아는 2012년 4,973억 원의 매출을 기록했다. 이는 전년도(4,273억 원)에 비해 16.38퍼센트 증가한 수치다. 순이익 역시 449억 원으로 12퍼센트 증가했다. 해외 명품 중 연매출 5,000억 원에 달하는 브랜드가 나온 건 처음인데, 2위인 페라가모의 매출은 972억 원으로 엄청난 격차를 보이고 있다.

"비즈니스의 미래는 디자인에 달려 있다"

세계 최고 명품 브랜드답게 LVMH 그룹은 디자인을 매우 중시한다. 명품의 경쟁력은 곧 디자인임을 누구보다 잘 아는 베르나르 아르노Bernard Arnault 회장은 1949년 프랑스 북부 지역 태생으로 명문 에콜폴리테크니크 출신이다. 미국 플로리다에서 3년 동안 부동산 중개업에 종사하며 상당한 재산을 모은 아르노 회장은 1971년 프랑스로 돌아와 파산 직전의 헤네시 꼬냑을 인수한 데 이어 브라질, 호주, 그리고 캘리포니아 나파 밸리를 비롯한 미국 지역의 포도밭을 구매했다. 크리스찬 디올 향수 부문을 인수한 후 1987년, 경영난에 처한 루이뷔통을 인수하여 LVMH 그룹을 설립했다.

아르노 회장은 평소 "우리의 뿌리는 디자인에 있으며 우리의 미래도 디자인에 있다"고 강조했다. 또한 제품의 명성을 유지시키기 위한 브랜드 마케팅의 역할도 중요하게 여겨 "브랜드 이미지는 소중한 자산이므로 이 이미지를 세계에서 가장 품격 있게 보이기 위해 세계에서 가장 아름다운 진열장을 갖추어야 한다"고 말하기도 했다.

창의와 혁신, 최고 상품 지향, 최상의 품질을 경영 방침으로 삼은 아르노 회장은 파격적인 인재 등용으로도 유명하다. 1995년에는 34세에 불과한 영국인 존 갈리아노를 '대담하고 참신하다'며 지방시의 수석 디자이너로 등용하여 유럽 패션업계에 큰 화제를 일으켰다. 경솔한 모험이라는 평가절하도 있었지만, 그의 결단은 대성공을 거두었고 결국 다른 경쟁사들도 젊고 창의적인 디자이너를 찾아 나설 수밖에 없었다.

마크 제이콥스, 루이뷔통 디자인의 대명사

루이뷔통의 디자인 하면 자연스레 마크 제이콥스Marc Jacobs를 떠올리게 되는 것도 같은 맥락에서 이해할 수 있다. 미국 출신인 제이콥스가 오랜 기간 프랑스 대표 브랜드의 디자인 총감독이라는 사실은 루이뷔통이 진정 글로벌 명품 기업임을 대변해주는 것 아닐까? 1963년 뉴욕에서 출생한 제이콥스는 파슨스디자인대학을 졸업했으며, 1986년 '마크제이콥스'라는 상표를 내건 첫 컬렉션을 발표했다. 제이콥스는 미국 패션디자이너협회CFDA가 가장 재능이 뛰어난 디자이너에게 수여하는 올해의 디자이너상을 두 번(1987년, 1992년)이나 수상했다. 1993년에는 마크제이콥스 인터내셔널을 창립했으며, 1997년부터 루이뷔통의 수석 디자이너로 일하고 있다.

그러나 제이콥스의 시도가 처음부터 잘 받아들여진 것은 아니다.

　　　　　　　　　　　　욕망을 디자인하라

그가 루이뷔통에 입성하고 나서 첫 무대였던 1998/99 가을/겨울 컬렉션은 누구의 것인지 모를 디자인이란 혹평을 받기도 했다. 하지만 아르노 회장은 이에 연연하지 않고 제이콥스를 계속 신뢰하여 '150살' 루이뷔통을 한층 젊고 발랄한 브랜드로 거듭나게 했다.

2003년 제이콥스는 루이뷔통의 핸드백 디자인에서 누구도 예상하지 못했던 과감한 변화를 주도했다. 짙은 밤색 바탕에 단순한 베이지색 패턴 위주의 전통적인 모노그램 캔버스 일변도에서 벗어나 현대적이고 다채로운 색상의 팝 아트 그래픽 요소들이 조화를 이룬 '아이 러브 모노그램eye love monogram'을 도입한 것이다. 일본의 현대

아이 러브 모노그램

아이 러브 모노그램이 반영된 루이뷔통의 핸드백

미술가 무라카미 다카시村上隆와 함께 디자인한 아이 러브 핸드백들은 출시되자마자 빅 히트를 기록했다.

젊은 미국 출신 패션 디자이너를 총감독으로 영입한 아르노 회장의 선택이 탁월했다는 것을 입증이라도 하듯, 제이콥스는 루이뷔통의 찬란한 전통을 유지하면서 혁신적인 변화를 이끌고 있다.

2012년 3월 9일부터 9월 16일까지 파리의 장식미술관Musee des Arts Decoratifs에서는 '루이뷔통—마크 제이콥스' 전시회가 열렸다. 이 전시회는 두 개의 층으로 구성되었는데, 1층에는 19세기의 트렁크와 패션 액세서리, 2층에는 마크 제이콥스의 모델들이 전시되었다. 이 전시회는 시대의 변화와 보조를 맞추며 성장해온 루이뷔통이 디자인을 얼마나 귀하게 여기는지 잘 보여줬다는 평가를 받았다.

루이뷔통의 성공 비결은 바로 제이콥스 감독이 두려움 없이 과감한 변화를 추진해나가는 것, 그리고 디자인에 대해서는 모든 것을 그에게 믿고 맡기는 아르노 회장의 신뢰 경영의 절묘한 조화에 다름 아니다.

코카콜라: 한껏 밝고 상쾌하게 젊음을 즐겨라

세계적인 경제 불황에도 불구하고 음료회사인 코카콜라가 최고의 브랜드 가치를 유지하고 있다는 것은 흥미로운 일이다. 세계적인 브랜드 컨설팅 회사인 인터브랜드가 발표한 '2011년 글로벌 100대 브랜드' 조사에서는 코카콜라가 전년보다 2퍼센트 정도 높아진 718억

욕망을 디자인하라

달러의 가치로 12년 연속 1위를 독점했다.

코카콜라의 역사는 1886년 5월 애틀랜타의 약제사 존 펨버튼John Pemberton이 코카나무 잎에서 추출한 코카인과 콜라나무 열매에서 뽑아낸 카페인을 섞은 자양 강장제를 출시하면서 시작되었다. 점차 강장제보다 청량음료로 선호됨에 따라 1905년부터는 코카인을 원료로 사용하지 않았다. 2011년에 창립 125주년을 맞은 코카콜라가 최고의 브랜드 가치를 갖기까지는 빨간색 로고, 콘투어 병, 산타클로스와 북극곰 캐릭터 등 디자인이 매우 중요한 역할을 했다.

일관성 있는 로고 디자인

전 세계의 많은 사람들이 '코카콜라' 하면 가장 먼저 연상하는 것이 바로 펜으로 흘려 쓴 것 같은 로고일 것이다. 이 새로운 음료의 이름을 짓고 로고를 디자인한 사람은 회사의 경리 사원이던 프랭크 로빈슨이다. 평소 글씨를 잘 쓰는 등 그래픽 디자인 센스가 있던 로빈슨은 '코카'와 '콜라'라는 재료의 이름을 따서 '코카콜라'라 명명하고 두 개의 'C'가 크게 강조된 스펜서체 로고를 디자인했다. 이 로고는 1893년 상표 등록되었으며 100여 년 동안 유행과 디자인 트렌드의 변화에 부응하여 계속 발전되어왔다.

로고의 하단에는 코카콜라를 대표하는 또 하나의 요소인 '다이내믹 리본'이 있다. 이 리본은 코카콜라의 역동성과 긍정적인 에너지를 나타내는 것으로 원래 빨간 바탕에 우아한 하얀 곡선으로 처리되었다. 그러나 2003년부터는 여러 개의 곡선이 다양한 색상과 질감으로 연출되고 있다. 은색과 노란색을 추가하여 현대적인 느낌과 긍

코카콜라 병 디자인의 변화

정적인 느낌이 강화되었으며, 띠의 가장자리를 두르고 있는 탄산음료 특유의 기포를 통해 한껏 밝고 상쾌한 느낌을 준다.

1899년까지 사용되던 오리지널 코카콜라 병의 디자인은 각진 형태로 별다른 특성이 없었다. 그러나 점차 사세가 확장됨에 따라 독특한 형태로 병을 디자인해야 한다는 요구가 커졌다. 1919년 아사 캔들러Asa Candler는 그 당시로는 파격적인 액수인 100만 달러의 현상금을 걸고 코카콜라 병의 디자인을 공모했다. 당선작은 유리병 공장의 직원이었던 루드가 디자인한 콘투어 병이었다.

코코넛 열매의 흐르는 듯한 세로 선을 사용한 것으로 알려진 콘투어 병은 밋밋하고 직선적인 다른 음료 용기들과는 확연히 다르다. 외국의 어떤 디자인 비평가는 이 병이 날씬한 여성의 곡선미에서 왔다고 하지만 실제로는 인체공학적인 디자인의 성과다. 차가운 냉장고에 있던 콜라 병이 상온에 나왔을 때 병 표면에 생기는 물기로 인해 미끄러지지 않도록 굴곡을 주어 사용자를 배려한 것이다. 이 병은 소비자 제품으로서는 처음으로 1950년 〈타임〉 커버에 게재되었고 1960년 미국 특허청에 상표 등록되어 영원히 코카콜라의 상징으로 보장받았다.

그런가 하면 전설 속 인물인 산타클로스와 친근한 이미지의 북극곰 캐릭터는 코카콜라를 대표하는 중요한 브랜드 자산이다. 매년 크리스마스 때면 산타클로스가 사람들에게 힘과 용기를 불어넣어주려 찾아오는 것처럼, 코카콜라도 1930년대부터 산타클로스의 이미지를 통해 고객들에게 기쁨과 즐거움을 선사하고 있다. 코카콜라의 빨간색 로고와 산타클로스의 빨간 옷은 모두 갈증을 유발한다는 데서 공통점을 갖고 있다. '코카콜라 레드'는 단지 시각적인 효과만을 얻기 위한 것이 아니라 목마름을 가시게 해주는 색채심리학적인 배려를 담고 있다.

1993년부터 북극곰을 코카콜라의 캐릭터로 등장시킨 것은 멸종위기에 처한 북극곰과 그들의 서식지를 보호하자는 취지였다. 콜라와는 거리가 먼 듯한 북극곰 가족을 광고에 등장시킨 것은 획기적인 발상의 전환이었다. 추운 북극에 시원한 콜라가 등장하는 유머러스한 광고들은 가족이나 친구들과 함께 보내는 즐겁고 행복한 순간의 대명사로 코카콜라를 인식시키고 있다.

코카콜라의 진정한 힘은 시스템 디자인

2010년 연례보고서에 따르면 코카콜라는 전 세계 200여 개 국가에서 500여 종의 브랜드와 3,500여 종의 음료 제품을 제공하고 있다. 무타르 켄트Muhrtar Kent 코카콜라 회장은 2020년까지 매출 두 배를 달성하겠다는 계획을 발표했다. 나날이 치열해지고 있는 경쟁과 견제에도 불구하고 이처럼 공격적인 계획을 발표한 데는 나름대로 이유가 있다. 중국과 러시아, 그리고 남미 시장 등 신흥 시장을

북극곰이 등장하는 코카콜라 광고의 한 장면

적극 개척하겠다는 전략이다.

이 같은 전략을 성공시키려면 시스템을 디자인해야 한다. 글로벌을 지향하는 표준화와 지역의 문화가 반영된 특성화의 조화를 도모하는 시스템 디자인이야말로 코카콜라의 힘이다. 켄트 회장은 "시스템을 제대로 디자인했을 때, 우리는 승리한다"며 시스템 디자인의 중요성을 강조하고 있다. 따라서 코카콜라의 디자인 부서가 수행해야 할 임무와 기능은 어떻게 전 세계 시장의 요구에 부응하는 디자인 시스템을 구축하느냐에 맞춰져 있다.

코카콜라의 디자인 업무를 총괄하는 사람은 글로벌 디자인 비전과 전략 부사장인 데이비드 버틀러David Butler이다. 서던플로리다대학에

 욕망을 디자인하라

서 커뮤니케이션을 전공한 버틀러 부사장은 다양한 현장 실무 경험을 갖추고 2004년 코카콜라의 디자인 책임자로 부임했다. 그는 디자인을 통해 코카콜라라는 거대한 브랜드와 큰 조직의 가치를 높이기 위하여 디자인적 사고가 회사 전반에 스며들도록 노력하고 있다.

버틀러 부사장이 통솔하는 디자인 부서는 전담 직원이 50여 명이 넘고, 한해 운영 예산만도 240만 달러에 달한다. 또한 코카콜라와 협력하고 있는 외부 에이전시는 전 세계적으로 300여 개가 넘는다. 최근의 실적을 보면 이탈리아의 페라리 스포츠카를 연상시키는 코카콜라 특유의 은백색 음료 디스펜서와 섹시한 느낌을 주는 알루미늄 등의 개발이 돋보인다. 이 같은 디자인 덕분에 경쟁사의 집요한 견제에도 불구하고 코카콜라의 매출은 지속적으로 늘고 있다.

이런 업적을 인정받아 버틀러 부사장은 2009년 경영 전문지 〈패스트컴퍼니*Fast Company*〉에 의해 '디자인의 달인Master of Design'이라는 칭호를 부여받았다. 2011년 10월 뉴욕에서 개최된 디자인경영연구소의 연례 총회에서 그는 글로벌 그룹 디자인 디렉터인 제라도 가르시아Gerrado Garcia와 함께 중남미 지역의 영세 상인들도 쉽게 코카콜라 상품들을 진열, 판매할 수 있도록 디자인된 모듈러 시스템에 대해 소개했다. 이를 계기로 100년 우량 기업 코카콜라의 성장 동력인 시스템 디자인의 단면을 볼 수 있었다.

버틀러 부사장은 "코카콜라의 디자인 부서가 하는 일은 단지 포장을 새롭게 업데이트하는 것이 아니다. 우리의 소임은 수시로 생겨나는 비즈니스 도전에 능동적으로 대처하기 위해 누구나 공유할 수 있으며 쉽게 그 성과를 측정할 수 있는 디자인 시스템을 만들어내는

것이다”라고 강조한다. 그것은 곧 거대한 글로벌 기업 코카콜라가
정체성을 유지하고 있는 비결이기도 하다.

프록터앤갬블: 고객의 감탄을 먹고사는 회사

세계 최대 생활용품업체 중의 하나인 프록터앤갬블Proctor&Gamble, 즉 P&G는 디자인 경영에 관한 화두를 끊임없이 던져주고 있다. 2000년 초, 심각한 경영 위기를 극복하기 위해 구원투수로 등판했던 앨런 라플리Alan Lafley 전 회장이 '와우 디자인' 경영으로 큰 성과를 거둔 것은 이미 잘 알려진 일이다. 고객들이 P&G가 판매하는 제품을 보고 디자인에 감동하여 '와우'라는 감탄사를 연발하게 하려는 이 전략은 디자인 경영의 모범 사례들 중 하나다. 2010년 라플리 회장이 은퇴한 뒤에도 '글로벌 디자인 임원', 즉 GDOGlobal Design Officer를 중심으로 전사 차원의 디자인 경영이 지속되고 있다.

P&G는 1837년 미국 오하이오 주 신시내티에서 동서지간이었던 윌리엄 프록터와 제임스 갬블에 의해 양초와 비누 제품을 생산하는 회사로 출범했다. 현재 P&G는 전 세계 80여 개국에 진출하여 13만여 명의 직원을 거느린 굴지의 글로벌 생활용품업체다. 따라서 현대인은 하루의 삶에서 어떤 형태로든 P&G와 관련을 맺게 마련인데, 비누, 샴푸, 치약과 칫솔, 향수는 물론 면도기와 빗자루 등 거의 모든 생활용품들을 생산하고 있기 때문이다.

P&G가 보유하고 있는 세계적인 브랜드는 팬틴, 헤드앤숄더, 아

　　　　　　　　욕망을 디자인하라

P&G의 브랜드 믹스

이보리, 프링글스, 질레트, 브라운, 오랄비 등 300개가 넘는다. P&G는 매년 〈포춘〉이 선정하는 '세계에서 가장 존경받는 기업' 리스트에 이름을 올리고 있다. 특히 생활용품 부문에서는 계속 1위를 하고 있으며, 2011년에는 에이온 휴잇AON Hewitt 상을 수상하기도 했다.

경영 위기 극복에 디자인을 활용하다

그러나 1990년대 말부터 P&G는 심각한 위기에 직면했다. 불황으로 소비자들의 구매 행태가 보수적으로 변화하여 매출이 급격히 줄어든 데다, 이른바 '닷컴 붐'이 일어나면서 P&G는 굴뚝 산업으로 간주되어 주가가 반 토막이 났기 때문이다. 2000년 1월에만 해도 한 주당 가격이 114달러에 이르는 블루칩이었지만, 불과 두 달 만에 50달러대로 폭락함에 따라 순식간에 주가총액이 4,000억 달러나 날아갔다.

대규모 경영 혁신으로 위기를 넘겨야 한다는 위기감 속에 2000년 초 P&G의 회장으로 부임한 라플리는 기술 못지않게 디자인을 강조하는 전략을 내놓아 크게 주목받았다. 라플리 회장은 미국 인문학 교육의 명문인 해밀턴대학 출신으로 하버드경영대학원에서 MBA를 받았다.

그는 일본에 있는 P&G 계열사에서 4년간 근무하며 여성들의 섬세한 감수성을 디자인으로 충족시켜주는 방법에 통달했던 것으로 알려졌다. "소비자들이 P&G 제품을 사용할 때마다 디자인의 아름다움에 흠뻑 빠질 수 있도록 하라"고 구체적으로 주문했기 때문이다. 당시만 해도 주로 가격과 품질 경쟁력에 집착하던 P&G 구성원들에게는 충격적인 제안이었다.

라플리 회장은 "우리 제품은 이미 소비자들의 욕구를 대부분 충족시키고 있다. 새로운 기회를 만들어내기 위해서는 소비자들이 미처 깨닫지 못하는 욕구를 찾아내야 한다"며 여성인 클라우디아 코추카Claudia Kotchka를 디자인 및 혁신 부사장으로 임명했다. P&G가 다루는 분야가 주로 세제, 미용, 건강, 제지 등이다 보니 디자인이 비즈니스의 성패에 미치는 영향이 크고, 대다수의 고객이 주부 등 여성이라는 점을 감안한 인사였다. 대학에서 회계학을 전공하고 P&G에 입사하여 마케팅 부서의 책임자를 역임했으며, 당시 자회사의 사장이던 코추카는 "디자인 중심 문화Design Centric Culture를 만들자"는 슬로건을 앞세워 디자인 경영 시스템을 구축했다.

고객 중심 디자인 경영 시스템

P&G의 디자인 경영 시스템은 고객을 중시하는 철학에서 비롯된다. "고객은 보스boss다"라는 라플리 회장의 경영 철학을 바탕으로

　　　　　　　　　　　　　　　　　　　욕망을 디자인하라

P&G는 두 가지 '진실의 순간Moment of Truth'에 주목하고 있다. 첫 번째 진실의 순간은 고객이 진열대의 제품에 어떻게 반응하는지를 의미한다. 두 번째 진실의 순간은 고객이 실제로 그 제품을 사용해 보고 어떤 반응을 보이는가이다. 이 두 가지 진실의 순간에 모두 고객의 공감을 얻을 수 있도록 제품을 디자인해야 한다는 것이다.

구체적인 디자인 전략으로는 '연결과 개발Connect & Development' 전략과 '디자인-드리븐 모델Design-Driven Model'을 꼽을 수 있다. 연결과 개발 전략은 인터넷을 통해 전 세계인으로부터 새로운 아이디어를 구하고, 그것을 토대로 끊임없이 비교 우위를 만들어가는 연구 개발 시스템이다. 디자인-드리븐 모델은 디자이너가 제품 개발 초기 단계의 탐색에서부터 개발, 출시에 이르기까지 전 영역에 걸쳐 영향력을 발휘할 수 있도록 하는 것이다. 그와 같은 전략을 구현하기 위한 디자인 경영 시스템의 특성은 세 가지로 요약할 수 있다.

첫째, 디자인 경력직의 채용이다. 원래 P&G는 대학을 갓 졸업한 사람을 채용한 다음 사내에서 인재로 기르는 인사 정책을 갖고 있었다. 그러나 디자인 분야에서는 전통적인 인력 채용 정책을 바꾸어 경험이 많은 인재를 뽑았다. 미국 산업디자이너협회IDSA의 전 회장 로버트 스와츠처럼 경력이 많은 사람도 포함되었다. 그 결과 2001년에 45명 정도이던 사내 디자인 인력이 2004년에는 150명으로 늘어났다.

둘째, 외부의 저명한 디자인 컨설팅 회사들과의 긴밀한 협조다. 아이디오, 디자인 컨티넘 등 저명한 컨설팅 회사들을 활용하여 아이디어의 구체화나 고도의 전문성이 필요한 사용자 조사 등을 추진하

새로운 세제 '타이드 포드'. 가루나 액체가 아닌 캡슐 형태로 사용의 편의성을 극대화시켰다.

는 것이 효율적이기 때문이다.

셋째, 디자인 위원회의 활용이다. 2003년에 설치된 위원회는 디자인업계의 전문가들로 구성되었으며, 제품 개발과 마케팅 전략에 관한 의사결정에 외부의 객관적인 의견과 자문을 제공하는 역할을 한다. 이 같은 P&G의 디자인 경영 시스템은 최고경영진의 교체에도 불구하고 계속되고 있다.

2012년 2월 P&G는 기존 세제의 문제점을 해소한 '타이드 포드 Tide Pod'를 출시했다. 둥근 알약처럼 생긴 이 제품은 세제, 얼룩 제거제, 광택제가 내장되어 있어 세탁할 때 한 알씩만 넣으면 되므로 아주 편리하다. 세제 역사상 가장 획기적인 혁신이라고 불리는 이 세제는 출시되면서부터 큰 인기를 끌고 있어 매출이 30퍼센트나 늘어났다. 그러나 2~3세 아이들이 세제를 사탕으로 잘못 알고 먹는 예기치 못한 사고도 있었다. P&G는 즉각 어린이가 쉽게 열 수 없도

욕망을 디자인하라

록 이중 잠금장치를 추가하기로 했다. 우리나라에서는 아직 판매되지 않고 있는 타이드 포드는 와우요소의 창출을 통해 제품을 혁신하는 P&G 디자인 경영의 모범 사례 중 하나다.

맥도날드: 몸짓과 손짓까지 디자인한다

"앞으로도 맥도날드에서 식사하는 평범한 삶을 유지하겠다." CNN은 2012월 9월 1일자로 미국에서 3억3,700만 달러(약 3,820억 원)의 복권에 당첨된 주인공의 소감을 이렇게 보도했다. 이 한마디는 맥도날드가 곧 미국인들이 가장 많이 이용하는 외식 체인점이라는 것을 잘 보여준다.

미국 일리노이 주에 본부를 둔 햄버거 체인점 맥도날드Mcdonald's는 하루 이용 고객이 약 6,500만 명에 이르는 세계 최대의 패스트푸드점이다. 현재 맥도날드가 126개국에서 운영하고 있는 체인점은 3만3,000개소에 달한다. 이처럼 많은 나라에 맥도날드 체인점이 있

맥도날드 로고

는 탓에 물가를 비교할 때 맥도날드 햄버거의 가격을 기준으로 하는 '빅맥지수'가 널리 사용되기도 한다. 이 같은 성공의 이면에는 로고부터 메뉴, 매장에 이르기까지 체계적인 포트폴리오 디자인 경영이 자리하고 있다.

1948년 맥도날드 형제는 캘리포니아 샌 베르나디노에 독특한 식당을 열었다. 메뉴는 햄버거로 한정되어 있었고 유리창을 통해 요리사가 조리하는 장면을 볼 수 있었다. 1954년 레이 크록Ray Kroc은 프랜차이즈 경영권을 사들여 일리노이 주 데스플레인즈에 최초로 체인점을 열었으며, 1962년 캐나다 브리티시 컬럼비아에 진출한 것을 계기로 국제화에 속도를 냈다. 맥도날드는 '빠른 음식 서비스, 저렴한 가격, 맛 좋은 음식, 음식 맛의 일관성' 등을 앞세워 세계 최고의 패스트푸드 체인망으로 빠르게 성장했다.

그러나 2000년대 들어서면서부터 패스트푸드의 해악을 우려하는 각국의 시민 단체나 학부모들의 반발이 거세졌다. 주당 50달러를 호가하던 맥도날드 주식은 2003년 12달러까지 폭락했다. 그 무렵 일부 학부모들이 아이들을 비만으로 몰아갔다는 이유로 맥도날드를 상대로 소송을 제기되는 등 문제가 심각해지자 CEO가 해임되기도 했다.

'플랜 투 윈' 프로그램으로 위기 극복

2004년 위기 상황 극복을 위한 구원투수로 등판한 CEO는 짐 스키너Jim Skiner 회장이었다. 1971년 맥도날드에 입사하여 다방면에서 경영 수완을 보였던 스키너는 강력한 리더십으로 맥도날드의 혁

어린이를 위한 저칼로리 메뉴 '슈렉 아웃'. 새로 개발된 해피 밀은 콜라 대신 사과 음료, 저지방 우유 등을 제공한다.

신과 성장을 이끌었다. 2003년에 맥도날드가 도입한 '플랜 투 윈Plan to Win' 프로그램을 주도한 사람도 스키너다.

맥도날드는 지역의 문화를 적절히 반영한 새로운 메뉴를 개발하고, 매장 환경을 새롭게 디자인하도록 했다. 샐러드, 과일 제품을 늘린 반면, 과잉 칼로리 섭취의 주범으로 간주되던 '곱배기 햄버거'를 메뉴에서 뺐다. 그 결과 맥도날드의 매출은 42퍼센트나 올랐으며, 주가는 세 배나 급등했다. 2007년 12월 스키너는 경제전문 매체 마켓워치가 선정한 '올해 최고의 CEO'로 선정되었다. 2011년 맥도날드의 매출은 전년 대비 5.3퍼센트 오른 284억 달러를 기록했다.

2012년 7월 새로운 CEO에 오른 돈 톰슨Don Thomson은 1990년 맥도날드에 입사해 미국지사장, 최고운영책임자 등 주요 직책들을 두루 역임했다. 맥도날드 최초의 흑인 CEO이기도 한 톰슨 회장은 '맥카페McCafe'를 중심으로 커피 사업의 비중을 늘려나간다는 비전을 갖고 있다.

확대되는 유무형 디자인 경영 활동

환대 산업인 패스트푸드 체인 사업의 특성상 디자인 경영의 역할은 매우 중요하다. '플랜 투 윈' 프로그램의 핵심 중 하나는 디자인 사고의 수준을 높이는 것이었다. "고객은 눈으로 먹기 시작한다"라는 말처럼 메뉴판에서부터 테이블 세팅, 인테리어, 건물 외관, 간판 등에 이르기까지 눈에 보이는 디자인 수준에 의해 서비스의 성패가 좌우되기 때문이다. 또한 종업원의 태도와 접대 자세, 매너, 분위기 등 보이지 않는 서비스 디자인도 고객들의 만족도 제고에 큰 영향을 미친다. 맥도날드는 다음과 같은 유무형 디자인 경영 활동에 심혈을 기울이고 있다.

❶ 운영 성과를 높이는 새로운 메뉴 개발
❷ 보기sight, 소리, 냄새, 맛과 터치 등 토털 고객 경험 디자인
❸ 종업원의 정신적 스트레스를 줄이고, 성과를 올리는 직무 디자인
❹ 설비 디자인 및 배치
❺ 정보 시스템 디자인 및 사용자 인터페이스
❻ 서비스 시스템 디자인 및 스트레스 테스팅

　　　　　　　　　　　　　　　　　　욕망을 디자인하라

맥도날드 디자인 경영의 주역은 콘셉트 및 디자인 부사장 데니스 베일Denis Weil이다. 베일 부사장은 전 세계 맥도날드 매장의 차세대 고객 경험 및 리테일링 개발을 책임지고 있다. 그는 맥도날드에 오기 전에 P&G와 이커머스에서 고객 경험 디자인을 담당했다. 디자인을 혁신에 반영하여 성과를 거두는 데 능한 그는 3만 개가 넘는 맥도날드 매장들이 정체성을 갖게 해주는 디자인 포트폴리오를 구축했다.

따라서 새로운 매장이 개설될 때면 지역과 주요 고객들의 특성에 따라 다음에 제시된 포트폴리오에서 최적의 디자인을 선택할 수 있다. 알레그로Alegro, 폼Form, 오리진Origin, 리빙 스타일Living Room, 심플리Simply, 프레시&바이브란트Fresh&Vibrant 등 선택지가 10여 종이 넘는다. 2012년 6월 홍콩에서 열린 '아시아 디자인 교육대회'에서 만난 베일 부사장은 한국에 자주 간다며, 내게 한국 시장에서는 맥도날드의 디자인 포트폴리오 중 고급스러운 '알레그로'와 '폼'이 선호된다고 설명했다.

맥도날드는 매장 디자인 포트폴리오를 바탕으로 2015년까지 완전히 새로운 회사로 거듭나려 한다. 10억 달러를 투자하여 촌스러운 식당의 이미지에서 벗어나 멋진 커피숍다운 맥카페의 정체성을 만들어가고 있다.

최근에 새롭게 디자인된 로고도 그런 비전에 따른 것이다. 맥도날드는 바쁘게 매장에 들어와 급히 식사를 하고 나가는 곳에서 벗어나려 한다. 즉 편히 커피를 마시며 담소하고 인터넷도 하면서 즐길 만한 곳으로 탈바꿈하려는 것이다. 자동차에 앉아서 주문한 음식이 담

새로운 맥도날드 매장 디자인 포트폴리오 중 '오리진 비비드'

긴 브라운 백을 건네받자마자 떠나는 현재의 실정과 비교하면 그런 모습이 낯설고 어색할 수도 있다.

하지만 그렇게 전혀 새로운 환경을 조성해야 지속 가능한 성장을

욕망을 디자인하라

할 수 있다는 판단에 따라 2012년에 800개의 매장이 다시 디자인되었다. 이어 맥도날드는 2015년까지 1만4,000개의 매장을 거의 대부분 새로운 디자인으로 거듭나게 하여 고객들의 생각을 바꾸겠다고 공표했다. 과연 맥도날드의 도전이 어떤 결과를 가져올지 궁금하다.

폴크스바겐: 완벽주의와 더 나은 디자인

독일의 자동차 메이커 폴크스바겐, 즉 VW Volkswagen 하면 '비틀 Beetle'을 연상하는 사람들이 많다. 딱정벌레처럼 귀여운 디자인으로 '버그'라는 별명을 얻은 비틀의 매출 누계는 총 2,100만 대로, 세상에서 가장 많이 팔린 자동차 3위에 올랐으니 말이다. 하지만 반세기가 넘게 제작된 비틀과 그 뒤를 이어 1998년에 등장한 뉴 비틀은 이제 더 이상 VW의 주력 차종이 아니다. 유럽 최대 자동차 메이커로 자리매김한 VW 그룹이 다양한 브랜드를 앞세워 거침없이 성장하고 있기 때문이다. 세계적으로 널리 알려진 브랜드만도 10여 개가 넘을 만큼 거대 브랜드로 성장한 VW 그룹은 브랜드별로 혁신적인 디자인을 개발하면서 그룹 전체의 정체성을 형성해야 하는 두 가지 과제를 안고 있다.

세계 최초 '국민차'에서 최고 브랜드로

VW은 1930년대 독일 나치 정부의 국민차 생산 계획에 따라 1937

1937년에 탄생한 독일의 국민차 '딱정벌레 비틀'

년 볼프스부르크Wolfsburg에서 설립되었다. 당시 히틀러는 일부 부유층만 자동차를 소유하던 상황에서 "누구나 자기 차를 갖게 해주겠다"고 공약하고, 페르디난트 포르쉐Fedinand Porsche 박사에게 국민들이 편히 탈 수 있는 자동차 제작을 의뢰했다. 자동차공학에 정통한 포르쉐 박사는 연비, 내구성, 조작성이 높은 이른바 '국민차'를 디자인하고 생산 공장을 세웠다. 하지만 1939년 제2차 세계대전이 일어남에 따라 군용차의 생산이 시급해지자 국민차 생산은 중단되었다.

전쟁이 끝난 후 1948년부터 생산되기 시작한 비틀은 일약 베스트셀러가 되어 VW이 세계적인 기업으로 성장하는 데 크게 기여했다. 2002년 VW 그룹은 저급 소형차 생산업체라는 기업 이미지를 쇄신하기 위해 고급 세단 페이톤Phaeton을 생산하기 시작했다.

현재 VW 그룹은 폴크스바겐, 아우디, 포르쉐 등 이름만 들어도 알 만한 세계 유명 자동차 브랜드들을 다수 보유한 유럽 최대의 자동차 메이커로 자리매김하고 있다. 마틴 윈터콘Martin Winterkorn 회장이 이끄는 VW 그룹의 강점은 산하 브랜드 그룹과 자회사들이 각자 독립적으로 운영된다는 점이다. 13개의 브랜드가 독자적인 연구개발 및 생산시설을 갖추고 나름대로의 판매 전략에 따라 자동차를 만들어 판매하고 있지만, 플랫폼과 주요 부품은 공유하여 개발에 필요한 시간과 노력을 줄이며 동반 성장하고 있다.

윈터콘 회장은 2018년까지 세계 1위 자동차 그룹으로 성장하는 것을 목표로 '비전 2018' 전략을 주도하고 있다. 그는 '독일 완벽주의와 더 좋은 디자인German perfectionism and better design'이 도요타를 꺾을 수 있는 비결이라고 강조한다. VW 그룹은 향후 3년간 95억 유로(약 14조 원)를 투자하여 네 가지 기반 플랫폼과 20가지 신 모델을 개발할 예정이다. 윈터콘 회장이 이처럼 구체적인 전략을 강하게 추진할 수 있는 것은 자신이 금속공학 박사인 데다 연구개발 총책임자이기 때문이다.

윈터콘 회장의 전략을 구현하기 위해 '더 좋은 디자인'을 책임지고 있는 월터 드 실바Walter de'Silva의 공식 직함은 VW 그룹의 글로벌 디자인총괄책임자다. 윈터콘 회장이 아우디 CEO일 때부터 디자인 책임자로 호흡을 맞춰온 드 실바는 아우디와 람보르기니의 수석 디자이너를 역임했다.

드 실바의 역할과 책임은 하나같이 유명한 브랜드를 갖고 있는 자회사들이 VW 그룹이라는 하나의 모기업에 속한다는 소속감을 갖게 하는 것은 물론, 나름대로 각자의 뚜렷한 정체성을 유지하도록 해주

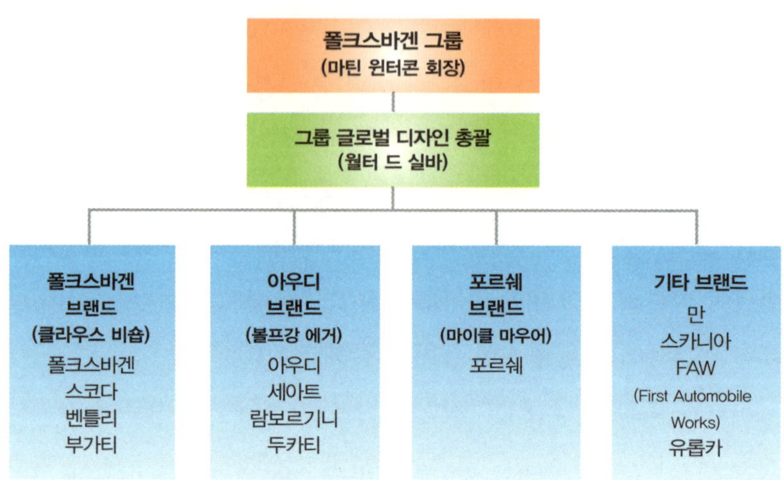

폴크스바겐 그룹의 브랜드 디자인 조직도

는 것이다. 여러 방향으로 이어지는 커다란 교차로에서 수많은 차량들이 얽히지 않고 원활히 소통될 수 있게 교통정리를 해주는 것과 같은 역할이라고 보면 될 것이다.

VW 그룹 디자인 경영의 특성

북미 시장의 확대를 추진 중인 VW 그룹은 뉴욕 현대미술관과 전략적 제휴를 하고 있다. VW 그룹이 미래의 지구 환경을 보호하기 위하여 전개하는 '푸르게 생각하라Think Blue' 캠페인은 뉴욕 현대미술관의 디자인 지원으로 더욱 힘을 받고 있다. 윈터콘 회장은 이 캠페인을 통해 VW 그룹이 환경의 지속 가능성과 휘발유 절약 기술을 개발하는 모던하고 진보적인 기업으로 알려질 것을 기대하고 있다. 윈터콘 회장과 드 실바 총괄 책임자로 이어지는 VW 그룹 디자인

욕망을 디자인하라

경영의 특성은 다음과 같다.

첫째, VW 그룹의 정체성 형성을 위해 가장 중요한 요소인 그룹 로고를 지속적으로 업데이트하고 있다. 누구나 알아보기 쉬운 VW 그룹 로고는 1930년대에 내부 공모를 통해 선정된 프란츠 라임스피이스Franz Reimspiess의 작품을 발전시킨 것이다. 국민차를 의미하는 'V'와 'W'를 위아래로 배치하고, 속도감을 주기 위해 프로펠러 같은 문양을 달아 복잡했던 첫 번째 로고는 1939년에 간결하게 다듬어졌다. 이후 여러 차례의 진화 과정을 거쳐 2000년 현재 로고로 정착되었다.

둘째, VW 그룹 산하의 브랜드별로 디자인을 총괄하는 수석디자이너를 두는 '브랜드 자치 디자인 경영'을 하고 있다. VW 브랜드의 수석 디자이너는 클라우스 비숍Klaus Bishop이다. 비숍은 "가장 단순한 디자인의 수명이 가장 길다"라는 신념을 갖고, 자동차를 디자인하는 과정에서 꼭 필요한 것만 남겨두는 방법으로 간결한 브랜드 정체성을 유지하고 있다. 아우디 브랜드의 수석 디자이너는 2007년에 임명된 볼프강 에거Wolfgang Egger다. 아우디 콰트로 콘셉트카의 디자인을 주도했던 에거는 2012년 2월부터 아우디 브랜드 디자인도 담당하고 있다. 2012년 8월 1일자로 VW 그룹에 편입된 포르쉐 브

폴크스바겐 그룹 로고의 진화 과정

2010년 파리 모터쇼에서 선보인 아우디 콰트로 콘셉트카

랜드의 수석 디자이너는 마이클 마우어Michael Mauer다. 이들은 모두 드 실바에게 중요한 디자인 경영 이슈들을 직접 보고한다.

셋째, 외부의 디자인 전문가들과의 전략적 협조를 지속적으로 강화하고 있다. 2010년 8월 이탈디자인 주지아로Italdesign-Giugiaro를 인수한 것을 꼽을 수 있는데, VW과 이탈디자인 주지아로의 협력관계는 1960년대 후반부터 시작되었다. VW 브랜드의 핵심 차종인 제1세대 골프와 파사트는 물론 시로코, 아우디 80 등을 이탈디자인 주지아로에서 디자인했다. 이탈디자인 주지아로는 2013년에 출시된 VW의 전기자동차를 디자인하고 있다.

최근 드 실바는 자동차 전문지 〈오토에볼루션Autoevolution〉과의 인터뷰에서 "VW 그룹의 모든 제품은 단순하고 깨끗하게 디자인되어야 한다"고 강조했다. 그런 디자인만이 시간이 지나도 물리지 않

욕망을 디자인하라

는 멋진 모습을 유지할 수 있다는 믿음 때문이다.

따라서 VW 그룹은 어떤 경우에도 '오버디자인overdesign'을 허용하지 않는다. 지나치게 많은 선들과 스타일링으로 만들어지는 오버디자인은 얼핏 그럴듯해 보여도 한두 계절만 지나면 질리기 마련이다. 브랜드 그룹별로 수석 디자이너들이 디자인 개발을 담당하지만, 그룹의 디자인을 총괄하는 드 실바는 '단순함'을 통해 그룹 전반을 아우르는 정체성을 형성하려는 것이다. 너무 빡빡하거나 느슨하지 않은 기입 디자인 표준을 마련하는 것이 거대 그룹 VW이 안고 있는 과제다.

13장

혁신의 바탕에 디자인이 있다

삼성전자: 이성의 문과 감성의 벽을 넘어

2012년, 애플이 삼성전자의 구글–안드로이드 기반 제품들 중 일부가 자사의 기술, 사용자 인터페이스, 제품과 포장 디자인을 베꼈다며 캘리포니아 북부 지방법원에 제소한 사건이 일어났다. 애플의 제소 이유는 주로 트레이드 드레스와 상표권 등 지적재산권과 관련되어 있었다. 우리에게는 아직 생소한 트레이드 드레스는 1989년 미국에서 히트 상품의 무분별한 베끼기를 방지하려고 도입한 제도다. 상품의 모양, 색상, 크기 등 전체적인 외관과 느낌으로 모방이나 표절 여부를 판단한다.

삼성전자는 사태를 좌시하지 않았다. 휴대전화 관련 기술 특허를 많이 보유한 회사답게 애플의 아이폰과 아이패드가 자사의 특허를 침해했다고 한국과 일본, 독일 법원에 맞제소를 했다. 삼성의 제소 이유는 데이터 전송 효율 관련 기술, 수신 오류 저감 기술, PC의 무선데이터 통신 기술 등 주로 기술 특허 침해였다. 앞으로도 세계 휴대전화 시장을 석권하고 있는 두 강자 간의 지식재산권 전쟁이 더욱 심화될 것은 명약관화하다. 업계에서는 삼성전자의 디자인 수준이 선두주자 애플을 위협할 만큼 향상된 것이 이번 소송의 실질적인 이유라고 말한다. 그렇다면 삼성전자는 어떻게 세계 최고 수준의 디자인 역량을 갖추게 되었을까?

1996년은 삼성 디자인 혁명의 해

1969년 설립된 삼성전자는 가전산업에서 성공하려면 디자인 역량을 갖추어야 한다는 인식에 따라 초창기부터 산업디자이너를 채용했다. 하지만 독자적인 디자인 개발 역량을 갖추는 데는 오랜 기간의 준비가 필요했다. 기술력 열세라는 악조건 속에서 저렴한 제품을 대량생산하고 수출하려면 선진 기술의 습득이 무엇보다 시급한 과제였기 때문에 디자인 분야는 상대적으로 뒤처져 있었다. 그러나 1993년 이건희 회장의 '신경영 선언'을 계기로 수원에 있던 '상품기획 및 디자인센터'를 서울로 이전하는 등 디자인 경영이 본격화되었다.

경영 패러다임을 양에서 질로 바꾸기 위해 디자인 역량을 획기적으로 개선해야 한다는 이 회장의 강한 의지에 따라 삼성전자는 1996년을 '디자인 혁명의 해'로 제정했다. 이 회장은 그해 신년사에서 기업의 가장 중요한 자산인 창의성에 따라 21세기의 진정한 승자가 결정된다고 강조하고, 삼성의 철학과 영혼을 반영하는 독특한 디자인 개발에 역량을 집중해달라고 당부했다. 단순히 제품 외형을 예쁘게 치장하는 수준을 넘어 삼성만의 혼이 담긴 디자인을 창조해내려면 경영진이 강한 디자인 마인드로 무장해야 한다고 믿었기 때문이다.

따라서 삼성 그룹은 그룹 사장단(전무 이상)을 대상으로 1박2일간 디자인 경영 교육 과정을 실시했다. 네 차례로 나누어 실시된 이 과정에서는 전략적 디자인의 중요성, 디자인 경영의 활성화 방안은 물론 훌륭한 디자인 선정 기준 등이 교육되었다. 주요 연사로는 밥 블레이크(전 필립스 디자인 책임자), 토머스 하디(IBM의 디자인 책임자 역임), 가츠오 기무라(일본 산업디자이너협회장)와 나를 비롯한 국내외 전문가들이 포함되었다.

　　　　　　　　　　　　　　　　욕망을 디자인하라

1997년 갑자기 닥친 외환위기로 인해 다소 주춤하긴 했지만, 삼성전자의 디자인 역량 강화 노력은 끊임없이 계속되었다. '이성과 감성이 조화되는 소비자 중심의 디자인'이라는 비전을 수립했고, 중장기 디자인 경영 전략도 마련했다. 디자인 기능을 사업 부문별로 분산 배치해야 한다는 의견이 많았음에도, 삼성은 2001년 서울 도심 삼성 본관 인근에 중앙집중형 디자인 경영 센터를 설립했다.

디자인 중심으로 경영 패러다임을 바꾸려는 이 회장의 노력은 해외에서 높이 평가되기 시작했다. 2004년 11월 홍콩 디자인센터는 제1회 디자인 리더십상 수상자로 이건희 회장을 선정했다. 그 후 2005년 4월 이 회장은 이탈리아 밀라노에 설치된 삼성전자의 여섯 번째 해외 디자인 연구소 개소식에 참석해 CEO에서 현장 사원에 이르기까지 디자인의 의미와 중요성을 새롭게 재인식해 세계 일류의 명품을 만들라는 '제2의 디자인 혁명 선언'을 하기도 했다.

이에 대한 화답은 디지털 미디어 사업 부문에서 먼저 나왔다. 당시 디자인 경영 센터장과 영상 디스플레이 부문 사장을 겸임했던 최지성 삼성전자 부회장은 멋진 와인 잔을 연상시키는 독창적인 디자인의 '보르도'를 개발해 텔레비전 시장의 역사를 새로 썼다. 그때 최 사장은 엔지니어들에게 어떠한 어려움이 있더라도 디자이너들이 당초 제시한 대로 제품을 개발하라는 엄명을 내렸다. 2006년 봄에 출시된 보르도는 미국 디지털 텔레비전 시장에서 20퍼센트의 점유율을 차지해 사상 처음으로 삼성전자를 선두자리에 올려놓았고, 세계 시장에서도 2007년 8월 말까지 모두 520만 대가 팔려 1위가 됐다.

디지털 생활가전 사업부에서도 디자이너들이 주축이 돼 4도어 프리미엄 냉장고 '콰드로'를 개발했다. 미국 등 선진국 소비자들의 맞춤형 식품 보관 수요에 적극 대응하기 위해 디자인된 콰드로 냉장고는 독립적인 온도·습도 조절 기능을 갖춘 4개의 냉각실로 구성됐다. 콰드로는 2,999달러라는 초고가에도 불구하고 출시 직후부터 미국 시장에서 인기를 얻었다. 〈타임〉은 2006년 3월 20일자 커버스토리에서 콰드로를 '꼭 구입해야 할 주방 가전제품'으로 선정하기도 했다. 2006 국제 전자제품 전시회에서 '최고 혁신상'을 수상한 콰드로는 그 후 국내 시장에서도 커다란 호응을 얻었다.

휴대전화 부문에서도 고객의 니즈를 최우선적으로 배려한 제품들이 속속 시장에 나왔다. 넓은 화면과 손에 쥐기 편한 형태로 디자인된 이건희 폰, 블루블랙 폰, 벤츠 폰 등이 잇달아 누적 매출 1,000만 대를 기록했다. 그런 실적을 바탕으로 최근 휴대전화 시장의 판도를 완전히 바꾼 스마트폰 부문에서 삼성전자는 혁신적인 디자인으로 선두주자인 애플과 경쟁하고 있다.

삼성전자의 스마트폰 갤럭시S

삼성전자 생활가전부문장 겸 디자인경영센터장인 윤부근 사장은, 의미 있는 삶의 가치를 제공하려는 삼성전자의 디자인 철학을 소비자와 교감하고 소통하기 위해 "의미 있게 만들어라Make it meaningful"는 콘셉트로 제품 외관 디자인은 물론 스마트한 UI/UX 디자인을 주도하고 있다. 디자이너 출신인 장동훈 디자인전략팀장(부사장)은 디자인경영센터가 제품 혁신에서 중추적인 역할을 수행하는 원동력은 다양한 인력들의 복합적인 사고가 시너지를 내는 것이라고 강조한다. 실제로 디자인경영센터에는 1,200명이 넘는 디자인 인력이 일하고 있으며 이들 가운데 30퍼센트 이상이 심리학, 공학, 경영학, 경제학 등을 전공했다. CEO 직속인 디자인경영센터의 1년 예산은 수천억 원에 달하며 해외에 6개 사무소를 운영히고 있다. 영국, 미국 등 선진국 사무소에서는 선행 디자인, 원형 디자인을 연구하고 인도 중국 등에서는 현지 디자인을 기획한다.

최근 삼성의 제품 디자인에 감성이 담기고 있는 것은 연구진이 영감을 얻으려고 여행하는 덕분이다. 갤럭시S3의 경우, 세 팀이 디자인을 전담하고 있는데 한 팀은 알래스카에서 열기구를 탔고 다른 팀은 호주에서 세계 최대의 단일 바위인 에어스록ayers rock을 보고 왔다. 나머지 한 팀은 북극에서 오로라를 직접 보고 와서 미니멀 오가닉minimal organic 콘셉트를 창안하여 조약돌 형태와 색상을 디자인했다. 새로 출시된 갤럭시S4는 감각적 오가닉 콘셉트로, 형태는 기존 시리즈와 비슷하지만 반짝반짝하는 금속 느낌이 나면서 고급스럽다.[30]

디자인 경영에선 CEO의 리더십이 승부수

이처럼 단기간에 삼성의 디자인 경영이 큰 성과를 낸 데에는 이건희 회장의 역할이 컸다. 디자인 혁신을 통해 삼성 제품의 품격을 한 차원 더 높이라는 강력한 주문을 했기 때문에 가능한 일이었다. 이제까지 애플은 '시장 개척자first mover' 전략에, 삼성전자는 '빠른 추격자fast follower' 전략에 주력해온 것으로 평가되었으나, 두 기업의 디자인 경영 진검 대결은 이제부터라고 할 수도 있다.

한때 선진국 제품의 OEM 생산기지에 불과했던 삼성전자가 세계적 수준의 디자인 역량을 갖춘 IT 강자로 우뚝 섰다는 사실은 분명 놀라운 일이다. 하지만 삼성전자에게도 앞으로 헤쳐나가야 할 많은 험로가 놓여 있다. 차별화된 디자인과 브랜드 경쟁력으로 감성의 벽까지 뛰어넘는 제품을 개발해 명실공히 세계 최고 기업으로 성장하려면 디자인 경영의 수준을 한 차원 더 높게 강화해야 할 것이다.

기아자동차: 일관된 정체성으로 경쟁력 높이기

디자인이 자동차의 경쟁력을 좌지우지한다는 것은 이미 오래된 상식이다. 2000년대 초반, 영국의 미니를 인수하여 소형차 라인업을 시도한 BMW가 대성공을 거둔 것도 따지고 보면 디자인 덕분이다. 하지만 그런 이야기들은 모두 우리 자동차 산업과는 거리가 먼 이야기로 간주되었다. 독창적인 디자인으로 승부하는 게 어렵다는 인식이 팽배했기 때문이다.

그래서 2011년 3월 기아차의 K5가 레드닷 디자인 어워드에서 최우수상을 수상했다는 뉴스는 신선한 충격으로 다가왔다. 한국산 자동차가 레드닷 디자인 어워드에서 장려상이나 본상을 받은 적은 있지만 최우수상은 처음이었기 때문이다. 기아차는 어떻게 그런 스토리를 만들 수 있었을까?

2006년 파리 모터쇼에서 디자인 경영 공식화

기아차가 디자인으로 승부를 하게 된 데는 그만한 이유가 있다. 1998년 현대차와 기아차의 합병으로 현대기아차 그룹이 설립된 이후, 두 회사의 브랜드 차별화가 점차 심각한 현안으로 대두되었다. 기아치의 어떤 차종의 경쟁력이 높아지면 현대차의 경쟁 모델이 타격을 받는 이른바 '제살깎기' 현상이 심화되었기 때문이다. 정몽구 회장은 2005년 신년사에서 현대차와 기아차의 브랜드 차별화를 제안했다. 이에 따라 현대차는 균형 잡힌 현대인을 대상으로 세련되고 당당한 정체성을 부각시키되, 기아차는 모험심이 강한 젊은 고객층을 겨냥한다는 목표가 제시되었다.

2005년 2월 기아차 사장으로 부임한 정의선 사장은 기아자동차가 디자인으로 차별화될 수 있는 방법을 모색하기 시작했다. 먼저 자사 제품을 면밀히 분석한 결과, 품질에서는 글로벌 선도업체들에 비해 손색이 없지만 디자인에서는 다소 뒤진다는 것을 발견하고 디자인 경영의 도입을 서둘렀다. "차량 라인업의 디자인을 업그레이드시키고 감각적 디자인 요소를 가미함으로써 세계 무대에서 기아자동차의 경쟁력을 높이겠다"는 것이 정 사장의 포부였다.

무엇보다 먼저 회사 내 임직원들의 디자인 마인드를 고취시키기 위해 디자인 로고를 제정하고 적극 활용하도록 했다. 차와 고객에 대한 끊임없는 궁금증을 상징하는 '?'와 번뜩이는 아이디어와 창의

적 해결력을 의미하는 '전구'가 표시된 로고는 디자인이 문제를 창
의적으로 해결하는 프로세스라는 의미를 내포하고 있다.

이 디자인 로고는 기아차의 모든 서식, 홈페이지 등에 폭넓게 적
용되어 임직원들이 디자인 마인드를 갖는 데 크게 기여했다. 아울러
다양한 매체를 통한 광고에도 적용되어 기아차가 디자인으로 차별화
를 도모한다는 것을 사회 전반에 널리 알리는 데도 큰 역할을 했다.

하지만 독창적인 디자인으로 자동차 라인업을 업그레이드하는 것
은 정 사장의 기대만큼 신속히 이루어지지 않았다. 거대 조직인 현
대·기아 통합디자인연구소가 기민하게 움직이지 않았기 때문이다.
아무리 같은 그룹 산하의 자매회사라 해도 두 회사에 각각 소속된
디자이너들이 유기적으로 협력하는 데는 한계가 있음을 직시한 정
사장은 과감하게 현대차와 기아차의 디자인 조직 분리를 단행했다.

정 사장은 기아차의 기술과 디자인 수준은 이미 상당한 수준에 도

2011년 레드닷 디자인 어워드에서 최우수상을 수상한 K5

욕망을 디자인하라

기아차의 '디자인' 로고

딜해 있으므로 임직원들에게 열정과 자신감을 붉어넣어주면 많은 문제가 해결될 것이라고 생각했다. 그들의 자발적이며 정성이 담긴 노력이 성과를 거두어야 기아차가 안고 있는 만성적인 적자에서 벗어날 수 있다는 믿음을 갖고 있었던 것이다.

또한 새로 독립한 기아디자인연구소의 활성화를 위해 시급한 과제가 세계 최고 수준의 디자인 책임자를 영입하는 것이라고 판단한 정 사장은 세계 3대 자동차 디자이너 중 한 명으로 꼽히던 폴크스바겐의 피터 슈라이어Peter Schreyer를 CDO로 영입했다. 그리고 2006년 9월 파리 모터쇼에서 디자인 경영의 도입을 공개적으로 선언하여 슈라이어 부사장에게 힘을 실어주었다.

1953년 독일에서 태어난 슈라이어 부사장은 뮌헨조형대학과 영국왕립대학에서 자동차 디자인을 전공하고, 아우디에서 오랫동안 실무에 종사하며 TT 등 다수의 성공적인 모델을 개발했다. 2002년부터 폴크스바겐에서 디자인 책임자로 일한 경험이 있으므로 기아차의 CDO로는 적격이었다.

정 사장의 전폭적인 지원 속에 슈라이어 부사장은 먼저 디자인센터의 경영 환경 개선에 나섰다. 자동차 디자인의 결정 과정에서 경영진의 지나친 간섭과 선후배 디자이너들 간의 엄격한 위계질서 등으로 관료화되었던 조직 분위기를 송두리째 바꾸기 시작한 것이다. 연공서열에 관계없이 창의적인 디자인을 제안하는 디자이너를 우대하자, 밥그릇 수효가 아니라 실력으로 선의의 경쟁을 하는 분위기가 형성되었다.

규율이 엄한 군대의 경직된 내무반 같던 디자인실 분위기가 바뀌었고, 출신학교별로 뭉치던 디자이너들 간의 파벌이 사라졌다. 또한 경영자들이 신차 모델을 보고 디테일을 바꾸라고 지시하는 등 디자인의 전문 영역까지 간섭하던 관행을 없앴다. 그 결과 의사결정 과정에서 디자인이 변형되지 않게 됨에 따라, 원래 디자이너가 의도했던 개성이 살아났다.

기아자동차만의 정체성 형성

슈라이어 부사장은 특히 기아차만의 독특한 개성이 드러나도록 하는 데 심혈을 기울였다. 이른바 '직선의 아름다움Beauty of Straight Line'을 신봉하는 그는 간결한 직선으로 개성이 차별화될 수 있도록 차체를 디자인했다. "가장 완벽한 것은 가장 단순한 것"이라는 레오나르도 다빈치의 말을 자주 인용하는 슈라이어는 단지 몇 개의 선만으로 자동차가 가진 특성을 그려내는 능력을 갖고 있다.

그가 먼저 관심을 둔 부분은 전면 라디에이터 그릴의 형상이다. '호랑이의 코'를 연상시키는 형태로 정리된 기아차의 그릴은 새로운 '패밀리 룩family look'을 형성하는 기본적인 요소다. 자동차 산업에서

욕망을 디자인하라

는 누구나 멀리서도 어느 회사의 제품인지를 한눈에 알아볼 수 있는 디자인의 정체성이 아주 중요하다. 예를 들면 BMW는 '키드니 그릴 kidney grill'로 유명한데, 모든 차가 두 개의 신장의 형태를 닮은 라디에이터 그릴을 장착하고 있어서 다른 회사의 자동차들과 쉽게 구분된다.

기아차가 불과 수년 만에 나름대로 독특한 개성을 일관되게 부각시킬 단초를 잡은 것이다. 소울, 포르테, K5, 그리고 K7 등 신규 모델에는 예외 없이 동질성이 있는 라디에이터 그릴이 장착되고 있다. 특히 기아차는 마이크로소프트와 함께 운전자와 자동차의 상호작용을 집중적으로 연구하여 운전의 편의성을 극대화하고, 운전 중에도 정보의 교류와 오락을 즐길 수 있는 차세대 차량용 인포테인먼트 시스템을 개발하고 있다.

이 같은 디자인 혁신은 곧바로 매출 실적의 향상으로 이어지고 있다. 2005년 11월에 출시했던 로체의 경우, 뛰어난 성능에도 불구하고 시장에서 외면당해 경영에 커다란 부담을 주었다. 반면에 슈라이어가 디자인하여 2008년 6월에 출시한 로체 이노베이션은 중형차 시장에서 돌풍을 일으켰다. 또한 독창적으로 디자인된 포르테와 소울의 신차 효과는 내수는 물론 해외 매출을 높여주었다. 특히 2010년 로체 이노베이션의 후속 모델인 K5, K7, 소렌토 R 등이 국내외 시장에서 각광을 받게 되자 주가가 상승하여 2003년에 비해 무려 3배 이상 뛰어올랐다. 디자인으로 회사의 운명이 달라진 사례가 한국 자동차 산업에서도 구현된 것이다.

이 사례의 시사점으로는 먼저 정의선 부회장의 디자인 경영에 대한 확고한 의지를 꼽을 수 있다. 기아차의 구성원들에게 디자인 마인드를 확고하게 각인시키고, CDO 피터 슈라이어가 디자인 역량을 마음껏 발휘할 수 있는 환경을 제공해주었기에 불과 5년이라는 짧은 기간에 놀라운 성과를 거둘 수 있었던 것이다.

한편 CDO 슈라이어 부사장은 이질적인 경영 환경에도 불구하고 기아차다운 특성과 경쟁력을 갖춘 모델들이 지속적으로 개발될 수 있는 시스템 구축에 중추적인 역할을 수행했다. 하지만 그가 아무리 탁월한 디자인 능력을 갖고 있다 하더라도 개성과 자존심 강한 기아차 디자이너들의 적극적인 협조가 없었다면 결코 단기간에 그런 성공 스토리를 만들어낼 수 없었을 것이다. 기아차에서 28년간 디자이너로 일하고 있는 송세영 이사(디자인실장)는 슈라이어가 열린 마음으로 문화적인 차이를 존중하기에 서로 긴밀한 협력이 가능하다고 지적했다.

이는 곧 디자인 경영자로 성공하려면 디자인에 관한 탁월한 전문성 못지않게 다른 사람들을 포용할 수 있는 원만한 인품과 리더십을 갖추어야 한다는 점을 시사해준다. "디자이너가 되기 전에 사람이 되라"는 말이 실감 나는 대목이다.

2013년 1월 초에 피터 슈라이어는 현대기아차 본사의 그룹디자인 총괄사장으로 임명되었다. 이에 따라 슈라이어 사장은 현대자동차의 장기적인 디자인 비전과 전략을 제시하고 계열사의 디자인 역량을 강화하고 차별화를 도모해야 하는 막중한 책임을 맡게 되었다.

현대카드: 일상에서 경이로움을 발견하다

금융기관 하면 으레 전통을 중시하고 보수적일 거라는 선입견으로 인해 혁신적인 변화를 도모하는 디자인과는 거리가 멀 것이라고 생각하기 쉽다. 하지만 조금만 주의를 기울이면, 금융업의 성패에 디자인이 아주 큰 역할을 하고 있다는 것을 알 수 있다.

먼저 디자인이 금융기관의 로고와 서식은 물론 사인 시스템 등의 시각적 정체성visual identity을 형성하는 데서 중추적인 역할을 하고 있다는 것은 잘 알려진 일이다. 그런데 요즘은 금융업의 서비스 디자인이 크게 각광받고 있다. 세계적인 금융 위기에도 불구하고 승승장구하고 있는 움프쿠아은행, 베를린은행, 시티은행 등은 모두 디자인을 전략적으로 경영하여 큰 성과를 거두고 있다. 하지만 아직까지도 그런 스토리는 해외 일부 금융기관들의 사례로만 치부되는 경향이 있다. 그런 의미에서 나눔의 디자인 경영을 일관되게 추진하여 국제적으로 인정받고 있는 현대카드의 사례는 아주 이례적이다.

2011년 현대카드는 사회적 융합을 위해 지원하고 있는 '드림실현 프로젝트'로 미국 산업디자이너협회가 수여하는 국제우수디자인상의 서비스 부문 금상을 수상했다. 드림실현 프로젝트는 현대차 그룹이 소상공인의 자활을 돕기 위해 실시하고 있는 사회 공헌 프로그램이다. 현대차 미소금융재단의 미소학습원과 현대카드가 긴밀히 협조하고 있는데, 학습원은 소상공인들에게 사업 성공의 노하우를 전수하는 교육 과정을 운영하고, 현대카드는 디자인 재능 기부를 통해 점포와 사업 리모델링을 지원한다. 즉 소상공인들이 비즈니스를 시

작할 때 크게 애로를 겪게 마련인 공간, 브랜딩, 패키지 등의 종합적
인 디자인 지원은 물론 마케팅 컨설팅도 해준다.

2010년 10월에 문을 연 1호점 과일 가게 '햇빛농원'을 시작으로
북한식 두부 가게인 '콩사랑'(경기도 산본)을 비롯해 2013년 3월 현재
7호점까지 오픈했는데 이들 점포는 매출이 기존보다 2배 이상 상승
했다. 국제우수디자인상 심사위원단은 "드림실현은 디자인과 금융
및 체계적인 마케팅 지원을 결합하여 소상공인들의 사업을 근본적
으로 변화시킨 게 인상적이다"라고 선정 이유를 밝혔다.

그런데 현대카드가 국제우수디자인상에서 금상을 받은 것이 이
번이 처음이 아니다. 2010년에도 서울역 버스 환승 센터 '아트 쉘터
Art Shelter'로 국제우수디자인상 환경 디자인 부문 금상을 수상한 바
있다.

서울시에 버스 정류장을 기부하다

원래 서울역 주변에는 10여 개의 버스 정류장이 여기저기 산재하
여 수십 개의 노선이 한데 몰리다보니 이용객들이 우왕좌왕하는 등
여간 불편하지 않았다. 하지만 현대카드가 개발하여 2010년 7월 서
울시에 기부한 환승 센터는 그런 불편을 단번에 해소시켰다.

버스 중앙 승강장 4곳과 가로변 승강장 1곳으로 구성된 환승 센
터에는 버스 23대가 동시에 정차하고 시간당 920여 대가 이용할 수
있기 때문이다. 또한 서울역 역사로 바로 연결되는 에스컬레이터가
설치되어 버스와 철도 환승 시간이 3분 이내로 단축되었다. 종전에
는 환승 시간이 12분 이상 걸렸던 것과 크게 비교된다. 정류소별로

욕망을 디자인하라

경유지 방향과 노선 번호가 기재된 대형 입간판은 물론 버스 내외부에 정류소 및 경로 변경 내역에 관한 안내문을 부착하는 등 서울시의 '디자인 가이드라인'을 충실히 준수하여 시민들의 편의성을 최대한 배려했다.

하지만 이 시설의 어디에서도 현대카드의 기여가 눈에 들어오지 않는다. 훌륭한 시설을 개발하여 기부한 기업의 브랜드나 로고를 사용할 수 없도록 규정한 서울시의 조례 때문이다. 기부를 빙자하여 기업 광고를 하는 페단을 방지하기 위한 것이다. 마케팅 성과를 기대하기 힘든 데도 불구하고 수십억 원을 투자한다는 것은 아주 어려운 일이다. 그럼에도 불구하고 현대카드는 디자인 재능 기부를 통해 서울 시민들의 삶의 질을 향상시키기 위해 과감한 결정을 내린 결

현대카드가 설치하여 서울시에 기부한 서울역 버스 환승 센터

과, 국제우수디자인상 금상을 수상함으로써 브랜드 이미지 개선을
위한 특별한 기회를 가질 수 있었다.

2008년 예술의 전당에서는 뉴욕 현대미술관이 개최한 '겸손한 명
작Humble Masterpiece: 디자인, 일상의 경이'라는 전시회가 열렸다. 현
대카드의 독점 후원으로 열린 이 전시회는 우리 주변에서 무심코 지
나치는 디자인의 참맛과 생활 속 디자인의 진정한 의미를 보여주는
제품들로 구성되었다. 페이퍼클립, 포스트잇, 초콜릿 캔디, 파스타
누들, 볼펜 등 일상생활에서 요긴하게 사용되는 물건들이 개발된 배
경과 특성을 소상하게 설명하여 디자인의 경이로운 힘을 일반 대중
에게 널리 알려주는 계기가 되었다.

현재 뉴욕 현대미술관 숍에서 판매되는 제품들 중에는 스푼 형태
의 병따개, 메모 패드, 샌드위치 스폰지 등 우리나라 디자이너들이
만든 것들이 심심치 않게 눈에 띈다. 2009년 2월, 이 매장에서 현
대카드의 후원으로 열렸던 '데스티네이션 서울Destination Seoul' 전시
회의 성과이다. 디자인으로 사회적 책임을 실천하기 위해 현대카드
가 90여 종의 우리나라 소품들이 뉴욕에서 전시·판매되는 장을 마
련해주었기 때문이다. 탁월한 디자인 재능으로 독창적인 상품을 개
발해도 판로를 찾지 못해 어려움을 겪던 젊은 디자이너들에게 해외
시장 진출의 기회를 제공하여 내실 있는 디자인 진흥 활동을 실천한
것이다.

또한 현대카드는 창의적인 디자인뿐만 아니라 다양한 공연 문화
활동을 통해 기업 이미지 제고와 마케팅 성과의 확대라는 효과를 거
두고 있다. 플라시도 도밍고, 비욘세, 요요마, 빌리 조엘, 스티비 원

욕망을 디자인하라

과거와 현재의 조형미가 공존하는 현대카드 디자인 라이브러리

더, 레이디 가가 등 세계적인 공연 예술가들을 한국에 초청, 다양한 슈퍼 시리즈를 개최함으로써 많은 사람들이 수준 높은 문화적 재능을 나눌 기회를 제공하고 있다. 그런데 최고 20억 원의 엄청난 스폰서 비용을 지불해야 하는 문화 행사의 입장권을 구매할 때 현대카드로 결제하는 비율이 90퍼센트를 넘나드는 성과를 얻었다. 이는 곧 문화 나눔 활동이 현대카드 기존 고객들의 충성도를 높여줄 뿐만 아니라 신규 가입을 획기적으로 늘려주고 있다는 것을 의미한다.

2013년 3월, 서울시 가회동에 새로 지은 현대카드 디자인 라이브러리가 개관되었다. 1만1,500여 점의 디자인 관련 서적이 소장된 이 도서관은 각이 진 강철 구조의 외형과 전통 한옥의 특성이 어우러지도록 디자인되었다. 건축가 최욱은 도서관의 기능성과 가회동 지역 한옥의 전형성을 잘 조화시켜 옛것과 새것이 공존하도록 했다.

영국의 저스틴 맥거크와 미국의 알렉산드라 랑은 "영감을 주고, 유용하고, 넓은 범위를 다루고 있으며, 영향력 있고, 철두철미하고, 심미적이며, 시간을 초월해야 한다"는 일곱 가지 키워드에 맞는 도서들을 선정했다. 희귀 도서 컬렉션은 이미 절판됐거나 콘텐츠 혹은 형식 면에서 특정 시대를 대표하는 디자인에 관한 책들로 채워져 있다. 펭귄북스에서 출판한 제인 오스틴의 한정판 책들처럼 디자인 외 다른 분야의 도서들도 선정되었는데, 책의 아름다운 표지 덕분이다. 정기간행물 코너에는 건축 잡지 〈도무스*Domus*〉와 〈라이프*Life*〉의 전판(1928년부터 1936년까지)을 소유하고 있어 새로운 디자인 명소로 자리매김하고 있다.

디자인과 브랜드가 융합되는 디자인 경영

2001년 부실화된 다이너스카드를 현대자동차 그룹이 인수한 이래로 해마다 수천억 원 대의 적자로 고전하던 현대카드를 흑자 기업으로 전환시킨 주역은 정태영 사장이다. 2003년에 부임한 정 사장은 다른 카드사들이 긴축 운영으로 신상품 개발과 광고를 줄이는 상황에서 역발상의 디자인 경영을 주도했다. "품질과 가격으로 경쟁하는 시대는 끝났으므로 이제 디자인과 브랜드로 승부를 걸어야 한다"는 신념으로 정 사장은 단지 '예쁜 디자인'이 아닌 '목적이 있는 디자인'의 개발에 적극 나섰다. 신용카드 업계에 돌풍을 일으킨 알파벳 카드 시리즈와 파격적인 광고 등은 카림 라시드, 오영식(토털아

이덴티티 서울 대표) 등 세계적인 전문가들과의 협력을 통해 디자인
되었다.

한편 사내의 디자인 부서를 활성화하기 위해 2009년 오준식 디자
인 실장(이사)을 영입하여 여의도 본사 사옥의 내·외부는 물론 사무
용품에 이르기까지 현대카드의 모든 것을 '현대성contemporary'이라
는 기준으로 디자인하여 일관된 정체성을 형성했다. 홍익대학교 출
신인 오준식 실장은 파리의 국립미술장식학교에서 목가구를 전공하
고, '이노디자인'에서 크리에이티브 디렉터를 역임했다.

현대카드 디자인 경영의 또 다른 강점은 디자인실과 브랜드실의
유기적 협력이다. 브랜드 실장인 이미영 이사는 현대카드의 아이덴
티티의 핵심이 '프라다 정장을 입은 MIT 가이Guy'라고 정의한다.
미니멀한 고급스러움 속에 냉철한 지성이 담겨야 한다는 것이다. 이
실장은 〈주간조선〉과의 인터뷰에서 "브랜드실과 디자인실은 샴쌍둥
이 같은 존재입니다. 소비자에게 어떤 메시지를 줄 것인지, 왜 해야
하는지를 끊임없이 고민하고 이야기를 나눕니다. 칭찬을 받아도 같
이 받고 야단을 맞아도 같이 맞습니다"라며 디자인 작업의 A부터 Z
까지 오실장과 머리를 맞댄다고 강조했다.[31]

금융기관으로는 드물게 잇달아 세계적인 디자인상을 수상한 현대
카드는 훌륭한 디자인으로 사람들을 행복하게 해주는 사회적 기여
를 실천하는 것이 바로 디자인 경영의 힘임을 잘 보여준다.

LG전자: 디지털 라이프 크리에이터를 꿈꾸다

냉장고, 세탁기, 에어컨 등 가전제품들이 우리의 일상생활에서 필수품으로 자리 잡았다. 이제 도시든 농촌이든 가정마다 최소 서너 가지의 가전제품을 사용하기 마련이다. 그런데 가전제품을 구매하는 사람들의 마음속에는 주부를 도와서 가사를 꼼꼼하게 처리해주는 '도우미'의 역할을 기대하는 심리가 있다고 한다. 따라서 전 세계 가전업계에서는 차가운 '기계'가 아니라 성실하고 충성스러운 '가정부'같이 가전제품을 디자인하려는 노력이 전개되고 있다.

특히 가전제품에 활용되는 기술 수준이 점차 평준화되면서 디자인이 효과적인 차별화 수단이 되고 있으며, 제품의 품격에 대한 주부들의 안목이 높아짐에 따라 디자인이 가장 중요한 선택 기준이 되고 있다. 많은 가전업체들이 디자인 경영에 주력하는 것도 디자인이 경쟁력의 원천이 될 수 있다고 믿기 때문이다.

일본의 디자인 잡지 〈니케이 디자인*NIKKEI Design*〉 2012년 10월호에는 '아시아에서 가전의 패권자로 군림하는 LG전자의 디자인 파워'라는 특집 기사가 실렸다. 이 특집의 기획 의도는 일본이 명실공히 디자인 선진국이 되려면 한국으로부터 '디자인 액티브 경영Design Active Management'을 배워야 한다는 것이었다. 우리에게는 아직 생소한 개념이지만, 디자인 액티브 경영이란 디자인이 새로운 사업을 개척하기 위한 촉진제 역할을 하고, 경영자와 비즈니스맨들이 미래를 개척하는 사업에 디자인을 충분히 활용하여 새로운 시장과 생활을 현실로 구현시키는 경영 방식이다.

LG전자 홈시어터 시스템 디자인

가주야 시모카와 편집장은 한국이 지난 10여 년간 디자인 액티브 상태를 유지하고 있는데, 이는 정부의 디자인 진흥 정책과 수도 서울시의 '디자인 서울 시정' 덕분이라고 진단하고, 앞서가는 한국 기업들도 디자인 액티브 경영에 도전하고 있다고 주장했다. 시모카와 편집장은 그런 기업의 대표적인 예로 LG전자를 꼽았다. 그렇다면 LG전자 디자인 액티브 경영의 핵심은 무엇인가?

고객을 위한 가치 창조

1958년 '금성사'로 출발하여 1995년 LG전자로 이름을 바꾼 이 회사는 '우리나라 최초'라는 꼬리표를 달고 다닌다. 라디오(1959년), 흑백 텔레비전(1966년), 컬러 텔레비전(1977년) 등을 국내 최초로 생산했으며, 1995년 미국 최대 가전 회사였던 제니스Zenith Electornics를 인수하여 디지털 HD 텔레비전의 원천기술을 확보했다.

'일등 LG'를 비전, '정도경영'을 행동 방식으로 추구하는 LG전자의 경영 이념은 '고객을 위한 가치 창조'와 '인간 존중의 경영'이다. 고객에게 정직하고 더 나은 가치를 제공하기 위해 꾸준한 이노베이션으로 실력을 배양하고, 구성원들을 능력·업적에 따라 공정하게 대우하는 것이 바로 정도경영의 핵심이다.

2010년 55조 원의 매출을 올린 LG전자는 세탁기, 냉장고, 에어컨 등 생활 가전제품 부문에서 특히 강세를 보이고 있다. 1999년 세계 최초로 '다이렉트 드라이브DD' 모터가 장착된 세탁기를 출시했으며, 2005년에는 듀얼 스팀 세탁기를 개발하는 등 전 세계 세탁기 시장에서 매출액 및 수량 기준 시장 점유율 1위를 차지했다.

〈니케이 디자인〉은 리서치 회사의 데이터를 근거로 LG전자가 아시아 백색가전, 즉 에어컨, 냉장고, 세탁기의 3대 백색가전 부문에서 시장 점유율 1위를 장악하고 있다고 보도했다. 냉장고 점유율은 25퍼센트를 넘었으며, 에어컨의 점유율은 2년 동안 2배 이상으로 확대되었다. 현지 가전 양판점의 판매가격을 보면 LG 제품이 결코 타사에 비해 크게 낮지 않으므로, 저렴한 가격이 높은 시장 점유율의 요인은 아니었다.

디자인을 주축으로 협업팀 운영

LG전자는 디자인 분야에서도 선구적인 역할을 해왔다. 1959년 최초로 산업 디자이너를 채용하여 독자적인 라디오 모델을 개발했으며, 1983년에는 디자인 종합연구소(현재 디자인 경영 센터의 전신)를 설립했다. 2006년 6월에는 '디자인 경영'을 선포한 것을 계기로 디자인을 중심으로 제품을 개발하는 체제를 구축했다. 즉 디자인팀이 주축이 되어 신제품의 콘셉트와 디자인을 개발하되 상품 기획, 설계, 마케팅 등 관련 부서들이 협업 팀을 구성하여 제품을 설계·생산·판매하는 구조이다.

LG전자는 이 체제를 안착시키기 위해 디자이너들 중에서 미래의 변화를 잘 예측하고 글로벌 시장에서 베스트셀러 제품을 만들어낸 '슈퍼 디자이너'를 선정하여 파격적으로 우대하고 있다. 현재 5명의 슈퍼 디자이너가 있는데, 북미 시장에서 돌풍을 일으킨 트롬 세탁기를 디자인한 성재석 전문위원(임원급)도 그들 중 한 명이다. 역발상으로 글로벌 히트 상품을 디자인하여 불과 3년여 만에 차장급에서 임원급으로 고속 승진한 성 위원은 대용량 세탁기의 투입구를 크게 만들어 빨래를 편하게 집어넣고 뺄 수 있게 했으며 레드, 블루 같은 색채를 과감하게 도입해 세탁기 시장을 화려한 색으로 물들였다. 이 제품은 2012년 현재 미국 드럼세탁기 시장에서 10분기 연속 판매 1위를 기록하고 있다.

LG전자는 글로벌 환경에 적극 대응하는 디자인 개발을 위해 해외 주요 거점 도시에서 특성화된 디자인 조직을 운영하고 있다. 런던 디자인센터는 2~3년 후 시장을 선도할 선행 디자인 개발에 주력하고 있는 반면, 베이징과 미국 뉴저지 디자인센터는 현지 라이프스타일 기반의 디자인 창출로 큰 시장에서 당장 팔릴 물건을 개발하고

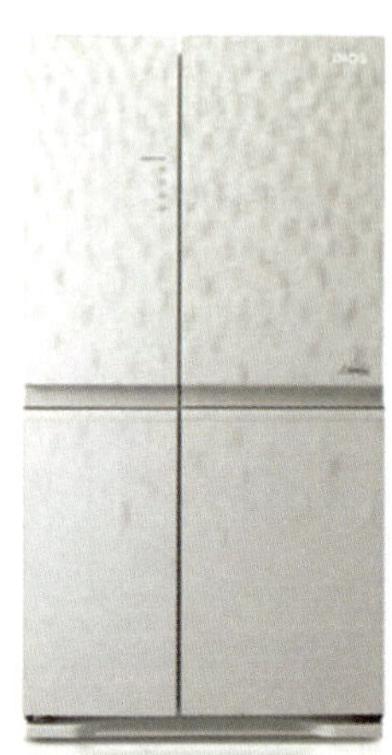

사용성과 에너지 효용성을 개선한 LG전자의 '도어 인 도어Door in Door' 냉장고

있다. 한편 도쿄 디자인센터는 소재, 색채 등을 통한 표면 처리 등 디자인 기술 연구에 중점을 두고 있다.

'디지털 라이프 크리에이터'를 지향하는 LG전자 디자인 경영의 엔진은 구본무 회장의 전폭적인 지원이다. "고객의 기대를 뛰어넘는 혁신적인 디자인을 선보여야 한다"고 강조하는 구 회장의 의지에 따라 2007년부터 LG전자와 LG하우시스, LG생활건강이 디자인 시너지 전략을 얻기 위해 '디자인협의회'를 운영하고 있다. 또한 구 회장은 혁신적인 디자인 역량의 확보를 위해 우수한 인재를 지속적으로 채용하고, 제도와 프로세스를 잘 정비할 수 있도록 디자인 경영 센터에 큰 힘을 실어주고 있다.

실제로 LG전자는 2009년에 인터페이스 분야 전문가인 이건표 카이스트 산업디자인학과 교수를 영입하여 2년여 동안 디자인경영센

욕망을 디자인하라

터장(부사장)의 중책을 맡기기도 했다. 이 교수는 LG전자 디자인 경영의 주요 성공 요인으로 세 가지를 꼽았다. 디자인 경영 센터와 각 사업본부들과의 대등한 협력, 경험 디자인 전담 부서의 운영을 통한 사용자 니즈의 파악, 디자이너가 제품 개발에 적극 참여하는 '통섭형 프로젝트'의 추진이 바로 그것이다. 이를 통해 〈니케이 디자인〉이 왜 LG전자를 디자인 액티브 경영의 모범 사례로 꼽고 있는지에 대해 가늠해볼 수 있을 것 같다.

요즘 LG전자는 기술과 디자인 개빌의 시너지를 도모하기 위해 최고기술책임자CTO인 안승권 사장이 디자인경영센터장을 겸직하고 있다. 그런 노력 덕분인지 LG전자는 2013년 레드닷 디자인 어워드에서 오목하게 휘어진 곡면 올레드 TV로 대상을 수상했다.

아시아나항공: 전통미를 새롭게 구현하다

2012년 10월 말 미국을 강타한 초대형 허리케인 샌디로 인해 공항이 폐쇄되는 바람에 뉴욕에서 며칠 발이 묶여 있다 귀국 비행기에 오르니 감개가 무량했다. 빈번한 해외 출장으로 비행기를 자주 타는 편이지만 항공운송사업의 혜택을 이때처럼 실감한 적은 없었다. 450만 개의 부품으로 무게가 350톤이 넘는 초대형 항공기가 수백 명의 승객을 태우고 하늘 높이 날아 세상을 일일생활권으로 만드는 것을 보면 경이롭기도 하다. 항공운송사업은 한 국가의 총체적인 역량을 나타내주는 잣대로 간주되기도 한다.

그런데 한때 세계를 주름잡던 팬암Pan Am 같은 유명 항공사들이 갑자기 파산하여 사라지는 등 항공운송사업의 생존 경쟁은 무척 치열하다. 수많은 항공사들이 비슷한 성능의 항공기들을 보유하고 동일한 노선을 운행하는 경우가 많기 때문이다. 승객들이 항공사를 선택하는 기준도 저렴한 가격 일변도에서 벗어나 항공기의 외관 및 기내 환경, 운행 시스템과 고객과의 약속 이행, 승무원 서비스의 차별성 등으로 다변화되고 있다. 그 결과 하드웨어는 물론 소프트웨어와 휴먼웨어의 디자인이 항공운송사업의 성패를 가름하는 주요 요인으로 대두되고 있다. 항공사들이 디자인을 비즈니스의 핵심 역량으로 만들기 위해 경쟁적으로 노력하고 있는 이유다.

사옥부터 서비스까지 디자인을 중시하는 기업

아시아나항공의 모회사인 금호아시아나 그룹은 아름다운 기업을 표방하느니만큼 디자인을 중시한다. 본사 사옥의 디자인에서부터 CI, 금호미술관의 전시 콘텐츠, 서비스에 이르기까지 디자인 마인드가 배어 있다.

금호아시아나 신사옥은 미술관처럼 디자인되었다. 건물의 외부는 도예가 신상호의 아트타일 작품으로 마감했고, 로비에는 설치예술가 존 폴 필립의 작품이 설치되었다. 주변 공간은 조명, 음향, 벽천壁泉 시설을 갖춘 시민들의 휴식 공간으로 조성했다. 특히 사옥의 뒤쪽 벽면에는 LED 미디어 파사드가 설치되어 밤마다 다채로운 영상으로 서울의 표정을 새롭게 해주고 있다.

금호미술관은 현대 디자인이 태동되던 바우하우스 시기의 디자

욕망을 디자인하라

금호아시아나 그룹 신사옥

인 작품 100여 점을 소장하고 있으며, 디자인 관련 전시회를 개최하여 시민들의 디자인 의식을 높이는 데 기여한다. 예를 들면 '에어 월드: 하늘 위 디자인의 모든 것'(2008년), '유토피아: 이상에서 현실로'(2008년) 등의 전시를 꼽을 수 있다.

1980년대에 업계 최초로 그룹 이니셜인 'K'를 모티프로 CI를 도입했고, 2006년 창립 60주년을 맞아 고객과 함께 아름다운 미래로 비상하는 기업이 되겠다는 의지를 담아 리뉴얼했다. 하늘을 향해 날아오르는 '날개'가 간결하게 표현된 로고는 랜도Landor의 작품이다.

금호아시아나 그룹이 디자인으로 차별화되는 원동력은 박삼구 회장의 디자인에 대한 관심과 열정이다. 박 회장은 "디자인과 감성을 놓치면 미래 경영에서 실패한다"며 그룹 및 전 계열사가 디자인 경영을 추진하게 했다. 2006년에는 그룹 인재개발원에서 그룹의 임원들을 대상으로 1박2일 동안 '디자인 경영 교육 과정'을 개설해 디자인 마인드와 사고를 교육시켰다. 그 교육 과정은 2009년까지 연차적으로 과장급에 이르기까지 확대하여 그룹의 구성원들이 디자인 사고를 공유할 수 있도록 했다.

색동의 에너지, 전통미를 새롭게 구현하다

1988년 설립된 아시아나항공은 항공기의 외관은 물론 공항 사인, 항공권 커버, 각종 광고물, 승무원의 유니폼까지 한국 고유의 전통에 기반을 둔 세련된 디자인으로 어필하고 있다. CI의 주제는 '색동의 에너지Energy of Saekdong'이다. 전통적인 색동 모티프를 현대적으로 새롭게 표현한 것으로 소디움 파트너스가 디자인했다.

승무원의 유니폼(디자이너 진태옥)에도 한국의 전통적인 아름다움이 배어 있다. 회색과 갈색을 기본 색상으로 색동 무늬 스트라이프(사선) 문양을 현대적인 감각으로 표현하여 화사하고 단아한 여성미가 돋보인다. 특히 장시간 기내에서 활동해야 하는 스튜어디스의 업무 특성을 고려하여 울과 울 니트 등 편안하고 안락한 소재를 사용

　　　　　　　　　욕망을 디자인하라

했다. 2011년 1월 세계적 트렌드 세터인 타일러 브륄레Tyler Brule는
〈파이낸셜타임스〉에 기고한 칼럼에서 아시아나 유니폼이 세계 최고
라고 평가했다.

기내식에서도 한식의 정통성을 유지하고 있다. 퍼스트 클래스에
서 제공하는 '궁중 정찬'은 순 우리말로 초미Appetizer, 이미Soup, 삼
미Main Dish, 후미Dessert 라 부른다.

아시아나항공은 승객들의 성별과 연령대에 따라 맞춤화된 기내
서비스를 제공한다. 장거리 비행으로 긴조해진 승개들의 얼굴 피부
에 적절한 영양과 수분을 공급해주는 마스크 팩과, 여성 승객들의
화장을 도와주는 메이크업 등 '차밍 서비스'는 가장 인기 있는 기내
서비스이다. 또한 제한된 공간에서 비롯되는 승객들의 답답함과 지
루함을 덜어주기 위해 해적 복장을 한 승무원들이 즉석 마술쇼를 펼
치는가 하면 시원한 칵테일 음료를 즉석에서 제공해준다.

어린이 승객을 위한 서비스도 다양한데, 먼저 승무원들이 어린이
승객과 마주할 때 무릎을 꿇는 '눈맞춤 서비스'를 한다. 신생아들을
위해 전용 요람을 설치해주고, 모유 수유를 도와주는 '해피 맘' 서비
스가 제공된다. 마술쇼와 생일 축하 음악 공연, 만화와 그림 그리기
등 다양한 놀이를 즐길 수 있으며, 혼자 여행하는 어린이를 목적지
까지 안전하게 데려다주는 '플라잉 맘' 서비스가 제공된다.

아시아나항공이 이처럼 다양하게 특화된 서비스를 제공하는 비
결은 윤영두 사장이 앞장서서 구성원들과의 스킨십 등을 통해 따뜻
한 조직 문화를 조성하고, '고객의 목소리Voice of Customer, VOC' 듣
기를 독려하는 덕분이다. 고객 접점인 현장은 물론 인터넷, 전화, 서

아시아나항공 여객기 외관

신, 방문을 통해 VOC가 접수되면 현장에서 고객이 만족하도록 즉시 조처된다. 그런 다음 VOC는 전사적인 공유와 개선을 위해 주간·월간 단위로 경영진에게 보고되고, 사내 인트라넷의 '고객의 말씀'에 데이터베이스화되어 공유하고 전파된다. 또한 현장 부문별(영업, 공항, 캐빈, 정비)로 서비스 개선을 위한 협의체를 운영하여 문제점을 진단하고 개선하며 서비스 품질 향상을 도모하고 있다.

하지만 고객의 진정한 감동은 마음으로부터 우러나오는 서비스를 받고 있다는 것을 느낄 때 생겨나므로 직원들의 마음가짐이 매우 중요하다. 이 회사의 어느 서비스본부장은 "평소 돈독한 관심과 배려로 조성되는 따뜻한 조직 문화가 승객들에게 기분 좋은 서비스를 제공하는 원동력이 된다"며 매뉴얼에 따른 기계적인 서비스가 아니라

욕망을 디자인하라

사람 냄새가 나는 서비스의 중요성을 강조한다.

아시아나항공은 부장급을 팀장으로 한 작은 규모의 디자인 부서를 운영하고 있으며, 창의적인 디자인 개발 업무는 해당 분야의 최고 전문가에게 의뢰하고 있다. 그래도 일관된 정체성이 유지되는 것은 전 그룹 차원의 디자인 경영 교육을 통해 디자인 마인드로 무장한 임직원들과 체계화된 CI 매뉴얼 덕분이다.

전통미를 재해석하여 아름다운 기업을 만들어가는 아시아나항공은 세계적인 여행 전문지 〈글로벌 트래블러 *Global Traveler* 〉가 시상하는 2011년 올해의 항공사상을 받는 등 국제적으로 높이 평가되고 있다.

현대자동차: 물 흐르듯 자연스럽게

"어떻게 단단한 강판으로 저렇게 유연한 곡선과 디테일을 만들 수 있을까?" 따뜻한 생동감이 넘치는 현대자동차의 디자인을 보면서 느껴지는 궁금증이다. '플루이딕 스컬프처 fluidic sculpture'라는 디자인 키워드가 현대자동차의 제품 전체로 번져 개성 있는 아이덴티티가 형성되고 있다.

'물 흐르듯 자연스러운 형태'를 의미하는 이 새로운 개념이 적용된 디자인은 적절한 운동으로 단련된 보디빌더의 근육을 연상시켜 부드럽지만 강인한 힘을 느끼게 해준다. 원가를 절감하는 데만 치중하여 생산하기 쉬운 디자인에 안주하는 메이커는 결코 시도하기 어려운 것이 바로 플루이딕 스컬프처이다. 다소간의 비용 상승을 감내하면서 따뜻한 감성이 통하는 아이덴티티를 형성하기 위한 디자인 전략을 과감하게 추진하는 것이 최근 현대자동차 디자인 경영의 힘이다. 그와 같은 노력은 전 세계 시장, 특히 미국 시장에서 커다란 호응으로 보상받고 있다.

플루이딕 스컬프처의 의의

우리에게는 다소 생소한 개념이지만, 플루이딕 스컬프처는 지난 100여 년 동안 자동차 디자인에서 직선형과 곡선형이 교차하는 현상과 깊은 연관이 있다. 1900년대 초반에는 자동차들이 거의 모두 마차처럼 '상자갑' 같은 직육면체 형태를 벗어나지 못했다. 단단한 강판을 다루는 기술이 취약하여 곡선의 차체를 만드는 것은 엄두조차 내지 못했기 때문이다. 그런데 제조기술이 발달되면서 1930년대

플루이딕 스컬프처의 특성이 반영된 벨로스터 디자인

욕망을 디자인하라

에는 '유선형'이 크게 유행하여 거의 모든 차종에 적용되었다. 1950
년대에는 미국을 중심으로 자동차가 점점 대형화되었고, 날개 모양
의 꼬리날개를 다는 등 비행기 형태를 닮아갔다.

하지만 치솟는 유가에 따른 에너지 절약 요구가 커지면서 1970년
대부터 골프와 포니처럼 각진 형태의 소형차들이 나타나기 시작했
으며, 1980년대에는 주행할 때 공기 저항을 최소화하도록 디자인된
'공기역학적 디자인'이 경쟁적으로 개발되었다. 최근에는 다시 상자
형태의 디자인이 나타나는 등 메이커의 디자인 전략에 따라 다양한
스타일이 공존하고 있다. 현대자동차의 플루이딕 스컬프처는 유선
형이나 공기역학적 형태와는 본질적으로 다르다. 유선형은 '눈물 방
울'처럼 부드럽고 감성적인 곡선 형태를 의미하며, 공기역학적 형태
는 기술적으로 속도와 에너지 효용성을 높이는 데 중점을 둔다. 반
면에 플루이딕 스컬프처는 감성과 기술을 융합하여 유기적인 형태
를 창출하려는 혁신적인 디자인 전략의 성과이다.

'현대자동차' 하면 '포니'를 연상하는 사람들이 많다. 1967년에 설
립된 현대자동차는 1976년에 국내 최초 승용차인 포니를 개발했다.
파워트레인과 플랫폼은 미쓰비시에서 들여왔지만, 포니는 세계적인
자동차 디자이너인 조르제토 주지아로가 이끄는 이탈디자인이 독자
모델로 개발한 차였다. 외국 제품의 조립 수준에 머물고 있었던 우
리 자동차 산업의 역량과 우수한 산업 디자인 인력이 없었던 당시
상황에서는 불가피한 선택이었다.

하지만 현대차의 기술과 디자인 역량은 매우 빠르게 성장했다. 사
내에 신속히 디자인 전담 부서를 설치하고 자동차 디자인 방법론과

개발 단계의 벨로스터 렌더링

노하우를 집적하여 1980년대 말부터는 독자적으로 디자인을 개발할 역량을 갖추었다. 이탈디자인과 현대의 디자인팀이 각기 개발한 스쿠프(1990년 2월 출시)의 디자인 안들을 품평한 결과, 현대 팀의 제안이 선정된 것이 계기가 되었다. 이어 자체 디자인된 아반테, 소나타, 그랜저 등 후속 모델들이 국내외 시장에서 호평받으며 매출 신장에 크게 기여하고 있다.

대표적인 예로 최근 북미에서 '개성을 중시하는 젊은이들의 첫 차'로 각광받는 벨로스터를 보면 현대차의 디자인 파워를 실감할 수 있다. 플루이딕 스컬프처의 특성이 잘 반영된 벨로스터는 시대를 앞서 가는 감각으로 인기를 끌고 있다. 블룸버그통신의 제이슨 하퍼는 "벨로스터에 비하면 혼다 '시빅'은 신석기 시대의 유물처럼 느껴진다"고 보도했다. 밸로스터는 미국에 첫 출시된 지 한 달 만에 3,724대의 판매고를 올렸다.

욕망을 디자인하라

현대자동차의 디자인 개발을 주도하고 있는 디자인센터는 남양만에 자리 잡고 있는 연구개발본부에 소속되어 있다. '인간 중심의 가치경영 실현'이라는 현대차의 경영 이념과 같은 맥락에서 디자인센터는 '고객을 위한 디자인 혁신'을 목표로 하고 있다. 디자인센터는 기획과 개발 업무가 시너지를 낼 수 있도록 디자인기획지원팀, 스타일링 실무팀, 글로벌 디자인 TFT, 감성디자인실 등 1실 8팀제로 운영되고 있다. 또한 미국, 유럽, 중국의 디자인센터에서는 현지 고객의 요구에 부응하는 모델 개발과 정보 수집을 하고 있다.

디자인센터에서는 오래 근무한 디자이너들을 우대하는 이른바 '연공서열'이 사라진 지 오래다. 디자이너들이 창의적인 아이디어를 지속적으로 발굴하도록 해외 명소는 물론 서울의 대학로, 홍대 앞, 가로수길 등에서 근무하게 하는 '디자인 아웃 핏터Design Out Fitter' 제도를 운영하고 있기도 하다. 또한 독창적인 디자인 개발에 기여한 디자이너들에게는 인센티브 제공과 인사 고과 반영 등으로 강한 동기 유발의 기회를 부여하고 있다.

단단하고 차가운 쇠에 감성을 담아내는 디자인

'플루이딕 스컬프처'를 앞세워 혁신적인 디자인 개발을 진두지휘하고 있는 디자인센터장은 오석근 부사장이다. 서울대 미대에서 산업디자인을 전공한 오 부사장은 1984년 울산의 현대자동차 디자인실에 입사한 이래로 28년 동안 한길을 걸어온 '현대맨'이다. 오 센터장은 1989년 회사의 지원으로 미국 아트센터디자인대학에 유학했으며, 로스앤젤레스의 북미디자인센터와 프랑크푸르트의 유럽디자인

센터에서 수석 디자이너로 일하며 세계 최고 수준의 디자인 역량과 감각을 익혔다.

1990년대 초반, 오 센터장이 현대 최초의 콘셉트카 'HCD 1'을 개발한 이래로 자신이 앞장서서 창안한 '플루이딕 스컬프처'를 현대차의 디자인 전략으로 거침없이 이끌어가는 원동력은 정의선 부회장의 전폭적인 지원이다. 정 부회장은 기아자동차에서 디자인 경영으로 큰 성과를 거둔 경험을 바탕 삼아 2009년 8월 현대차에 부임한 이래로 새로운 디자인 경영 전략을 구사하고 있다. 외국의 슈퍼 디자이너를 영입하는 대신 현대차의 사정을 누구보다 잘 알고 국제적인 경험도 많은 오 센터장에게 힘을 실어주어 큰 성과를 일궈내고 있는 것이다.

정 부회장의 디자인 경영 스타일은 한마디로 '디자인 지향적 의사결정'이다. 제품은 물론 기업 이미지와 브랜드 관리 등에서도 디자인을 다른 어떤 요소들보다 중시함으로써 독자적인 아이덴티티를 구축하고 있기 때문이다. "단단한 쇠가 따뜻하게 느껴지도록 하라"는 정 부회장의 특별한 당부가 제품은 물론 기업 이미지와 브랜드 디자인에 녹아들어 새로운 현대차의 아이덴티티가 숙성되고 있는 것이다. 설립 40여 년 만에 '빠른 추격자'에서 '시장 개척자'로 변화하며 세계적인 자동차 메이커로 성장 중인 현대자동차의 힘은 바로 디자인 혁신 경영이다.

　　　　　　　　　　　욕망을 디자인하라

네이버: 꾸밈이나 겉치레 없이 진솔하게

첨단 기술과 창의적인 서비스를 기반으로 인터넷 기업들이 빠르게 성장하고 있다. 2011년 패스트 컴퍼니가 선정한 '세계 10대 혁신 회사' 리스트에서는 페이스북, 아마존, 애플이 1위부터 3위까지를 차지했고, 그 뒤를 구글과 화웨이Huawei가 이었다. 인터넷 서비스 비즈니스의 초기 단계에선 남보다 앞선 기술과 저렴한 가격이 성장 동력이었다. 하지만 사용자들을 감동시킬 만한 매력이 있는 경험 창출에 대한 요구가 커짐에 따라 디자인 혁신 경영이 인터넷 서비스 경쟁력을 좌우하는 수단으로 활용되고 있다. 회사의 로고부터 홈페이지의 인터페이스에 이르기까지 고객들과 가장 가까운 접점은 바로 디자인에 의해 만들어지기 때문이다.

국내에서도 NHN, 다음, 구글코리아 등 다양한 인터넷 포털 서비스 기업들의 디자인 경쟁이 치열해지고 있다. 국내 최고의 인터넷 기업으로 꼽히며 디자인 경영에서도 두각을 나타내고 있는 NHN의 디자인 경영은 어떤 특성이 있을까?

'Next Human Network'를 지향하는 NHN 주식회사는 1999년 설립된 이래 인터넷 검색 포털 '네이버'와 인터넷 게임 포털 '한게임'을 주축으로 혁신적이고 편리한 인터넷 서비스를 제공하고 있다. 주요 서비스로는 '쥬니어 네이버'(어린이 포털), '해피빈'(온라인 기부 포털), '미투데이'(마이크로 블로그 서비스) 등을 꼽을 수 있다. NHN은 일본과 미국에서도 인터넷 서비스 비즈니스를 활성화하는 등 글로벌 역량을 강화하고 있다.

NHN 로고

창립 10주년을 맞아 2009년에 교체된 NHN의 로고는 모든 것을 '연결'하여 더 큰 세상을 만들어가는 회사의 정신을 담고 있다. 네 개의 세로 획과 두 개의 대각선 획으로 이루어진 'N'은 각각 사람과 정보의 소통이 이루어지는 네트워크를 의미하며, 'H'의 가로 획은 푸른색으로 강조되어 두 네트워크를 연결하는 'Connect'의 메타포를 표현하고 있다.

겉치레 없는 진솔한 디자인의 조화

'그린 팩토리'. 경기도 성남시 분당구에 있는 NHN 본사의 별명이다. 처음 방문한 사옥의 첫인상은 200미터 높이의 직육면체 유리 상자 같았지만, 간결한 구조로 분할된 창틀과 녹색의 수직 루버가 단조로움을 메워주고 있었다.

특히 세련된 옥내·외 사인 시스템, 지하 주차장에 들어서면서부터 들려오는 새소리, 간결한 엘리베이터의 내·외부 마감 처리를 접하면서 디자인에 세심한 배려를 하고 있음을 느낄 수 있었다. 노출 콘크리트로 마감한 1층 로비에 들어서면 허세 부리지 않고 내용에 충실하다는 인상이 든다. 이런 규모의 회사 사옥에 들어가면 으레

욕망을 디자인하라

분당에 위치한 NHN 본사 사옥

경험하게 되는 값비싼 대리석 등 외국산 마감재, 미끄러질 것같이 번쩍이는 바닥재 등을 전혀 볼 수 없고, 기능에 충실하면서 나름대로의 멋과 격조를 지닌 로비였기 때문이다. 쓸데없는 데 돈 낭비하지 않고 안내 데스크, 기념품 매장, 미디어 월Media Wall 등 주요 공간들의 특성을 잘 살리려는 노력이 돋보였다.

외부 고객들과의 주요 접점이자 가장 비싼 공간인 1층을 할애하여 만든 도서관에서는 NHN이 추구하는 가치가 바로 IT 기술과 디자인이라는 것이 느껴진다. 나무로 짜서 만든 서가의 이미지로 마감한 도서관 입구는 친근한 재미로 다가온다. 1층의 IT 도서관은 물론 2층의 디자인 도서관은 빈자리를 찾기 힘들 만큼 많은 사람들이 이용하는 살아있는 공간이다. 어떤 책들이 있나 둘러보니, 개관한 지 몇 년 안 된 도서관답지 않게 소중한 디자인 전문서적들이 곳곳에 비치되어 있었다.

업무 공간의 경우에는 특히 인간공학적인 디자인 배려가 돋보였다. 일의 효율성을 높여주는 '맞춤형 책상', 장시간 앉아서 일해도 신체에 부담이 적도록 디자인된 허먼밀러의 '에어론 체어', 눈의 피로를 덜기 위해 간접적으로 빛을 비춰주는 아르떼미데의 '서프 시스템', 이동이 자유롭고 어디에나 배치할 수 있는 'OA 부스', 유리창에 장착되어 채광을 조절해주며 건물의 외관을 변화시켜주는 '버티컬 녹색 루버' 등 사용자들을 위한 진정 어린 디자인 배려가 곳곳에 숨어 있었다.

이처럼 사옥에서부터 집기 하나의 디자인에 이르기까지 세심하게 배려하여 간결하고 멋진 기업 정체성을 구축하고 있는 비결은 과연 무엇일까?

디자인과 마케팅의 유기적인 협력

연매출 2조2,000억 원에 6,000억 원이 넘는 영업이익을 올리는

욕망을 디자인하라

글로벌 기업에서 마케팅 책임자가 디자이너 출신이라고 하면 어떨까? 보통 회사 같으면 선뜻 받아들이기 어려울 것이다. 하지만 역대 NHN 마케팅 센터장들은 모두 디자인 전공자들이다. 초대 조수용 본부장(현재 JOH 대표)에 이어 2대 조항수 이사는 물론 3대 김우정 이사도 대학에서 시각 디자인을 전공했다.

특히 2012년 6월에 선임된 김우정 이사는 서울대 미대 시각디자인학과를 졸업하고 미국 카네기멜론대학에서 인터랙션 디자인으로 석사학위를 받은 다음 삼성디자인학교SADI에서 교수로 재직한 바 있다. 김 센터장은 부임 직후, "젊은이들 사이에 하나의 문화로 자리 잡은 웹툰을 활용해 새로운 커뮤니케이션을 하고 싶었다"며 웹툰 작가들이 네이버 앱을 소재로 만든 광고를 선보여 신선한 충격을 주었다.

NHN에 디자인과 마케팅의 구분이 따로 없다는 것은 '창의적 마케팅과 디자인Creative Marketing and Design', 즉 'CMD'라는 부서의 명칭에서도 쉽게 알 수 있다. '브랜드를 위한 경험 디자인'을 비전으로 추구하는 CMD는 마케팅 센터와 UX 센터로 구성되어 있다. 마케팅 센터는 온라인 홍보, 텔레비전 광고 등을 통한 브랜드 경험

2012년에 개편된 네이버 홈페이지

으로 고객의 만족도를 높이는 데, UX 센터는 사용자 환경 디자인과 사용성 분석 등으로 고객 경험의 질을 향상시키는 데 주력하고 있다. CMD에서는 마케터, 디자이너, 리서처 등 400여 명의 전문가들이 함께 일하고 있는데, 디자이너의 비율이 50퍼센트가 넘는다.

마케터들과 디자이너들의 '이음새 없는 협력Seamless collaboration'으로 얻어지는 시너지는 창의적인 해결안을 만들어내고 홍보하는 데 아주 효과적이다. 2012년 개편된 네이버 지식쇼핑 서비스를 예로 들 수 있다. 종전에는 최저가 등 단순한 쇼핑 정보를 얻는 데 그쳤던 서비스를 제품의 검색부터 구매까지 모든 과정이 동시에 가능하도록 개편했다. 또한 중소 소호 쇼핑몰들의 제품을 연결해주는 플랫폼 역할도 한다. UX 센터는 서비스 개편, 마케팅 센터는 로고의 변경과 광고 캠페인을 담당했다.

NHN이 제공하는 온라인 서비스는 물론 사옥의 구석구석 등 오프라인에서 일관된 디자인 정체성이 강하게 느껴지는 이유는 무엇일까? 웬만한 회사라면 엄두도 내지 못할 아르떼미데 조명의 설치나 에어론 의자 구매 등의 결정은 과연 누가 했을까? 오랫동안 궁금했던 의문에 대한 해답은 조 이사와의 인터뷰에서 서서히 풀렸다. NHN 설립자이자 현재 전략 최고책임자인 이해진 이사회 의장의 창의적인 통찰력이 디자인 경영 혁신의 단초를 제공하고 있다는 답이었다. 아울러 네이버 홈페이지의 녹색 검색창을 만든 조수용 전 CMD 본부장 등 자부심 강한 디자인 리더들의 역량이 모여 'NHN 다움'으로 구체화되었다는 것도 밝혀졌다.

특이한 것은 대학에서는 컴퓨터공학, 대학원에서는 전산학을 전

   욕망을 디자인하라

공한 이 의장이 '단순함'이라는 현대 디자인의 핵심을 꿰뚫고 있다는 점이다. 그는 제품이든, 서비스든 인공물이 갖는 본질적인 가치를 높이려면 무엇보다 디자인이 간결해야 한다는 것을 잘 알고 있는 것처럼 보인다. 또한 이 의장이 소신과 능력을 갖춘 최고 수준의 디자이너들을 발탁, 존중하며 함께 일하는 기업문화가 있기에 NHN의 디자인 경영이 올바르게 자리 잡아가고 있다. 억지스러운 가식이나 꾸밈이 없는 이른바 '노—넌센스No-nonsense 디자인'이야말로 사업의 성공은 물론 사회적 명성을 얻을 수 있는 지름길이라는 사실을 실감하게 된다.

세비앙: 욕실 문화를 바꾸다

"디자인 경영은 과연 대기업의 전유물일까?" "인력과 자원이 넉넉지 않은 중소기업의 디자인 혁신 경영은 어떻게 이루어지나?" 많은 경영자들이 궁금해하는 이슈다. 샤워기, 비데 커버 등 욕실용품 전문 업체인 세비앙의 사례는 그런 문제들에 대해 실마리를 제공한다.

언젠가부터 욕실에 대한 개념이 달라졌다. 생활이 궁핍하던 시절에는 목욕이 사치스러운 것으로 간주되었고, 욕실은 일부 부유층들이나 소유할 수 있었다. 그러나 소득이 늘어나고 아파트가 널리 보급됨에 따라 욕실은 이제 프라이버시를 즐기며 휴식하는 장소로 바뀌어가고 있다.

목욕 방식도 샤워가 주류를 이루면서 샤워기 시장의 규모 확대와 제조사들의 치열한 디자인 경쟁으로 이어지고 있다. 콜러KOHLER(미국), 그로헤GROHE(독일), 토토TOTO(일본), 이낙스INAX(일본) 등 전문 기업들이 사용자들의 안전과 편의를 최대한 고려하여 디자인한 제품들이 시장에서 각축을 벌이고 있다.

요즘 크게 각광받는 제품으로는 사용자가 미리 시간을 설정하여 원하는 온도와 양의 물을 욕조에 받을 수 있도록 전자 제어 기능을 탑재한 디지털 전자 샤워기, 다양한 연령층의 가족들이 모두 편하게 사용할 수 있도록 디자인된 샤워기 등을 꼽을 수 있다. 이들의 공통적인 특징은 샤워하는 내내 항상 원하는 온도의 물을 공급해주는 자동 온도 조절 장치, 샤워 도중에 다른 곳에서 동시에 물을 사용하더라도 영향을 받지 않고, 샴푸를 하거나 비누칠을 위해 잠시 물을 잠가뒀다 다시 사용할 때도 같은 온도로 물을 공급해주는 장치 등이다.

이처럼 샤워기 시장에서도 고객을 만족시킬 디자인을 어떻게 경쟁사보다 앞서 개발하느냐 여부가 기업의 운명을 좌우하는 이슈가 되고 있다.

디자인에 사운을 걸다

전 직원이 30명 규모인 중소기업에서 디자인 관련 연구개발 인력이 10명에 달하고, 총 매출액의 5~7퍼센트를 디자인 개발비로 투자한다면 쉽게 믿기지 않을 것이다. 그러나 이는 국내 욕실용 샤워기 시장의 60퍼센트를 점유하고 있는 세비앙의 실제 스토리이다. 세비앙이라는 회사 명칭은 '괜찮다'라는 프랑스어에서 왔다. '최고급'을 의미하는 '트레비앙'을 사용하지 않고 '세비앙'을 선택했다는 데서 이 회사가 지향하는 가치를 일부 읽을 수 있다. 최고라고 잘난 체하지 않고 고객이 감동할 때까지 겸손하게 최선을 다하겠다는 의지의 표현이기 때문이다.

1993년에 설립된 세비앙이 얼마나 디자인을 중시하는가는 중소기업으로서는 드물게 국내외에서 수많은 디자인상을 받았다는 사실에서 알 수 있다. 1996년 욕실업계 최초로 '굿 디자인' 마크를 획득한 이래로 모두 23개가 넘는 모델이 디자인상을 수상했다. 특히 미국에서 2008년 아덱스상ADEX award과 2009년 iF 디자인 어워드 International Forum Design Award 에서 제품 디자인 부문 수상작으로 선정되는 등 국제적으로도 높은 수준의 디자인 역량을 인정받고 있다.

세비앙이 이처럼 우수 디자인 개발에 전념하고 있는 이유는 간단하다. 나날이 고급스러워지는 고객들의 안목과 취향에 부응하는 제품을 만들려면, 사람의 마음을 움직이는 힘인 디자인을 전략적으로 활용해야 한다는 인식 때문이다.

'보여주기 위한 디자인'에서 탈피하다

불과 얼마 전까지만 해도 국내 샤워기 시장에서 디자인은 소비자들의 눈을 끄는 '예쁜' 제품을 만드는 수단에 지나지 않았다. 새로 건립하는 모델하우스에 어울리는 시각적 효과를 만들어내는 것이 주요 관심사였다. 사용자들이 어떤 환경에서 어떻게 샤워기를 사용하는가에 대한 해답을 찾기보다, 욕실을 우아하고 멋지게 장식하는 소품을 만드는 데 주력해야 했다. 물의 양이나 온도를 조절하는 손잡이가 턱없이 작아지고 호화로운 분위기를 연출하기 위해 금이나 은으로 도금한 제품들이 범람했다. 모델하우스를 돋보이게 할 제품을 만들라는 구매자의 요구를 충족시키는 데 급급하여, 정작 사용자를 위한 배려는 뒷전이 될 수밖에 없었다. 'B2B'가 일반화되어 있던 상황이었으므로 현실적으로 다른 대안이 별로 없었다.

그런데 건설업계의 불황으로 실용적인 디자인의 수요가 늘어나면서 그런 관행에 변화가 생기기 시작했다. 건설 회사들의 제품 선택이 담당자들의 취향이나 판단에서 벗어나 실수요자들의 요구와 평가에 비중을 두기 시작했기 때문이다. 또한 욕실업계에도 제조업체가 사용자들에게 직접 판매하는 'B2C' 열풍이 불어왔으며, 이 같은 환경의 변화는 실용적인 디자인을 중시하는 세비앙 제품이 선택되는 기회의 증대로 이어지고 있다. 안전 가드 바와 레인 샤워를 결합한 수납형 샤워기 UDUtility Deck가 홈쇼핑에서 인기 아이템으로 자리 잡고 있는 것도 같은 맥락이다. 2년여의 소비자 욕실 활동 조사 끝에 안전성과 공간 활용이라는 소비자 니즈를 반영하여 디자인된 제품이기 때문이다.

연 매출이 100억 원 규모인 세비앙이 혁신적인 디자인을 계속해서 추진할 수 있는 것은 회사 내부와 외부의 역량이 시너지를 낼 수 있도록 조화롭게 경영하고 있기 때문이다. 세비앙의 제품 디자인 개발에 참여한 외부 디자인 회사의 리스트를 보면 'M. I. Design', '사이픽스', '세올디자인', '우퍼디자인', '인디자인' 등 국내 유수 업체들이 다수 포함되어 있다. 2010년에는 '이탈 주지아로 디자인'과 협력하여 CI를 도입하였고, 현재 멀티 샤워기를 개발하는 등 해외 협력

욕망을 디자인하라

세비앙 수납형 샤워기 UD

도 활발히 추진하고 있다.

특히 네덜란드 델프트공과대학 산업디자인공학과의 대학원생인 매튜 카이저Mathieu Keizer가 인턴 프로젝트로 개발한 '클러버'는 2011년 iF 디자인 어워드에서 우수상을 수상했다. 카이저는 대학 재학 시절 카이스트 산업디자인학과에서 교환학생을 지낸 경험을 바탕으로 세비앙에서 석사학위 졸업과제를 진행하여 큰 성과를 거둔 것이다.

세비앙과 외부 디자인 회사들과의 협력은 프로젝트별로 합의된 디자인료 지불 방식, 매출에 비례한 로열티 지불 방식 등 다양한 방법으로 이루어진다. 세비앙이 디자인 회사 한 곳에 수억 원대의 로

열티를 지불하고, '디자인 파'라는 자회사를 운영하고 있다는 것은 신선한 충격이다.

세비앙 디자인 경영을 이끄는 견인력은 류인식 사장의 해박한 디자인 지식과 안목이다. 농대 임학과 출신인 류 사장은 해외 디자인 회사 방문 프로젝트를 통해 에또르 소트사스, 다비드 베르셀리 등 저명 디자이너들과 교류하게 된 것, 베네통의 커뮤니티 연구 센터인 파브리카에서 디자인 연구개발에 관한 영감을 얻은 것, 갖가지 세미나를 통해 최첨단 디자인 트렌드를 파악하는 것, 지식경제부와 한국 디자인진흥원KIDP 등에서 제공하는 갖가지 지원 제도를 적극 활용한 것이 디자인 혁신 경영의 비결이라고 말한다.

세비앙의 디자인 경영은 욕실 문화의 개선을 위하여 조각가, 도예가, 나전칠기 장인 등 예술가들이 제안하는 프로젝트, 규모는 작아도 한 점의 예술품처럼 디자인된 사옥, 창의가 발현되도록 형식에 얽매이지 않는 사무 공간의 조성 등으로 이어졌다. 세비앙의 사례를 통해, 기업 규모에 상관없이 CEO가 디자인을 경영 수단으로 활용하려는 의지를 갖기만 하면, 그것을 구현시킬 방법은 얼마든지 있다는 것을 알 수 있다.

퍼시스: 사람을 탐구해야 이유 있는 디자인 나온다

생활 수준이 향상됨에 따라 가구를 선택할 때 디자인이 가장 중요한 결정 요인이 되고 있다. 아무리 좋은 소재를 사용해도 디자인이

　　　　　　　　　　욕망을 디자인하라

변변치 못하다면 가구로서의 가치를 인정받기 어렵다. 설사 개성이 강하여 보기에는 인상적이라고 해도 사용하기에 불편하다면 결코 좋은 가구가 될 수 없다. 특히 하루 종일 다양한 업무를 처리하고 때로는 휴식처가 되기도 하는 사무가구의 경우 디자인의 중요성이 거의 절대적이다.

그러므로 가구 디자인은 한 시대의 과학적인 진보와 생활양식을 반영하는 지표와도 같다. 훌륭한 가구를 디자인하려면 독창적인 콘셉트, 구조, 소재, 부품, 조립 방식, 마무리 등 다양한 요소들이 시너지를 내도록 해야 하기 때문이다. 또한 사람들의 일상적 생활습관이나 취향, 심미적 감각의 변화 등을 잘 관찰하여 올바르게 반영해야 한다.

허먼밀러, 놀 인터내셔널, 이케아 등 저명한 브랜드들이 각축을 벌이고 있는 세계 가구 시장의 규모는 연간 약 250조 원에 달한다. 국내 시장의 규모는 10조 원 정도로 추정되며 앞으로 지속적으로 성장할 여지를 갖고 있다.

하지만 중국과 베트남 등 제3국의 저가 가구와 고급 해외 브랜드의 수입 증대, 국내 제조 기반의 약화 등 극복할 과제도 많다. 특히 2012년부터 중소기업 육성 차원에서 리바트, 퍼시스, 보루네오 등의 브랜드 가구업체는 공공 조달 시장 참여가 제한됨에 따라 새로운 활로의 모색이 시급한 실정이다. 나날이 치열해지는 국내외 경쟁 속에서 퍼시스는 수출과 의료가구의 개발을 위해 디자인 경영에 박차를 가하고 있다.

사무가구 전문기업인 퍼시스는 1983년 우리나라 가구 문화의 혁

퍼시스 로고

신을 꿈꾸던 젊은 산업 디자이너 손동창에 의해 설립됐다. 이후 1984년 건축─인간─실재 공간 인터페이스를 전문으로 하는 한샘 건축연구소와 합병, 본격적인 사무가구 디자인 회사로서의 기반을 다졌다. 1989년 국내 최초로 가구연구소를 설립했으며, 점차 가정용 가구(일룸), 의자(시디즈), 교육용 가구(팀스)[32], 가구 물류(바로스), 그리고 사회공헌을 위한 비영리재단(목훈재단)으로 전문화되었다.

퍼시스는 안성, 성남, 평택, 충주, 음성 등 전국에 목재, 철재, 의자, 도장 제품별로 전문화된 7개의 공장을 운영하며 모든 제품을 국내에서 생산하면서 고용 창출과 품질 보증을 도모하고 있다. 가격 경쟁력 확보라는 명분으로 인건비가 상대적으로 저렴한 중국 등에 현지 공장을 갖고 있는 다른 가구 업체들과 확실히 차별화된다.

퍼시스의 2011년 매출은 전년 대비 14퍼센트 성장한 3,820억 원에 달하며, 해외 시장 개척에 적극 나서 5,000만 달러의 실적을 올렸다. 지역별로는 사우디아라비아, 카타르 등 중동 지역의 매출이 두드러지고 있는데, 두바이 현지 합작 법인을 설립하여 풍부한 오일 머니를 바탕으로 건설 붐이 불고 있는 이 지역을 집중 공략하고 있

욕망을 디자인하라

는 덕분이다. 해외에서 퍼시스 가구가 인기를 얻고 있는 이유는 유럽이나 미국의 가구들에 비해 품질 면에서 거의 손색이 없으면서도 가격이 저렴하기 때문이다.

공간의 가치를 만드는 이유 있는 디자인

서울시 송파구 오금동에 있는 퍼시스 사옥은 간결한 기하학적 구조의 건물로 2009년 한국건축문화대상에서 우수상을 수상했다. 10층 건물의 중간에 직원들의 휴식을 위해 널찍한 녹지 공간을 두고 있는 것이 특징이다. 퍼시스 디자인 경영의 사령탑인 양영일 부회장은 '디자인 중심 경영'이 바로 퍼시스가 지향하는 가치라고 강조한다. 서울대학교 공과대학에서 건축을 전공했으며 퍼시스 그룹의 창업자 중 한 사람인 양 부회장은 "생활 공간에 새로운 가치를 창출하려는 목표를 꾸준히 이어오고 있다"고 말한다.

사용자의 니즈와 잠재적인 욕구까지 충족시키는 제품을 디자인하기 위해 퍼시스는 생활 공간의 의미와 역할은 물론 최신 디자인 트렌드에 대해 다각적으로 연구한다. 아울러 그 공간에서 생활하는 사람들의 행태와 서로 간의 관계를 면밀히 탐구하는 디자인 지향 조직 구조와 제품 개발 프로세스를 구축하여 외관은 물론 기능 면에서도 타당한 이유가 있는 제품을 디자인하고 있다.

퍼시스는 CEO 직속으로 디자인 경영팀을 두어 디자인 아이텐티티 전반을 지원하고 있다. 브랜드 아이덴티티, 제품 아이덴티티, 지적재산권 등을 전담하는 이 부서는 제품의 기획에서부터 디자인, 개발, 마케팅에 이르기까지 일관된 디자인 철학이 스며들게 하고 있

다. 아울러 각 브랜드별로 독립적으로 운영되는 디자인 연구소들에
필요한 원칙과 지침들을 제공한다. 2012년 현재 퍼시스의 디자인
인력은 70여 명으로 그룹 총 인원의 20퍼센트에 달한다.

퍼시스는 제품의 형태, 기능, 메커니즘, 상표 등 고유 디자인의
지적재산권을 등록하여 보호하고 있다. 2011년 현재 퍼시스가 확보
한 지적재산권 등록 건수는 642건, 등록 절차가 진행 중인 것은 49
건, 해외 상표권은 80여 개에 달한다. 2001년 대한민국 디자인대상
을 수상한 퍼시스는 다수의 국내외 디자인 인증 및 수상 실적을 쌓
아왔는데, 최근 3년간 개발된 의자 시리즈는 iF, 레드닷, IDEA를 수
상했다.

우리 가구 산업의 국제화를 내다보며 '가구 코리아'라는 표현을
즐겨 사용하는 손동창 회장은, 훌륭한 제품을 개발하기 위해서라면
예산에 구애받지 않고 투자한다. 손 회장은 "마케팅이나 홍보에 매

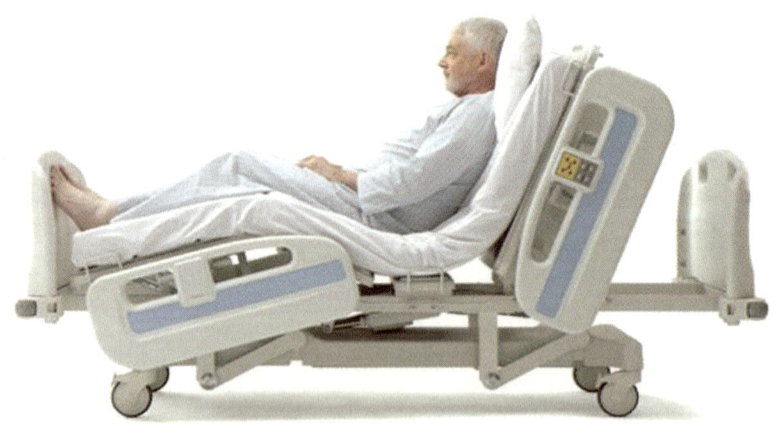

퍼시스가 독자 개발한 전동 침대 '프리조PRIZO'

욕망을 디자인하라

달리지 말고 그 에너지를 제품 개발에 쏟아 부으라"고 한다. 판매 기법이 아무리 좋아도 제품 자체가 경쟁력이 없다면 아무 소용없다는 믿음 때문이다.

최근 '퍼시스 케어Fursys Care'라는 병원용 가구 브랜드의 개발을 위해 막대한 투자를 하고 있는 것도 사람을 중시하는 손 회장의 신념에서 그 이유를 찾을 수 있다. 미래의 큰 꿈을 달성하기 위해 눈앞의 어려움을 회피하지 않는 선구자 정신이 바로 퍼시스의 성공 비결이다.

KT : 통신 서비스의 질적 혁신을 이루다

2012년 12월 초, 홍콩에서 개최된 '비즈니스 오브 디자인 위크 Business of Design Week'에 초대된 나는 우연히 CNBC를 통해 재방송 되는 제11회 '아시아 비즈니스 리더상Asia Business Leader Awards'의 시상식에서 이석채 KT 회장의 수상 장면을 보게 되었다. 11월 16일 방콕에서 개최되었던 이 행사에서 이 회장은 영예의 '인재경영대상'을 수상했는데, 사회자는 이 회장이 수상자로 선정된 이유를 설명하면서 놀랍게도 디자인 경영을 언급했다. 이처럼 해외에서도 관심사가 되고 있는 KT 디자인 경영의 실체는 무엇일까?

통신 서비스의 경쟁력은 디자인 경영

디자인 경영을 잘하는 회사하면 흔히 가전제품이나 자동차 등을

KT 올레 로고

생산하는 회사를 연상하기 쉽다. 제품의 경쟁력이 디자인에 의해 좌우되므로 디자인 경영에 심혈을 기울여야 하기 때문이다. 그런데 전화, 초고속 인터넷 등 유무선 통신 서비스업에 종사하는 기업이 디자인 경영에서 두각을 나타낸다면 다소 생소하게 들릴 수도 있다. 하지만 웬만한 제조회사보다 더 독창적인 디자인 경영을 추진하고 있는 회사가 바로 '헬로Hello'를 거꾸로 배열한 '올레Olleh'라는 브랜드를 갖고 있는 주식회사 KT다.

KT가 디자인 경영에 전념하는 이유는 간단하다. 글로벌 기업들의 지식재산권 분쟁이 기술특허 일변도에서 '디자인권'으로 확대되는 등 감성적 차별화가 중시되는 전 세계의 트렌드 변화에 맞추려는 것이다. 2013년 1월, KT 서초 올레캠퍼스 빌딩에서 진행된 인터뷰에서 남규택 시너지경영실장(부사장)은 "종전의 KT가 갖고 있던 노쇠하고, 느리고, 소극적인 이미지를 신속하게 개선하는 데 가장 빠른 길이 디자인 경영이라는 확신을 갖고 현대카드 등 앞서가는 회사

욕망을 디자인하라

들을 벤치마킹했다"고 설명했다.

KT의 성장 과정은 우리나라 유무선 통신 산업의 발전과 맥락을 같이한다. 1981년 정부가 체신부의 전기 통신 사업을 떼어내 '한국 전기통신공사'를 창립한 이유는 100명당 불과 8.4대에 불과하던 고질적인 전화 적체를 해소하기 위해서였다. 그 결과 1997년 전화 가입자가 2,000만 명을 넘어서는 등 우리나라에서도 전화의 대중화가 빠르게 실현되었다. 2001년 12월에 '주식회사 KT'로 상호를 변경하였고, 2002년 5월에는 정부 소유 주식을 전량 매각하여 완전 민영화되었다.

2009년 1월 이석채 회장의 취임을 계기로 유무선 통신 서비스의 통합을 본격화하여, 그해 6월에 이동통신 자회사인 KTF와 합병된 통합 KT가 출범했다. KT의 총 자산 규모는 32조 원으로 재계 서열 11위 수준이며, 최대 주주는 국민연금공단(6.69퍼센트), 일본 NTT 도코모 등이다. 직원은 약 3만2,000명에 달하며, BC카드 등 31개의 계열사를 거느리고 있다. 또한 최근 창단한 KT 프로야구단을 포함하여 6개의 스포츠 구단을 운영하고 있다.

디자인 경영으로 4대 영역을 혁신하다

KT 통합이미지담당 조훈 상무는 "2009년 7월, '올레 KT'라는 역발상 CI를 제정한 것"이 디자인 경영의 시발점이 되었다고 했다. 양적 성장보다 질적인 내실을 다지려는 KT 디자인 경영의 목표는 다음 네 가지 영역에서 디자인을 전략적으로 활용하여 고객 서비스의 질과 직원들의 근무 환경을 획기적으로 개혁하는 데 집중되었다.

KT의 체험형 올레 스퀘어

- 창의적인 공간 운영
- 브랜드 및 시각적 정체성의 확립
- 일하는 방식과 IT 시스템의 혁신
- 사회 공헌의 확대

지난 4년간 KT 디자인 경영은 그와 같은 목표를 달성하기 위해 다각적으로 노력했다. 먼저 창의적인 공간 운영을 위해 기존 전화국 공간을 개방하여 지역 주민들이 즐겨 찾는 곳으로 탈바꿈시켰다. 광화문의 '올레스퀘어' 외에도 전국 다섯 곳에 '올레애비뉴' 등 IT 체험 및 문화 공간을 새롭게 조성하고, 상담 중심의 매장들도 고객들이 새로운 체험을 할 수 있는 올레 매장으로 거듭나게 했다.

  욕망을 디자인하라

브랜드 및 시각적 정체성의 확립을 위해 기존의 '블루KT'(기술과 기능을 상징)에서 '레드kt'(감성과 열정)로 바꾸었고, '쿡QOOK/쇼SHOW'로 분리되어 있던 유무선 브랜드를 '올레'로 통합하여 일관된 브랜드 정체성을 구현했다. 또한 올레 서체, 올레 시그널 등 기업 이미지가 투영된 시각적 정체성를 개발하여 고객 소통을 원활하게 했다.

또한 일하는 방식과 IT 시스템의 혁신을 위해 '사람을 위한 디자인 이념'을 도입했다. 종전의 업무 중심에서 벗어나 직원 중심으로 바꾸기 위해 전국 16개 지역에 설치한 '스마트 워킹 센터'는 무미건조한 사무공간이 아닌 직원 누구나 편하게 이용할 수 있는 열린 공간으로 자리 잡았다.

사회 공헌의 경우, 과거에는 회사가 벌어들이는 수익금의 일부를 사회에 환원하는 소극적인 활동에 머물렀지만, 이제 기업 활동 그 자체가 사회에 도움이 되는 방향으로 전환했다. 스마트 혁명을 선도하고, 협력사는 물론 앱 개발자 및 SW 업체들과의 동반 성장을 도모하는 사례들이 많이 만들어지도록 했다.

협력 업체들과 함께 만들어내는 시너지 효과

2012년 10월 15일 광화문 올레스퀘어에서 이석채 회장이 직접 나서 지난 4년간 KT가 일구어낸 디자인 경영 성과를 발표했다. 이 회장은 KT 디자인 경영은 "개방과 공유, 뛰어남과 친근함, 고객 편의 증대라는 철학을 담아 '올레스러움'을 만들어가는 과정"이라 설명하고, 향후 본격적인 디자인 경영을 강화하여 글로벌 기업으로 도약하겠다는 포부를 밝혔다. 이날 발표의 하이라이트는 KT의 PI 가이드라인이 적용된 셋톱박스, 인터넷 모뎀, 홈 허브 등 주요 제품 패키지가 2012년 레드닷 디자인 어워드에서 최고상을 받았다는 소식이었다. 글로벌 통신 서비스업체가 그런 상을 수상한 것은 처음일 만큼 이례적이지만, 이 회장이 직접 디자인 경영을 챙긴다는 점을 감안하면 당연한 귀결이라 할 수 있다.

과거 통신 서비스 회사들은 제품의 성능과 기능만 직접 챙겼을 뿐, 디자인은 하청 회사의 몫으로 간주하는 경향이 있었다. 따라서 조잡한 외관과 미흡한 디자인 품질로 인하여 고객 만족도가 크게 저하되는 문제가 자주 발생했다. 문제는 그런 경우 고객들의 불만과 비난이 하청업체가 아니라 통신회사에 쏠린다는 것이다.

KT의 임재희 수석 디자이너는 "PI 가이드라인의 제정으로 그런 문제가 해소될 것"이라 전망했다. 디바이스들의 디자인이 효율적으

KT의 디바이스 디자인

　　　　　　　　　　　　　　　　　　　욕망을 디자인하라

로 관리됨으로써 고객 불만이 크게 해소될 것이기 때문이다. 2013년에 IPTV 셋톱박스 등 임대형 제품과 케이블 어댑터 등 총 20여 종의 KT 디바이스에 PI 지침이 적용되면 디자인 경영의 효과가 한눈에 드러나게 된다.

디자인 마인드를 갖춘 회장의 명확한 목표 제시에 따라 열정적으로 일하는 직원들과 세계 최고 수준의 디자인 협력 업체들이 이루어 내는 오케스트라가 KT 디자인 경영의 성공 요인이라는 것을 실감하게 된다. 이제 KT의 디자인 경영은 성숙기에 접어들어 더욱 생생한 시너지를 낼 것으로 기대된다.

디자인하지 않으면 쇠퇴한다

요즘 대학이나 기관이 운영하는 최고경영자 과정에서 디자인 경영에 대해 강의할 기회가 늘고 있다. 디자인을 경영 자원으로 활용해 크게 성공한 사례에 대한 관심이 커지고 있기 때문이다. 그런데 최고경영자들에게 디자인 경영의 본질과 방법 및 노하우 등을 강의한 후 갖게 마련인 질의응답 시간에 엉뚱하게도 다음과 같은 대화가 이어지곤 한다.

"저희 집 아이가 디자인을 전공하겠다고 하는데 어떻게 하죠? 정말 괜찮은 건가요?"

"자녀가 정말 디자인을 전공하고 싶어 한다면, 시키지 않을 이유가 뭐죠?"

"졸업한 후에 제 앞가림이나 할 수 있을까요? 어디 번듯한 회사에 취직이나 할 수 있을지."

“취직 때문에 하고 싶은 일을 하지 못한다면, 그 아이들의 미래는 어떻게 되나요?”

“그렇기는 하지만, 너무 위험 부담이 클 것 같아서…….”

“요즘은 창의적인 일자리가 많아 그런 걱정은 안 하셔도 좋을 것 같습니다만, 자세한 의논은 나중에 따로 하지요.”

자녀들의 진로 결정이 무엇보다 중요한 부모 입장에서는 어디 가서 의논하기도 마땅치 않아 애를 태우던 중, 디자인 경영을 강의하러 온 전문가를 만났으니 체면 불구하고 이렇게 질문하는 것을 이해할 만하다.

강의를 마친 후에 별도로 만나 이어지는 대화의 결과는 해피엔딩으로 끝나는 경우가 많다. 부모들이 걱정하는 것처럼 디자인이 장래성 없는 분야가 아니며, 자녀가 재능과 열정만 갖고 있다면 얼마든지 뻗어나갈 가능성이 있다는 것을 쉽게 납득할 수 있기 때문이다. 다소 마음에 들지 않거나 이해되지 않는 부분이 있더라도 자녀가 원하는 대로 적극 밀어주는 것이 최선의 해법이다. 만일 자녀가 디자인을 전공하기에 적합한 적성과 재능을 갖고 있다면 축복해주어야 할 일이지 걱정할 일이 아니다.

불현듯 40여 년 전의 내 모습이 떠오른다. 1960년대 말, 집안의 장남이었던 내가 ‘응용미술’을 전공하겠다고 나섰을 때 부모님의 심경이 어떠셨을까? 공무원이셨던 아버지께서는 아무 말씀도 하지 않으셨다. 한참 후 어머니께서 “네가 그 길이 최선이라고 판단했다면,

열심히 잘해보렴"이라고 말씀하시며 격려해주셨다. 말씀은 이렇게 하셨지만 어머니께서도 내심 걱정이 많으셨을 것이다. 당시 우리나라에서는 디자인이 아직 불모지나 다름없었기 때문이다. 그러나 어릴 때부터 새로운 것을 만드는 데 관심이 많았던 나는 응용미술과에 진학해 '공업미술'(요즘의 산업 디자인이다. 당시에는 정부에서 외래어 사용을 금지하는 바람에 '디자인'이라는 단어를 사용할 수 없어 학과 이름이 '응용미술과'였다)을 전공하는 게 꿈이었다.

어렵게 부모님을 설득하는 데 성공하고 나니 또 다른 문제가 내 앞을 가로막았다. 미술대학에 들어가는 것이 매우 어려웠던 것이다. 대학 입시에 필요한 일반 교과목의 공부뿐만 아니라 소묘와 구성이라는 실기 과목을 따로 배워야 했기 때문이다. 입시에서 필답고사만큼이나 큰 비중을 차지하는 실기를 배우려면 미술학원에 다녀야 했는데 수강료가 만만치 않게 비쌌다. 그래서 나는 한 미술학원에서 잡일을 거드는 아르바이트를 해가며 실기를 익혀야 했다. 어떤 사람들은 대학 교수들에게서 실기 레슨을 받았다지만, 당시 내게는 엄두도 내지 못할 일이었다.

게다가 여러 친척들도 내가 미대를 지망하는 것에 대해 비판적이었다. "공부도 곧잘 한다면서, 잘나가는 상대나 공대에 가지 않고 웬 미대냐?"라고 질책하곤 했다. 하지만 비록 선진국의 이야기일지라도 코카콜라, 포드, 제록스, GE 등 디자인으로 승승장구하던 기업들의 스토리에 심취해 있던 당시의 내 귀에 그런 세속적인 충고(?)는 들어오지 않았다. 머지않아 우리나라가 선진국이 되면 더 나은 세상을 만드는 데 디자이너들이 중요한 역할을 할 날이 반드시

올 거라는 기대와 희망이 있었다.

돌이켜보면 당시에 디자인을 전공한다는 것은 다소 무모한 선택일 수 있었다. 우리나라는 아직 일인당 국민소득이 240달러 정도로 절대 빈곤을 벗어나지 못한 상태였으며 삶의 질보다는 생존이 더 시급했기 때문이다. 당시에는 우리의 낮은 기술력을 향상시키는 것이 급선무였기에 자연히 디자인은 뒷전으로 밀릴 수밖에 없었다. 그럼에도 불구하고 대학의 응용미술과는 수험생들에게 인기가 높았으며, S대학 입시에서는 매년 인기학과 리스트의 '베스트 10'에 포함됐다. 내가 이 학과에 입학했던 해에도 경쟁률이 '10대1'이 넘었다. 그때만 해도 당면한 현실은 어려웠을지라도 밝은 미래를 꿈꾸는 사람들이 많았다.

경제적으로 어려운 시절에는 물건을 구입할 때 가격이 가장 중요한 판단 기준이었다. 푼돈이라도 쪼개 써야 할 만큼 여유가 없었으므로, 아무리 마음에 드는 물건이 있더라도 비싸면 그림의 떡에 불과했다. 다리품을 팔아 한 푼이라도 싼 물건을 찾아 다니곤 했다. '싼 게 비지떡'이라는 사실을 잘 알면서도 다른 도리가 없었다. 그래서 1970년대부터 우리나라는 저렴한 인건비를 무기로 선진국 업체들의 주문을 받아 물건을 만들어내는 생산 기지 역할을 톡톡히 해냈다. 1980년 내가 한국디자인포장센터의 장학생으로 선발되어 미국 시러큐스대학 대학원에서 유학할 때, 쇼핑몰에 가면 주문자상표부착방식으로 제조된 싸구려 'Made in Korea' 상품들이 넘쳐났다.

그런데 1988년 서울 올림픽을 계기로 우리나라는 점차 제조업의 가격 경쟁력을 잃기 시작했다. 급격히 높아지는 인건비와 생산비용으로 인해 제조 기업들이 더 이상 저가 정책을 유지할 수 없어진 탓이다. 더욱이 인건비가 크게 낮은 중국과 동남아 등에서 만든 저렴한 물건들이 쏟아져 나옴에 따라 우리나라는 품질 개선으로 이에 맞서야 했다. 전국적으로 품질관리 운동이 전개되어 우리 제품의 품질이 빠르게 향상됐다. 세계 사람들에게 '한국산'은 품질이 뛰어나다는 것을 담보하는 인증으로 받아들여지게 됐다.

그런 노력 덕분에 우리나라의 수출고는 1988년에 500억 달러를 돌파했고, 1995년에는 1,000억 달러를 넘어섰다. 주력 수출 품목으로는 반도체가 177억 달러로 전체의 14.1퍼센트를 차지했으며, 자동차, 선박 해양 구조물, 섬유 직물, 영상 기기 등이 뒤를 이었다. 1996년에는 마침내 우리나라가 세계에서 29번째로 OECD에 가입했다.

이와 더불어 디자인 진흥에도 큰 변화가 일어났다. 1996년 3월부터 세계화추진위원회에서 '디자인 산업 세계화 방안' 연구를 추진했는데, 나는 당시 연구팀의 간사로 참여했다. 3개월 연구 끝에 마련된 방안에 따라 디자인 산업을 신 기반 산업으로 육성함으로써 전산업에 시너지 효과를 확산시키기 위해 관련법의 정비, 코리아디자인센터의 건립, '디자인 코리아'의 브랜드 가치를 높이는 세계적인 디자인 이벤트의 유치 등을 추진했다. 그 결과 그해 연말에 '산업디자인·포장진흥법'이 '산업디자인진흥법'으로 개정되었고, '한국디자인·포장센터'는 '한국산업디자인진흥원'으로 명칭이 바뀌었다. 디자인 진흥기관이 설립된 지 25년 만에 그 이름에서 '포장'이라는 단어

          욕망을 디자인하라

가 사라진 것이다.

2000년 2월, 나는 디자이너 출신으로는 최초로 공모를 통해 한국산업디자인진흥원의 원장으로 선임됐다. 2001년 나는 기관 명칭에서 '산업'을 빼고 '한국디자인진흥원Korea Institute of Design Promotion, KIDP'으로 개편했다. 제품 중심의 산업 디자인뿐만 아니라 시각 디자인, 공예 디자인, 실내 환경 디자인, 건축 디자인 등 모든 분야를 망라한 '토털 디자인'을 진흥하여 분야들 간의 시너지를 극대화하는 것이 목표였다. 한편 KIDP는 2000년 세계그래픽디자인대회와 2001년 세계산업디자인대회를 성공적으로 개최했고, 2001년 가을에는 경기도 성남시 분당구에 새로 건립한 코리아디자인센터로 이전했다.

2004년에 우리나라는 수출 2,000억 달러를 달성했으며, 그로부터 4년 후인 2008년에는 4,000억 달러를 돌파했다. 주력 수출 품목도 선박 해양 구조물, 석유 제품, 무선통신 기기, 자동차, 반도체로 다변화됐다. 2007년에는 국민소득 2만 달러를 넘어서서 선진국의 문턱에 바짝 다가섰다. 그리하여 2013년 현재 일인당 국민소득이 2만 3,000달러인 우리나라는 '20-50 클럽'에 진입했다. 이 클럽은 '일인당 소득 2만 달러, 인구 5,000만 명'의 조건을 충족하는 나라를 의미하는데, 여기에 포함된 나라는 일본, 미국, 프랑스, 이탈리아, 독일, 영국 등 주요 6개 선진국뿐이다. 우리가 인식하지 못하는 사이에 갑자기 선진국의 대열에 들어서게 된 것이다.

앞으로 우리나라의 국가 경쟁력을 높이는 가장 빠른 지름길은 디자인이다. 더 이상은 값싼 물건을 만들기도 어렵고 품질도 평준화되었기 때문이다. 그런 한계를 뛰어넘는 것이 바로 사람의 마음, 즉 감성을 사로잡는 디자인이다. 개성과 감성을 중시하는 사람들은 가격이 싸더라도 디자인이 촌스러우면 거들떠보지 않으며, 반대로 디자인이 마음에 들면 가격은 크게 따지지 않는다. 명품은 비쌀수록 더 인기가 높아진다는 역설까지 나오는 실정이다. 따라서 우리나라도 가전제품, 자동차, 스마트폰 등에서 명품을 만들어내는 나라에 부합하는 브랜드 정체성을 조성해야 하는 과제를 안게 됐다.

그러므로 디자인을 과학기술과 더불어 우리의 창조경제를 이끌 원동력으로 활용해야 한다. 1960년 중반부터 '미술 수출'이라는 구호로 시작된 한국의 디자인은 경제 발전과 더불어 장족으로 발전했다. 이미 국내는 물론 해외의 유수한 디자인 교육기관에서 공부한 우리 디자이너들이 전 세계에서 두각을 나타내고 있다. 영국, 미국, 독일, 프랑스, 이탈리아 일본 등 선진국의 독무대였던 국제적인 모터쇼에서 해마다 한국 출신 디자이너들이 디자인한 자동차들이 전시되고 있으며, 저명한 디자인상을 수상했다는 뉴스가 끊이지 않고 있다. 그런 면에서 우리는 이제 명실공히 디자인 선진국이 될 수 있는 조건들을 하나씩 갖추어나가고 있는 것이다.

내가 대학에서 디자인을 공부하던 때에 비하면 디자이너들의 신분과 지위도 크게 향상되었다. 기업 디자인책임자들의 지위가 최고 경영진 수준에 도달하여 '디자인 임원 시대'라는 표현이 실감나고, 디자인에 기반을 둔 혁신적인 비즈니스 모델을 창안하여 창업을 하는 디자이너들이 늘어나고 있다. 또한 기존의 제조업은 물론 창조

　　　　　　　　　　　　　　　욕망을 디자인하라

산업에 종사하는 기업들에게 전문적인 디자인 개발 서비스를 제공하는 디자인 컨설팅 사업의 규모도 커지고 있다.

그래서인지 요즘은 "어떻게 그 어려운 시기에 디자인을 전공할 생각을 했나요? 참 탁월한 선택이셨던 것 같아요"라는 말을 듣곤 한다. 그때마다 나의 대답은 한결같다. "비록 미래가 불확실했지만 정말 하고 싶었던 일에 전념했을 뿐이죠."

끝으로 졸저나마 이 책이 디자인으로 혁신을 창조하려는 모든 분들에게 조금이나마 보탬이 되길 바란다. 지난 몇 년간 이 책의 집필에 전념할 수 있도록 여건을 마련해준 가족과 도움을 주신 모든 분들, 특히 청림출판사 여러분에게 감사드린다.

주

1) Tim Brown, "Design Thinking," *Harvard Business Review*, June 2008.

2) 반대의 의미를 나타내는 접두사 'de'와 '표시'라는 의미의 단어 'sign'을 합친 형태다.

3) 존 헤스켓 지음, 김현희 옮김, 《로고와 이쑤시개*Design: A Very Short Introduction*》, 세미콜론, 2006.

4) 산업 디자인은 '산업' 자체의 디자인이 아니라 산업적으로 생산되는 제품을 디자인하는 분야를 뜻하는 명칭이다.

5) 1969년에 《인공과학의 이해*The Science of Artificial*》가 출간되었다.

6) Peter Rowe, *Design Thinking*(The MIT Press, 1987).

7) 팀 브라운 지음, 고성연 옮김, 《디자인에 집중하라*Change by Design*》, 김영사, 2010.

8) 2005년 세계 최대 소프트웨어 회사 SAP의 하소 플래트너가 기부한 3,500만 달러로 아이디오의 데이비드 켈리David Kelley와 기계공학자 버나드 로스Bernard Roth 교수가 설립했다. 공식 명칭은 하소 플래트너 디자인 인스티튜트Hasso Platner Institute of Design.

9) 1955년 뉴욕의 사이먼앤슈스터Simon&Schuster에서 초판이 발행되었으며, 2003년 올워스프레스Allworth Press가 재판을 제작했다.

 욕망을 디자인하라

10) Alvin Tilley and Henry Dreyfuss Associates, *The Measure of Man and Woman: Human Factors in Design* (Wiley, 2001).

11) INternational DEsign eXhibition의 약자.

12) skccblog.tistory.com/861

13) 전통적인 광고의 낡은 콘셉트를 깨뜨리려는 'Transformation Design'을 번역한 용어. 변화 디자인은 소비자의 경험을 개선할 수 있는 방법을 연구한다.

14) Hilary Cottam and Charles Leadbeater, 〈HEALTH: Co-creating Services〉 RED PAPER 01, *The Design Council*, 2004.

15) 1TB–1,024GB=1,099,511,627,776Byte.

16) 1PB=1,024TB.

17) Brad Brown, Michael Chui and James Manyika, "Are you ready for the era of 'big data'?", *McKinsey Quarterly*, October 2011.

18) John Howkins, *Creative Economy: How to Make Money from Ideas* (Penguin Books, 2001), Revised in 2007.

19) 네이버 지식백과, 지식재산권.

20) Daniel Pink, *A Whole New Mind: Why Right Brainer will Rule the Future* (Riverhead Books, 2002).

21) Richard Florida, *The Rise of Creative Classes* (Basic Books, 2002).

22) Gross Value Added. 감가상각비를 공제하기 전에 새로이 생산된 가치다.

23) UNDP & UNCTAD, *Creative Economy Report 2010*.

24) 이순종, "창조경제 핵심은 디자인이다", 〈중앙일보〉, 2013년 2월 21일.

25) 위키트리, Promoted by 현대자동차그룹.

26) Beyond Name and Logo: Other Elements of Your Brand, Merriam Associates, Inc. Brand Strategies 참조.

27) "Best Global Brand 2012", Interbrand.

28) 월터 아이작스 지음, 안진환 옮김, 《스티브 잡스 *Steve Jobs*》, 민음사, 2011.

29) Bauhaus. 1919년 독일 바이마르에서 설립된 조형학교. 장식과 겉치레가 배제된 단

순함을 추구하는 모던 디자인 교육기관의 효시다.

30) 김현석, "기술의 삼성이라고? 디자인도 본토(이탈리아 밀라노)에서 통했다", 〈한국경
   제신문〉, 2013년 4월 11일.

31) 홍은순, "디자이너들이 뽑은 '한국의 굿 디자인' 1위 현대카드 디자인에 숨은 이야
   기," 〈주간조선〉, 2178호, 2011년 10월 24일.

32) 2009년 팀스는 퍼시스에서 분리되어 독립법인이 되었다.

사진 출처

1장

26쪽 www.ft.com

32쪽 d-konstruct.blogspot.com,
       www.samsung.com

2장

41쪽 places.designobserver.com

45쪽 www.forum2012.org

47쪽 www.lovepot.co.kr

49쪽 chelseamarket.com

3장

60쪽 infoandlit.blogspot.com

4장

65쪽 www.thejewelleryshow.com

5장

80쪽 www.ebay.com

6장

92쪽 www.jamesprinzphotography.com

94쪽 www.alexandermcqueen.co.uk

96쪽 www.karimrashid.com

98쪽 www.starck.com

100쪽 www.oxo.com

101쪽 www.designtoimprovelife.dk

103쪽 www.ferrari.com

105쪽 www.alessi.com

107쪽 www.dyson.co.uk

109쪽 www.teslamotors.com

111쪽 www.knoll.com

113쪽 www.plusminuszero.jp

115쪽 www.bang-olufsen.com

118쪽 www.braun.com, www.apple.com

7장

121쪽 www.heatherwick.com

123쪽 www.soma-architecture.com

125쪽 www.mit.edu

127쪽 www.hoteles-silken.com

욕망을 디자인하라

정경원 카이스트(KAIST, 한국과학기술원) 산업디자인학과 교수로 디자인 경영 분야의 최고 권위자다. 서울대학교와 동 대학원에서 공업디자인을 전공했다. 미국 시러큐스대학교에서 산업디자인 석사학위를 받고 영국 맨체스터 메트로폴리탄대학교에서 디자인 전략으로 박사학위를 취득했다. 1984년 카이스트 교수로 부임하여 산업디자인학과의 설립을 주도한 이래로 현재까지 후학을 양성하고 있다. 지은 책으로 《디자인 경영》《정경원의 디자인 경영 이야기》《디자인과 브랜드, 그리고 경쟁력》《세계 디자인 기행》 등이 있다. 2008년 하버드비즈니스퍼블리싱 HBP에서 출간된 《삼성전자의 디자인 전략 Design Strategy at Samsung Electronics》은 베스트셀러로 꼽힌다. 〈디자인매니지먼트저널 Design Management Journal〉 등 세계적인 디자인 전문지에 다수의 논문을 게재하고 있다.

욕망을 디자인하라

1판 1쇄 발행 2013년 5월 10일
1판 3쇄 발행 2016년 1월 8일

지은이 정경원
펴낸이 고영수
펴낸곳 청림출판
등록 제1989-000026호
주소 06048 서울시 강남구 도산대로 38길 11(논현동 63)
     10881 경기도 파주시 회동길 173(문발동 518-6) 청림아트스페이스
전화 02)546-4341 **팩스** 02)546-8053

www.chungrim.com
cr1@chungrim.com

ISBN 978-89-352-0965-1 93320
잘못된 책은 교환해드립니다.